Alexander Larman

Byron's Women

浪漫与丑闻

她们和拜伦的故事

［英］亚历山大·拉曼 / 著

陈道竞 / 译

上海文化出版社

图书在版编目（CIP）数据

浪漫与丑闻：她们和拜伦的故事/（英）亚历山大
·拉曼著；陈道竞译. —上海：上海文化出版社，
2023.7
ISBN 978－7－5535－2481－8

Ⅰ．①浪…　Ⅱ．①亚…②陈…　Ⅲ．①拜伦（Byron，
George Gordon 1788－1824）－传记②女性－列传－英国－
近代　Ⅳ．①K835.615.6②K835.618.5

中国国家版本馆 CIP 数据核字（2023）第 080827 号

图字：09－2021－1091 号

出 版 人　姜逸青
策　　划　小猫启蒙
责任编辑　葛秋菊
封面设计　末末美书
责任监制　刘　学

书　　名　浪漫与丑闻：她们和拜伦的故事
著　　者　［英］亚历山大·拉曼
译　　者　陈道竞
出　　版　上海世纪出版集团　上海文化出版社
地　　址　上海市闵行区号景路 159 弄 A 座 3 楼　201101
发　　行　上海文艺出版社发行中心
　　　　　上海市闵行区号景路 159 弄 A 座 2 楼 206 室　201101　www.ewen.co
印　　刷　苏州市越洋印刷有限公司
开　　本　890×1240　1/32
印　　张　10.625
版　　次　2023 年 7 月第 1 版　2023 年 7 月第 1 次印刷
书　　号　ISBN 978－7－5535－2481－8/K.275
定　　价　58.00 元
敬告读者　如发现本书有印装质量问题请联系印刷厂质量科　T：0512－68180628

献给我的南希和罗丝，
她们见到拜伦都会绕道。

"呵，女人的痴情！大家都知道这种感情可爱也可怕。"

——拜伦，《唐璜》（查良铮译）

目　录

书中人物

按出现的顺序排列

第一部分

乔治·戈登·拜伦（George Gordon Byron），拜伦勋爵（Lord Byron），诗人，女人们的情郎。

凯瑟琳·戈登（Catherine Gordon），拜伦的母亲，一生坎坷。

约翰·"杰克"·拜伦（John "Jack" Byron），拜伦的父亲，无牵无挂的男人。

奥古丝达·利（Augusta Leigh），杰克的女儿，也是拜伦深爱的异母姐姐。

约翰·汉森（John Hanson），律师，多为人所利用。

梅·格雷（May Gray），对拜伦异常亲热的保姆。

玛丽·安·查沃思（Mary Ann Chaworth），拜伦的表姐、初恋对象。

卡莱尔伯爵（Lord Carlisle），拜伦的监护人，与凯瑟琳关系不佳。

格伦尼博士（Dr Glennie），拜伦的第一位校长。

玛格丽特·帕克（Margaret Parker），拜伦的另一位表姐和缪斯。

里辛的格雷勋爵（Lord Grey de Ruthyn），纽斯特德庄园承租人，拜伦母子的朋友。

德鲁利博士（Dr Drury），拜伦在哈罗公学时期的校长。

亨利·德鲁利（Henry Drury），德鲁利博士之子也是拜伦的舍监，一个不得志的男人。

伊丽莎白·皮戈特（Elizabeth Pigot），拜伦的邻居兼好友。

约翰·埃德勒斯顿（John Edleston），唱诗班少年，拜伦的情人。

约翰·卡姆·霍布豪斯（John Cam Hobhouse），作家，拜伦的密友，一个无赖。

斯克罗普·戴维斯（Scrope Davies），拜伦的另一好友，一位时髦公子。

罗伯特·拉什顿（Robert Rushton），拜伦的男仆、得力帮手。

约翰·默里（John Murray），拜伦的出版商，一个精明的男人。

第二部分

卡罗琳·兰姆夫人（Lady Caroline Lamb），一个精神不稳定的女人。

哈丽特·斯宾塞女爵（Lady Harriet Spencer），卡罗琳的母亲，一位传奇美人、舞者、社交名流。

庞森比伯爵（Lord Ponsonby），卡罗琳的父亲，一个不太幸福的人。

玛格丽特·斯宾塞夫人（Lady Margaret Spencer），卡罗琳深爱的外祖母。

乔治亚娜，德文郡公爵夫人（Georgiana, Duchess of Devonshire）。卡罗琳的姑妈，一个有名望的女人。

查尔斯·福克斯（Charles Fox），外交大臣、传奇演说家。

格兰维尔·莱维森·高尔伯爵（Lord Granville Leveson-Gower），哈丽特·斯宾塞女爵的情人。

哈丽特·"哈里奥"·卡文迪许（Lady Harriet "Harryo" Cavendish），卡罗琳的表姐和知己。

威廉·兰姆（William Lamb），卡罗琳的丈夫，一个饱受煎熬的男人。

威尔士亲王（The Prince of Wales），后来的乔治五世，英国地位最高的权贵。

墨尔本子爵夫人（Lady Melbourne），威廉·兰姆的母亲，拜伦信任的朋友。

乔治·奥古斯都·弗雷德里克·兰姆（George Augustus Frederick Lamb），卡罗琳和威廉之子。

戈弗雷·韦伯斯特爵士（Sir Godfrey Webster），军人，卡罗琳的熟人，没有头脑。

霍兰夫人（Lady Holland），戈弗雷的母亲，上流社会女主人，不喜欢卡罗琳。

摩根夫人（Lady Morgan），作家，卡罗琳的朋友。

塞缪尔·罗杰斯（Samuel Rogers），艺术收藏家、作家，爱说长道短。

道格拉斯·金奈尔德（Douglas Kinnaird），银行家、政治家，拜伦的密友。

罗伯特·达拉斯（Robert Dallas），拜伦的朋友。

托马斯·摩尔（Thomas Moore），拜伦的朋友，后来成为拜伦传记的作者。

托马斯·梅德温（Thomas Medwin），诗人，拜伦和雪莱的朋友。

安娜贝拉·米尔班克（Annabella Milbanke），知识女性，拜伦的通信对象，后来成为他不幸的妻子。

简·哈利夫人（Lady Jane Harley），拜伦的消遣对象。

第三部分

拉尔夫·米尔班克（Ralph Milbanke），安娜贝拉年迈的父亲。

朱迪思·米尔班克（Judith Milbanke），安娜贝拉的母亲，望女成凤。

克莱蒙特夫人（Mrs Clermont），安娜贝拉尊敬的家庭教师。

乔治·利（George Leigh），奥古丝达的丈夫，军人，在家庭中一无是处。

伊丽莎白·梅多拉·利（Elizabeth Medora Leigh），奥古丝达的女儿，被认为是她与拜伦所生。

艾达·洛夫莱斯（Ada Lovelace），安娜贝拉与拜伦的女儿，成就辉煌。

史蒂芬·卢辛顿（Stephen Lushington），安娜贝拉得力的律师。

第四部分

克莱尔·克莱蒙特（Claire Clairmont），拜伦的情妇，在失望中变得坚强。

玛丽·克莱蒙特（Mary Clairmont），克莱尔直率的母亲。

威廉·戈德温（William Godwin），克莱尔的继父，小说家、政治哲学家。

玛丽·雪莱（Mary Shelley），威廉·戈德温与女权主义者玛丽·沃尔斯通克拉福特（Mary Wollstonecraft）的女儿，擅长做梦。

范妮·伊姆利（Fanny Imlay），威廉·戈德温的继女。

珀西·比希·雪莱（Percy Bysshe Shelley），诗人、冒险家。

哈丽特·雪莱（Harriet Shelley），雪莱的第一任妻子，完全被忽视。

伊丽莎·威斯布鲁克（Eliza Westbrook），哈丽特·雪莱的姐姐。

约翰·威廉·波里道利（John William Polidori），医生，后成为作家。

威廉·雪莱（William Shelley），雪莱与玛丽的儿子。

马修·"修道士"·刘易斯（Matthew "Monk" Lewis），哥特小说作家。

克拉拉·雪莱（Clara Shelley），玛丽与雪莱的女儿。

阿莱格拉·拜伦（Allegra Byron），克莱尔与拜伦的私生女。

理查德·霍普纳（Richard Hoppner），英国驻威尼斯总领事。

珀西·佛罗伦萨·雪莱（Percy Florence Shelley），玛丽与雪莱的次子。

第五部分

特蕾莎·圭乔利（Teresa Guiccioli）拜伦最后的恋人。

鲁杰罗·甘巴伯爵（Count Ruggero Gamba），特蕾莎的父亲，拥有自由政治思想。

亚历山德罗·圭乔利伯爵（Count Alessandro Guiccioli），特蕾莎的丈夫，经历过多段婚姻。

玛丽亚·本佐尼伯爵夫人（Countess Maria Benzoni），介绍拜伦与特蕾莎认识。

范妮·西尔维斯特里尼（Fanny Silvestrini），特蕾莎的前家庭教师，一个好帮手。

莱加·赞贝利（Lega Zambelli），拜伦的秘书兼顾问。

朱塞佩·阿尔博尔盖蒂伯爵（Count Giuseppe Alborghetti），拉韦纳省秘书长。

彼得罗·甘巴（Pietro Gamba），特蕾莎的哥哥，多有革命性想法。

希波利托·甘巴（Hippolito Gamba），特蕾莎的弟弟，易爆躁。

卡瓦利侯爵（Marchese Cavalli），特蕾莎的叔叔。

爱德华·约翰·特里劳尼（Edward John Trelawny），水手、冒险家。

玛格丽特·布莱辛顿（Lady Marguerite Blessington），小说家、主持社交活动的女主人。

利·亨特（Leigh Hunt），评论家、散文作家。

玛丽安·亨特（Marianne Hunt），利·亨特的妻子。

保罗·科斯塔（Paolo Costa），特蕾莎的文学导师。

伊格纳齐奥·圭乔利（Ignazio Guiccoli），圭乔利不太出色的儿子。

第六部分

特雷莎·维利尔斯（Theresa Villiers），安娜贝拉的知己，奥古丝达的旧友。

查尔斯·巴贝奇（Charles Babbage），数学家、工程师，充满创意。

玛丽·萨默维尔（Mary Somerville），艾达的导师，科学家、数学家。

威廉·金（William King），艾达的丈夫，后成为洛夫莱斯伯爵。

沃伦佐·格雷格（Woronzow Greig），威廉·金的朋友。

拜伦·金-诺埃尔（Byron King-Noel），金和艾达的长子。

安娜贝拉·金-诺埃尔（Annabella King-Noel），金和艾达的女儿。

拉尔夫·戈登-米尔班克（Ralph King-Milbanke），金和艾达的小儿子。

奥古斯都·德·摩根（Augustus de Morgan），逻辑学家，艾达的老师。

乔治亚娜·利（Georgiana Leigh），梅多拉的姐姐。

亨利·特里瓦尼恩（Henry Trevanion）乔治亚娜的丈夫，一个恶棍。

玛丽·利（Marie Leigh），梅多拉与特里瓦尼恩的女儿。

卡雷尔先生（M. Carrel），梅多拉的医生及监护人。

娜塔莉·博勒佩尔（Natalie Beaurepaire），梅多拉的女仆，安娜贝拉的亲信，一个势利小人。

维克多·博勒佩尔（Victor Beaurepaire），娜塔莉的丈夫，与她一样。

约瑟夫·巴拉利尔上尉（Captain Joseph Barrallier），梅多拉为数不多的朋友之一。

约翰·克罗斯（John Crosse），艾达的熟人，酷爱赌马。

让-路易斯·泰尔弗（Jean-Louis Taillefer），梅多拉的爱慕者，后与她结婚。

让-路易斯·伊利·泰尔弗（Jean-Louis Elie Taillefer），梅多拉和泰尔弗的儿子。

拜伦家谱

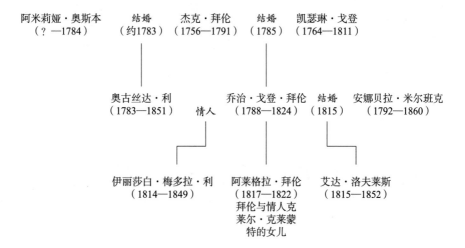

阿米莉娅·奥斯本
（？—1784）

结婚
（约1783）

杰克·拜伦
（1756—1791）

结婚
（1785）

凯瑟琳·戈登
（1764—1811）

奥古丝达·利
（1783—1851）

情人

乔治·戈登·拜伦
（1788—1824）

结婚
（1815）

安娜贝拉·米尔班克
（1792—1860）

伊丽莎白·梅多拉·利
（1814—1849）

阿莱格拉·拜伦
（1817—1822）
拜伦与情人克
莱尔·克莱蒙
特的女儿

艾达·洛夫莱斯
（1815—1852）

导 言

1819 年 10 月，拜伦男爵从意大利写信给银行家同时也是他版权代理人的道格拉斯·金奈尔德，谈论已发表的《唐璜》前两章的命运。虽然《唐璜》采用了匿名出版的形式，但作品中对社会和文学的讽刺，以及毫不遮掩的情色描写，就像其他带有拜伦色彩的作品一样，引发了流言蜚语。虽然《唐璜》的销售情况不及 1812 年出版后反响热烈的自传体长诗《恰尔德·哈洛尔德游记》（*Childe Harold's Pilgrimage*），但很少有人不知道它的作者是谁。尤其是唐璜的个性，似乎就带有其创造者的本色。信中拜伦对金奈尔德说：

> 至于《唐璜》——承认吧，承认吧——你这家伙，坦言这就是**那种**写作的顶峰。它或许污秽，但其语言不好吗？它或许放荡，但这不就是**人生**吗？不就是**这么一回事**吗？若不是在这世上活过，在驿车里、出租马车里、凤尾船里、墙后、皇家马车里、面对面坐的马车里、桌上、桌下胡来过，能写出它来？第三章我已写了大约一百节，但谨慎得要命，抗议之声吓到我了。我对《唐璜》是颇有一些计划的，但现如今，"伪善"力压"肉体"。我们绝望的子孙将不会知道，一个能够权衡好这两个词的男人，**他的**经验会带来多少好处。

1

自从拜伦1824年去世以来，"绝望的子孙"们总体上是慷慨的。卡罗琳·兰姆夫人称其"疯狂、邪恶、危险"的评价早已深入人心，但并非作为一种谴责，而是作为一种堂而皇之的肯定。形容词"拜伦式的"（Byronic）通常代表一种赞许，这是绝大多数作家的名字都不曾享有的地位。许多男人以及不少女人都认为，被人以这个词汇形容是一种荣誉。它似乎代表某种气魄和潇洒，并伴随自由的政治立场以及无与伦比的艺术成就。拜伦性格中不那么积极的方面也并没有被忽视——他对待情人常常冷酷无情，脾气暴躁，反复无常；对朋友可以不计后果地大方慷慨，也可以满不在乎——但这些都成了拜伦式神话的一部分。现在，是时候让我们揭开表象，向深处挖掘了，请做好心理准备。

　　这本书并非讲述拜伦一生的传记——在这一被广泛研究的领域中，一些杰出的学术著作〔尤其是莱斯利·马钱德（Leslie Marchand）传奇的三卷本著作〕已经作出强有力的权威性论断。这本书也不是文学研究作品，虽然当时的诗歌和文学确实与本书的讨论密切相关。叙述中我尽量避开了一些更值得在课堂上和研讨会中探讨的问题，集中精力讲述一系列不同的故事。它们涉及情感、性事以及家庭，有数十年的时间跨度，发生在不同国家。故事中有漠然的残忍、热烈的情感、放纵的肉欲，甚至或许还有真爱。从一名门之后降生在"闹鬼"的苏格兰城堡写起，以近90年后计算机技术先驱的葬礼画上句号。

　　虽然拜伦是串联故事的重要线索，但他不是本书的焦点。我要讲述的这一系列盘根错节的故事，它们的主人公是九位在拜伦生命中占据特殊地位的女性，从他的母亲凯瑟琳·戈登到他从未有机会深入了解的女儿艾达·洛夫莱斯。一些书中人物是许多读者所熟知的，例如玛丽·雪莱和卡罗琳·兰姆。还有一些是被传记作者忽视的人物，比如被拜伦折磨的情人克莱尔·克莱蒙特，以及奥古丝达（拜伦的异母姐姐）的女儿伊丽莎白·

梅多拉·利。

我的目的是给予这些女性她们应得的尊重和同情，同时探索她们彼此之间的关系。虽说这本书是由各不相同的九个情感故事组成的，但忽略这些情感关系的同步性，则会使叙述出现不自然的脱节。在同一本书中审视这些女性的生活，最有吸引力的是她们出人意料的与彼此打交道的方式，以及与拜伦的情感纽带如何让她们互为盟友或敌人。

这是一本厚书，但还是受到了篇幅的限制。书中有许多迷人的女性，我希望能够与她们共度更多时光。从全能的"蜘蛛"——墨尔本子爵夫人（她是拜伦的知己，也可能是情人），到牛津伯爵夫人简·哈利，她们自身的政治兴趣和私人生活就足够著传立说了。[①] 我同样关注甚至更为同情数不清的女仆、用人和随从。正如拜伦在上文信中所述，这些人因他一时兴起，在各式各样的场合与他"胡来"。我花了很多时间，试图揭开一段不为人所知的往事：一个拜伦的无名情妇，怀孕后被他抛弃，产下一个不被承认、不被宠爱的婴儿。我找到的最相近的故事，发生在名叫露西的仆人身上。拜伦 21 岁时让她怀了孕，还为她提供了经济资助；没有进一步的证据能够证明拜伦有其他私生子。能够代表这些女性的人，终究只有玛丽·雪莱的继妹——年轻天真的克莱尔·克莱蒙特。她的身心忍受着被忽视的痛苦，拜伦的冷酷无情最终酿成了她的个人悲剧。希望克莱尔的遭遇，能够在某种程度上让拜伦的大情人形象变得更加棱角分明。

我尽可能地用主人公自己的话来讲述她们的故事。拜伦留下了浩如烟海的书信记录，引用起来着实方便，最大的也是不可避免的挑战是如何取舍。我同样渴望听到拜伦身边的人们发声，不管是关于安娜贝拉·米尔班

---

① 例如乔纳森·戴维·格罗斯（Jonathan David Gross）所著《拜伦的"白乌鸦"：墨尔本子爵夫人的生活与信件》（*Byron's 'Corbeau Blanc': The Life and Letters of Lady Melbourne*，Rice，1997）。（本书脚注若无特别说明，都为原书注）

克一板一眼、冷酷的决断，凯瑟琳·戈登忧心忡忡却又死心塌地的奔忙，还是关于奥古丝达绵绵的爱意，甚至是梅多拉·利令人费解的坚韧。玛丽·雪莱独特的声音通过她的书信以及最重要的文学作品《弗兰肯斯坦》（*Frankenstein*）发出。1816 年夏天，她在日内瓦湖边的迪奥达蒂庄园（Villa Diodati）构思了该作，当时拜伦、珀西·雪莱和约翰·波里道利都在场。我希望通过讲述这九位女性的故事，照亮那些本不该被忽视的生命，并且以一种全新、客观的方式，审视那些已为人所熟知的人物。

我与这些女性共度了这么多的时光，清楚地看到她们独立的思想和坚毅的性格。凯瑟琳·戈登被不负责任又债台高筑的丈夫抛弃，却顽强地养育儿子，让他能够配得上自己继承的头衔。卡罗琳·兰姆通过发表小说对拜伦进行报复，惊世骇俗的程度几乎与拜伦的作品不相上下。玛丽、克莱尔和雪莱这个本不太可能一起出现的三人组合，自由地在意大利和瑞士旅行，为了知识和天性的解放，挣脱了体面的枷锁。艾达则在计算科学的发展中作出了开拓性贡献。在普选权和妇女权益概念还没出现的几十年里，这九位女性共同提醒人们，有智慧的女性可以而且确实希望过更丰富的生活，而不仅仅是作为妻子服务家庭和生育子女。她们的人生或许在多数情况下是艰难、不合传统或短暂的，却绝不是平淡无奇的。

接下来要说的是安娜贝拉口中的"经理"（the Manager）——拜伦本人。在书写了拜伦对他的妻子和克莱尔的残忍行径之后，有时我会非常厌恶他，继续记述其恶行几乎成了一种煎熬。但我也必须承认，正如许多人那样，我也有被拜伦吸引的时候。拜伦和这些女性一样，是思想和行为上的先驱。如今，在所有的浪漫主义诗人中，他的作品最能打动人心。读者早已厌倦了告诉自己该思考什么、该感受什么的文字，因此拜伦对"伪善"的憎恶才会受到热烈欢迎。不可否认，拜伦的名声是有污点的。安娜贝拉在抚养女儿时曾试图忽略这位父亲扮演的角色，虽然最后还是以失败告终，但很多读者或许都会对她的做法表示赞同。即便如此，只要不是最固执的人，看到艾达极力维护拜伦的样子，心中无疑都会产生共鸣。不像罗马人对待恺撒那样，我既不是来赞美拜伦的，也不是来埋葬他的。①

考虑到这一点，在接下来的序言中，我想讲一讲拜伦去世一个月后发生的一件事。做此事之人的动机是通过善意的审查来维护拜伦的名声。如果这件事不曾发生，我想不管是本书还是关于拜伦的其他书，呈现的内容都会全然不同。我们本可以更全面地了解拜伦对他的叙述对象——就算不是全部至少也是大多数人——的想法和印象，同时还能看到将这些人相互联系起来的拜伦的另一个侧面。然而，被摧毁的资料已不可得，我们必须充分利用一切遗留线索——用拜伦的话说——"自私地祈求光明"。

---

① 此处借用了莎士比亚戏剧《恺撒大帝》中马克·安东尼在恺撒葬礼上的演讲词："各位朋友、各位罗马人、各位同胞，你们听我说：我是来埋葬恺撒，不是来赞美他的。"——译者注

序　言

1824 年 5 月 17 日，来意明确的一群人聚集在伦敦梅菲尔区阿尔伯马尔街 50 号（50 Albemarle Street，Mayfair）。出版商约翰·默里雅致的住所见证了一系列历史事件，尤其是 11 年前卡罗琳·兰姆夫人的来访。她当时凭一封伪造的信件带走了乔治·桑德斯（George Sanders）所绘的珍贵的拜伦像。① 默里是成功而谨慎的商人，拜伦给他起的绰号是"最胆小的上帝的书商"，他的声誉和金钱都来自创造，而不是破坏。然而，这一天聚集于此的人即将面临的情况却截然不同。

自从这年 4 月份拜伦去世，那些希望捍卫他名誉的人，都担心其回忆录将会不可避免地被众多反对者所利用，成为抨击他的武器。拜伦于 1818 年在意大利开始写回忆录，他写信给默里说："我在考虑（为你准备中的全集）写一些我的生活回忆……无意对活着的人作任何揭露或评论，这对他们来说是不愉快的。但我想回忆录是可以写的，而且能写好。不过，此事还有待考虑。"如果写得委婉得体是他的初衷，那么这样的考量并没有延续下去。到了 8 月，拜伦表示自己的回忆"充满激情和偏见，我无法撇清——我没有这样的耐心"。

至于这些"激情和偏见"的本质，是不难想见的。我们明确地知道，

---

① 卡罗琳和默里交好（详情参见第 5、6 章），默里曾考虑出版卡罗琳的《格伦纳冯》（*Glenarvon*），并有可能给她看过拜伦的回忆录，尽管他曾"满面通红"地向霍布豪斯否认此事。

拜伦在回忆录中谈论了他与安娜贝拉·米尔班克的失败婚姻。1820年年末，他写信请前妻校阅回忆录，关于其中不留情面的内容，他毫不避讳地警告："你不会发现对你的恭维之词，没有任何文字能引发我们曾经或者现在仍然幸福相守的遐思。"① 拜伦也可能试图在回忆录中回应（或承认）一些针对他的公开指责。他或许谈到了高调的风流韵事，尤其是与卡罗琳·兰姆以及他当时的情人特蕾莎·圭乔利相关的内容。拜伦甚至还可能谈到他与异母姐姐奥古丝达·利之间的"不正常关系"，他一直只在写给最亲近朋友的信中才会用代号提及此事。

1820年，拜伦在回忆录中增添了更多内容，并且请朋友托马斯·摩尔在他死后操作出版事宜。摩尔在日记中写道：

> 拜伦在续篇中说我建议他更全面地谈一谈恋爱细节。但如果没记错的话，我当时暗示的只是他在东方冒险的细节，因为叙述这些事情对任何人造成的伤害都是微乎其微的。

摩尔没有说实话。回忆录的内容具有引爆舆论的潜力，他在7月27日记录："默里愿意为回忆录出价2000几尼②，条件是由我担任编辑。"拜伦听到这个消息之后大感振奋，在默里耐心劝阻他之前，甚至一度考虑过立刻将其出版。

拜伦的一些朋友在他生前就已读过其回忆录，金奈尔德就热情地称赞道："写得太棒了——第二部分有时会出现你的咒骂和毒誓。"回忆录的抄写工作在巴黎完成，以待出版，但其存在基本处于保密状态，就内容

---

① 不出所料，她拒绝校阅，理由是"我认为在任何时候发表或传播这样一部作品，都不利于艾达未来的幸福"。
② 大约相当于现在的14万英镑。

而言，这或许是个明智的选择。拜伦对摩尔说："当一个人的生平传记问世之后，他总是看上去已经死了，我当然也活不过自己的传记。"拜伦允许摩尔自由减删回忆录第二部分的内容，但必须保证第一部分——涉及他与安娜贝拉的婚姻——的完整性。摩尔答应了，他相信这一承诺要几十年后才需兑现。到那时，回忆录中描述的事件都已经是遥远的陈年旧事。

所以，拜伦的早逝对摩尔来说既是文学界也是他个人的悲剧。他发现自己处境尴尬，不得不在这位已故诗人的朋友们面前，捍卫其本来意愿。约翰·卡姆·霍布豪斯是拜伦最亲近的好友之一，他的反应具有典型性：

> 我从最初的悲伤中走出来之后，决定即刻履行职责，保护朋友唯一留给我的东西——他的名声。我想到了被他托付给托马斯·摩尔，后出于某些考虑又存放在默里先生处的回忆录。

霍布豪斯认为任何"有损他名声的谣言"都不能外泄。绝大多数人包括奥古丝达都认同他的观点，一致承诺将慎重处理相关的事物，回忆录则是必须销毁的，连面临潜在巨额损失的默里都表态赞成。霍布豪斯曾写道："我以为默里可能会阻挠销毁回忆录的计划，这样的揣测确实有失公正。"作为一名商人，默里曾计算过，对拜伦声誉造成的损害以及随之而来的销售损失，可能会超过眼前的短期利润。在这件事上，他听取了文学评论家及《评论季刊》（*Quarterly Review*）编辑威廉·吉福德（William Gifford）的意见。吉福德应默里的请求读了回忆录，严肃地告诉后者，此稿"只适合在妓院里流传，一旦出版，必定会让 B 勋爵永远蒙羞"。

众人的意见几乎一致，除了摩尔，他希望摘录回忆录的部分内容，用到他酝酿中的拜伦传记中。霍布豪斯还记录了摩尔（或许不太诚实）的见解："回忆录的第一部分除了一则轶事外，没有任何令人反感的内容……各式各样的情色冒险都在第二部分。"大家建议摩尔把手稿交给奥古丝达，让她按照自己的意愿处置。摩尔继续争辩道："这是在给回忆录冠上污名，这不是它应得的待遇。"要是摩尔有机会跟奥古丝达谈一谈，或许能争取到暂缓销毁回忆录部分内容的机会，以此达成他的目的。不幸的是，霍布豪斯抢先一步，成功说服奥古丝达销毁回忆录，而且越快越好。

5月17日清晨，摩尔和霍布豪斯在拜伦曾居住过的奥尔巴尼公寓（The Albany）见面。霍布豪斯以"我确信在这种情况下，作为一个正人君子和拜伦勋爵的朋友，只有一条路可选"为由，威逼摩尔同意销毁回忆录的决定。目的达到之后，霍布豪斯把摩尔、默里以及他的朋友亨利·勒特雷尔约到家中，在那里摩尔和默里发生了争执。前者仍想出版回忆录的节选，而后者因为担心引发丑闻，"声色俱厉地反对，称应当立即烧毁手稿"，就像未来的传记作家摩尔早先同意的那样。摩尔无可奈何地说，拜伦把回忆录托付给了他，所以应该由他来决定如何处置。然而，默里给了他最后一击，断言"你的表现绝不像一个正人君子"。

此话有摩尔对金钱的兴趣大于保护朋友名誉的意思，是强有力的也是严重的控诉，摩尔找不到合适的反驳之词。他是唯一一个试图保留哪怕一部分回忆录并使之传世的人，但这不能成为他的优势。当天在场的人，加上奥古丝达的代表威尔莫特·霍顿和安娜贝拉的代表道尔上校，再次聚集到默里的办公室。摩尔最后一次试图动之以情，提议将手稿封存，留待未来某日再做决断。只有摩尔反对销毁回忆录，他向霍布豪斯抗辩道"我告诉过你我不同意烧书"，但在人数和票数上都占劣势。铁了心的霍布豪斯回答："不，你只说不会出现在烧书现场。"随后，摩尔无助地看着一群人将回忆录撕成纸片丢进壁炉，付之一炬。除了摩尔，在场的人都是带着成就感离开的，他和霍布豪斯的友谊自此破裂。[①]

尽管仍存在一些引人联想的线索，但几乎可以肯定的是，我们再也无法一睹回忆录的内容。也许拜伦或者摩尔曾在巴黎或者别的地方秘密地留下了复本，它或许仍藏在某大型图书馆或落满灰尘的档案馆中，不为世人所知。至于里面究竟写了哪些毁人名誉的丑闻，我们只能作出一些猜测。

写这本书，目的并不是重现回忆录的内容。我希望通过重新审视一些鲜为人知的信件和日记，另辟蹊径，揭示拜伦的朋友和遗稿保管人急于销毁其回忆录的原因——那部作品本可以让我们加深对一个神秘人物的理解，并认识在其生命中扮演过重要角色的女性。阿尔伯马尔街的一把火烧毁了拜伦的手稿，却毁不了他的精神遗产。

---

① 尽管拜伦遗作的失传似乎应当归咎于霍布豪斯，但拜伦的许多信件和文章得以保存，也都归功于他，反而是摩尔销毁了他所保管的那部分资料。

第一部分

凯瑟琳

1

"相信拜伦。"

——拜伦家族箴铭

　　人们总说戈登家族与魔鬼同行。他们的祖宅位于苏格兰，被称为盖特城堡（Gight Castle），因其萧瑟而阴郁的气质，自 16 世纪建成以来，与巫术和恶行相关的流言就不绝于耳。传说住在城堡中的戈登一族因目无法纪而声名狼藉。关于盖特城堡的众多故事中，有一个最为残酷。那是 1644 年神圣盟约战争（Covenanters' Wars)① 时期的故事。当时的领主刘易斯·戈登将自己的珍宝藏在了城堡附近一口叫作"朴树盆"（Hagberry Pot）的天然井中。后来，他派人去取回珍宝，年轻男仆却空手而归，浑身颤抖地声称撒旦在亲自看守宝藏。然而领主戈登是个不比撒旦仁慈的人物，倒霉的男仆被迫返回井下。几分钟后，他的尸体浮出水面，被整整齐齐地切成了四块。据说他的灵魂就在盖特城堡中游荡，绝望地寻找丢失的肉体，渴望安息。

　　就在这个令人不安而恐惧的地方，一个多世纪后的 1764 年 4 月，戈登家族最后一位继承人——凯瑟琳出生了。其父乔治在她 14 岁时就去世了，母亲和妹妹们也先她而去②，使她得以继承大部分家族财产——约三万英镑加上一座盖特城堡，成为城堡的第 13 任领主。凯瑟琳由祖母玛格丽特·达夫·戈登（Margaret Duff Gordon）一手带大，后者向没有主见的女孩子灌

---

① 英格兰议会与苏格兰长老会于 1643 年订立"神圣盟约"，该盟约规定，苏格兰军队须援助英格兰议会军，与王党军作战。——编者注

② 凯瑟琳从未向拜伦提起过她们的死，因此拜伦一生都认为她是独生女。

输了过于夸张的情感，以及对自身地位的粗略认识。在好友普赖斯·戈登（Pryse Gordon）[①] 眼中，凯瑟琳是"一个活泼、好脾气……体形偏胖的女孩"。实际上，凯瑟琳厌倦了禁欲式生活。虽然没有做学问的天赋，但她对恐怖的家族历史有着浓厚兴趣。通灵、超自然之类的故事是凯瑟琳每天必读的，她醉心于从中寻求刺激。

凯瑟琳生活的时代诞生了第一批哥特小说，她读过贺拉斯·沃波尔（Horace Walpole）于 1764 年发表的《奥特兰托堡》（*The Castle Of Otranto*）。该作是最早的哥特小说，场景阴森恐怖，情节诡谲。对于闹鬼的城堡和围墙内的秘密，凯瑟琳都有切身体验，因此算不得新鲜。她从未见过的，是曼弗雷德这样集邪恶和魅力于一身的男子——在小说第一章结尾，他完成了"灵魂的转变——成为一个十足的恶人"。凯瑟琳生活在远离市井的苏格兰乡村，没有朋友和知己，她相信或者说害怕在现实生活中永远遇不到一位曼弗雷德。

她很快就发现事实并非如此。

约翰·"杰克"·拜伦更为人所知的名称是"疯杰克"；拜伦家族成员各有各的外号。他的父亲也叫约翰，是一名杰出的海军中将，人称"坏天气杰克"。他的伯父、第五代拜伦勋爵威廉口碑欠佳，或许是得了梅毒的缘故，他脾气暴躁，时常诉诸暴力，逐渐成为人们口中的"邪恶爵爷"。1765年 1 月 26 日，威廉在蓓尔美尔街的一家酒馆参与斗殴并杀死了邻居查沃思子爵，让"拜伦"彻底成了丑闻的代名词。事发后，他不得不避居故园——破败不堪的纽斯特德庄园（Newstead Abbey），坐落在诺丁汉郡，谣传庄园里有宗教改革时被逐出的修道士的鬼魂。威廉越来越像一个精神失常的人。流言四起，有的说他殴打妻子，还有的说他杀了自己的马车夫。

[①] 与凯瑟琳并无亲戚关系。

对他的侄子小约翰来说，他不是一个好榜样。因此，拜伦家族箴铭"相信拜伦"（Crede Byron）带有一种讽刺意味。

"疯杰克"生于1756年2月7日，早年在威斯敏斯特学院和巴黎一所军校学习，在校时表现平平，因为"沉迷消遣和挥霍无度"得了不少骂名，几乎一事无成。他虽生得英俊潇洒，却是个唯利是图的利己主义者。他引得众多美貌女子神魂颠倒，甚至吃起了软饭。显然，那些爱慕者被这年轻人诱惑，出手很大方。然而她们给的钱只勉强够他偿还赌债，完全无法支撑他认为理所应当的生活方式。他的父亲对其奢靡作风深恶痛绝，剥夺了他的继承权。于是，不名一文的杰克开始物色妻子的人选：最好是一个言听计从、身价不菲且貌美如花的女子。他可以对最后一个条件睁一只眼闭一只眼，但顺从和富有是不容商榷的。

他首先看中了卡马森侯爵夫人阿米莉娅·奥斯本，每年4000英镑的收入是其众多优点之一。阿米莉娅当时已婚，是三个孩子的母亲，却仍向惊愕的丈夫提出离婚，于1779年7月9日改嫁"疯杰克"。英国社会对这段风流韵事颇为厌恶，两人婚后移居法国这个"放荡的漩涡"以逃避谴责。拜伦家族的人被流言驱赶出英国，这不会是最后一次。杰克和阿米莉娅常出现在巴黎和尚蒂伊小镇（Chantilly）。生活稳定下来之后，杰克认为自己应该有个继承人。阿米莉娅在五年间生了三个孩子，却只有年纪最小的奥古丝达存活。奥古丝达出生于1783年1月26日，次年1月26日，阿米莉娅去世。至于她的死因，有人说是肺病或发高烧，也有人说是被丈夫"虐待"。① 不管怎样，杰克成了身无分文的单身父亲。他把奥古丝达托付给他的姐姐弗朗西丝，随后重整旗鼓，开始寻找下一任妻子，或者说下一个

---

① 针对这些指责，拜伦曾为父亲辩护："根据他所有熟人的证词，他不但不野蛮，还有十分亲切、讨人喜欢的性格。"有人可能会说，他父亲坏就坏在这种"亲切、讨人喜欢的性格"。

"受害者"。

18世纪晚期，巴斯（Bath）是攀龙附凤之人、风月佳人、上流社会人士都会去的一个地方。1761年去世的博·纳什（Beau Nash）是位品位高雅的时尚达人，他成功地将这座温泉小镇打造成了英国最时髦的度假胜地。同时，巴斯也成了一个丑闻发源地。大约十年之前，年轻剧作家理查德·谢里丹（Richard Sheridan）与情人伊丽莎白·林莉（Elizabeth Linley）私奔，在此之前，为捍卫后者的名誉，他在巴斯与情敌托马斯·马修斯上校（Captain Thomas Mathews）进行了一场血腥决斗，差点丧命。约翰·伍德（John Wood）父子设计的建筑无疑让巴斯成了一个美丽的地方，但欲望和私情也同温泉水一样在小镇中自由地流淌。

1785年年初，凯瑟琳·戈登和"疯杰克"·拜伦在巴斯新月楼的沙龙上初次见面。杰克年近而立，社会经验丰富，却是个负债累累的穷鳏夫。凯瑟琳刚满21岁，来巴斯拜访她的远房长辈、海军上将罗伯特·达夫（Robert Duff）夫妇，他们是巴斯上层社交圈的代表人物。这是凯瑟琳第一次离开苏格兰，她打算在巴斯小住几日，看看英格兰人是如何享乐的，买些小饰品，或许还能随亲戚参加舞会或沙龙，体验男女间的调情。达夫夫妇很清楚，涉世未深的凯瑟琳对那些想找个有钱妻子的人来说是很容易拿下的猎物："姿态笨拙，谈吐粗野"，身材肥胖而且相貌平平。此外，财富和出身让她有些自负，据说她像所有戈登家族的成员一样，"像撒旦一样骄傲"。她的到来唤醒了一些不好的回忆——她的父亲在巴斯溺水身亡，[①] 人们普遍认为是自杀。

不过，得益于昂贵（或许不合身）的华服，凯瑟琳是富家小姐的消息很快传进了杰克的耳朵里。当地报纸曾披露，凯瑟琳在其父亲去世之后

---

① 与她的祖父死因相同。

18

"坐拥相当可观的财产"。杰克开始用迷人的舞姿和英俊的相貌勾引这个天真的女子。他的出击大获成功，凯瑟琳不顾长辈的劝告，几乎立刻答应了求婚。两人后来于 1785 年 5 月 13 日（星期五）在巴斯的圣迈克尔教堂（St Michael' church）成婚，双双忽略了这个日期的不祥之意。[①] 未婚夫与小说中的男主人公一般帅气，这看似非凡的好运让凯瑟琳欣喜不已。然而，这是她生命中最后一次感受到如此简单的幸福。

这场婚姻对杰克来说并非全是好事。虽说他实现了再娶一位富家女的目标，但也因此将自己与一个没有魅力的女人拴在了一起，且不能挥霍她的财产。凯瑟琳的父母很清楚女儿不善于理财，所以严格限制了其财务自主权。这就意味着杰克除了把自己的债务转移给妻子以外，只能凭借新身份寻找更多债主。凯瑟琳的父母在遗嘱中规定，她必须嫁给姓戈登的人，或者让丈夫冠上她的姓氏。杰克为了拿钱，不得不将名字改成了约翰·拜伦·戈登。结婚不久后，他不情愿地同凯瑟琳回了苏格兰的盖特城堡。诗人拜伦后来把其父母从婚礼结束到抵达盖特城堡之前的几个星期戏称为"蜜月"，暗示他们在城堡的生活从一开始就困难重重。

如果说他们曾对彼此有过错误的期待，那也是很短暂的。凯瑟琳对丈夫的挥金如土感到震惊；他坚信新婚妻子有责任偿还他的巨额债务，这一点则让人害怕。婚后最初的几个月，为满足丈夫的挥霍欲望，她不仅被迫出售了农场、渔场和股份，耗尽了 3000 英镑的嫁妆，还为 8000 英镑的贷款抵押了盖特城堡。杰克认为自己是成大事者，要一展政治野心，但所有尝试都以失败告终。当地人把他当作一个笑柄，他们对英格兰人从来没什么好感，尤其是那些在法国待过一段时间的花花公子。当地有一首讽刺杰克和"漂亮迷人"的凯瑟琳的民谣：

---

① 在西方文化中，迷信者认为 13 号撞上星期五是不幸和不吉利的。——译者注

啊，你要去哪儿，美丽的戈登小姐？

啊，你要去哪儿，如此漂亮迷人？

你和约翰·拜伦终成眷属，

盖特的土地随之易主。

这个放荡的青年，来自英格兰，

苏格兰人不认可那血统；

他逢赌必输，是个讨债的主，

很快，盖特的土地就易了主。

杰克和凯瑟琳没过多久就发现，他们无法在阴郁的盖特城堡继续生活。婚后一年，杰克得到父亲的死讯，两人随后回到英格兰。永远乐观的杰克推断，或许这位海军中将已经原谅了自己早年的放荡行为，在写遗嘱的时候能够记得他现在是一个体面的已婚男士，而且妻子是一位苏格兰女继承人。令他失望的是，"坏天气杰克"并没有原谅他，只给他留了 500 英镑，也就是说他的经济状况依然严峻。起初，他很享受伦敦生活的刺激感，但是被债主送进监狱的短暂时光提醒他形势紧迫。杰克半求半抢地从亲戚那里借钱，还通知凯瑟琳出售盖特城堡。

凯瑟琳很快就向丈夫的缺点妥协。她在 1786 年年末给玛丽·厄克特写了一封猜疑、顺从、恐惧交织的信：

我想（城堡）最多也就卖一万英镑……我要把这笔钱保管好，让拜伦先生花不了，让我自己也没法拿出来给他……我不希望拜伦先生知道我曾跟任何人说起这个话题，因为他一旦知道就永远不会原谅我……看在上帝的分上，如非必要，不要把此事告诉任何人。

凯瑟琳已经走投无路。这对怨偶没有钱，没有家人也没有朋友。杰克为了躲避债主不断搬家，凯瑟琳眼看着一年前的美梦就此破碎。她的曼弗雷德确实现身了，却是以最令人失望的形式出现。

不过，至少他们的婚姻关系是存续的，1787 年年初，凯瑟琳怀了第一个孩子。那时盖特城堡已经以 17850 英镑的价格出售给第三代阿伯丁伯爵，但所得大部分资金不是填了债务窟窿，就是被凯瑟琳的代理人放进了苏格兰的信托——他们知道凯瑟琳自己无法拒绝丈夫的要求。杰克仍然在英国各地游荡，把他能弄到的哪怕一点点钱都用在了享乐上。举个典型的例子，他 7 月份一拿到凯瑟琳给的 700 英镑，就去巴黎旅行了两个月，不仅花光了每一分钱，还额外欠了债。当时的 700 英镑大约相当于现在的 5 万英镑。

杰克一到他弟弟乔治居住的尚蒂伊之后，便通知挺着孕肚的妻子带奥古丝达到法国相聚。他的动机不在于家庭和谐，而是要哄骗妻子再拿出一点钱来。备受煎熬的凯瑟琳只在法国待了很短的一段时间，其间还要照顾生病的奥古丝达。与此同时，杰克继续挥霍无度，完全不像个妻子正怀着孕的穷人。最终，凯瑟琳回到英国，把奥古丝达托付给了她的外祖母霍尔德内斯伯爵夫人（Lady Holderness），后者对杰克第二任妻子的态度是轻蔑而冷淡的。1787 年 12 月中旬，凯瑟琳在伦敦霍尔斯街 16 号（16 Holles Street）租下一套房子，这条街与卡文迪什广场（Cavendish Square）相邻，环境体面。在这里，凯瑟琳忧郁地等待着第一个孩子的出生。当她的一位苏格兰代理人打算从她所剩不多的财产中拿出一些钱给她时，她答复："我不需要太多，就算有大笔的钱，也只会像以前一样被浪费掉。"

罪魁祸首结束了又一场狂欢，于 1788 年年初返回伦敦。杰克的生活又回到了以前的状态，频繁地在英国各地移居，无论到哪儿都要躲着债主。1月22日，儿子出生时他碰巧在伦敦，却没有现身，因为这天是星期二，不是债主们会特赦他的安息日。他已经习惯了东躲西藏。这个时候的"疯杰克"·拜伦，早已不是几年前那个逍遥自在、能够不择手段取悦富家女的人了。

就算继承人出生时杰克在场，他也不太可能喜欢那个场面。凯瑟琳请不起好的助产士和护士，又没有能出主意的朋友，只能指望律师约翰·汉森请来的糟糕的帮手。这两个可怜虫，男的叫库姆，女的叫米尔斯，从结果来看，他们根本无法胜任这项工作。凯瑟琳的儿子在一片慌乱中出生。不管男婴右脚的缺陷是否为分娩所致，都不是这群外行人能应对的。附近的外科医生约翰·亨特（John Hunter）被叫了去，他说男孩再长大一点要穿矫形鞋，除此以外，并没有更有效的办法。他的建议和有限的医疗条件使拜伦一生都为脚部畸形苦恼。往好的方面看，这个男孩出生时带着胎膜，据说这是好运和成功的预兆。①

1788年2月29日，男孩在圣玛丽勒本堂区教堂（St Marylebone Parish Church）受洗，杰克再次缺席。那时，他的债务总额已经达到1300英镑左右。男孩取名乔治·戈登·拜伦，结合了他的父亲和外祖父的姓氏。凯瑟琳已经设法告诉丈夫，儿子的脚部存在畸形。杰克无动于衷，写信给他的姐姐弗朗西丝说："至于我的儿子，我很高兴他是健康的，但走路方面是好不起来了，因为他的脚是畸形的。"杰克的不在意或许不足为奇：拜伦是他的第四个孩子，在经历了两个孩子夭折之后，他已经接受了再次发生这种事情的可能性。前一个月，他以类似的语气写信给凯瑟琳的地产管理人詹

---

① 覆盖在脸上的薄膜。其他出生带胎膜的人不拘一格，包括拜伦崇拜的拿破仑·波拿巴，以及西格蒙德·弗洛伊德（Sigmund Freud）、利伯雷斯（Liberace）和乔治·福姆比（George Formby）。

姆斯·沃森（James Watson）说："上周一她把儿子生了下来，而且情况很糟。"① 信是从爱丁堡寄出的，可见杰克的境遇没有任何改善。

与此同时，凯瑟琳因为儿子的身体状况和她自身的困境忧心如焚。她告诉沃森，不能再支钱给丈夫还债，"他只能花必要的钱，债是还不完的，要花钱的地方还会越来越多"。但对丈夫的大手大脚，凯瑟琳仍然无能为力。"很抱歉他要买一辆马车。"知道丈夫一向没有经济头脑，她赶忙补充道，"我希望您在伦敦的时候把钱汇给我，钱必须在我手上，因为拜伦先生一拿到钱就会以某种愚蠢的方式浪费掉，导致我不得不再次提取。"凯瑟琳只有22岁，不可否认的是，她成长的速度非常快。年轻女孩的天真让她被一个风度翩翩的追求者征服，但这种天真已经败给苦涩。

不管是凭人格的力量还是单凭力气，杰克仍能轻易说服凯瑟琳，尽管他每次回家都来去匆匆。伦敦的律师托马斯·贝克特（Thomas Becket）告诉沃森："拜伦夫人担心，她不能下定决心拒绝拜伦先生亲自提出的任何要求。"3月21日，杰克在写给弗朗西丝的信中哀伤地说："几年中，我的父亲和姐姐②相继离世，真让我觉得就要轮到我了，想想就情绪低落。"杰克一如既往地对钱上心，抱怨道："我的收入很少，还要用在妻儿身上，因此我不得不生活在一个本不属于我的狭小圈子里。"聪明的人，在债务问题上或许会保持克制或具备常识，但意志力薄弱到无可救药的杰克，唯一想知道的是自己"有没有可能再次过上奢侈的生活……购买马匹或猎犬……总之，我自己是没有答案的"。他本打算回法国，但这也超出了微薄收入所能负担的范围，况且某些顽固的债主还可能追到英吉利海峡对面去。杰克仍

---

① 拜伦实际是周二出生的。

② 杰克指的是他的另一位姐姐，即威尔莫特夫人朱莉安娜（Julianna, Lady Wilmot），她于1788 年 3 月 15 日在德比郡去世。

在英国各地辗转，可怜巴巴地问所剩无几的朋友和亲戚"借钱"。

杰克在 1788 年 3 月初与妻儿见过一面；1789 年，随着母子俩迁居阿伯丁（Aberdeen），又在皇后街（Queen Street）的住所短暂地一起生活了一段时间。新家所在地不像伦敦和巴斯那样国际化，凯瑟琳抱怨，一顶帽子"出现在这里的时候，它在伦敦早已过时了"；但此地并不缺乏文化气息，有剧场、有书店，还有繁荣的港口为城市带来贸易和金钱。凯瑟琳也许希望，少一些寻求刺激的机会，能够抑制杰克的陋习，使一家三口长期生活在一起。然而，杰克想的可能是同住一个屋檐下更容易拿到钱。

他的失望是注定的。凯瑟琳已经不是初到巴斯时那个年轻富有的继承人了。当时她坐拥一座庄园，手上还有一大笔钱；现在的她每年只有出售盖特城堡所得的 150 英镑收入。这笔钱对母子二人来说是足够的，却远远无法满足杰克的需求。夫妻之间争吵和责骂不断，直到杰克在皇后街的另一头租了房，分居之后，两人的关系才稍有缓和，却没有真正和解。有一次，杰克为了证明他是一位合格的父亲，主动提出照看儿子一晚上。这次实验并不成功，孩子第二天一早就被送了回去。此后不久，杰克在 1790 年 9 月永远地离开了妻儿和阿伯丁，去法国投奔他的姐姐，留下了总额约 300 英镑的账单和债务。他接连几个月花天酒地，与女演员和当地女子风流〔12 月他写信给显然毫不惊讶的弗朗西丝说："我想瓦朗谢讷（Valenciennes）三分之一的姑娘都和我睡过觉。"〕，花光了所有的钱。他患上了肺结核，据说正是这种病让他的第一任妻子阿米莉娅送了命。坚称自己只是得了感冒的杰克在 1791 年 8 月 2 日去世，年仅 35 岁。他不但没有遗产，还让年仅三岁的拜伦承担丧葬费用，将自私和残忍坚持到了生命尽头。

在杰克生命的最后几个月里，凯瑟琳试图说服弗朗西丝提供 30 英镑至 40 英镑的借款，认为后者应对杰克的浪费负部分责任，但这个理由似乎站不住脚。弗朗西丝也收到了杰克的此类借款信。她试图让这家人和好，建议他们在法国见面，但凯瑟琳写信说"要我离开苏格兰一段时间是不可能的"，因为她无力承担旅行费用，也难以携幼子同行。她问弗朗西丝是否可以给外科医生约翰·亨特写封信，请他为她的儿子做一只"合脚的鞋子"。令人心酸的是她在信中的一连串发问所流露的孤独感："请问，外面发生了什么事情？我这里太偏远了。要打仗了吗？你有小奥古丝达的消息吗？她过得怎么样？"凯瑟琳从弗朗西丝的回信中得知了杰克的死讯。据说她为此放声痛哭，街上的人都能听见她在哀悼"亲爱的约翰尼"。杰克是不忠和无用的丈夫，可无论如何，凯瑟琳又失去了一个家人。弗朗西丝的原信已流失，但很显然她没有预料到凯瑟琳的反应如此强烈。为了澄清事实，凯瑟琳于8月23日给弗朗西丝回信，写道："至少在我看来，是必然性而非意愿将我们分开……尽管他有种种缺点……但我曾真诚地爱过他……我想我再也无法从这沉重打击中恢复过来。"当时才三岁的拜伦后来说他对杰克印象深刻。他对朋友托马斯·梅德温说："亲眼目睹家中的争吵让人很早就对婚姻感到恐惧——他（杰克）似乎生来就是为了毁灭自己和女人。"有其父必有其子。

至少劣迹斑斑的丈夫再也不会欠债，凯瑟琳能集中精力养育年幼的儿子。母子二人从皇后街搬到了布劳得大街（Broad Street），和女佣艾格妮丝·格雷（Agnes Grey）一起住在一套位于一楼的房子里。拜伦从小是个令人头疼的孩子，他对跛脚很敏感，曾对居高临下地谈论这一畸形部位的保姆大喊："别说了！"① 男孩说话带着浓重的苏格兰口音，这也让他感到难为情。所幸，凯瑟琳是当地会员制图书馆的会员，鼓励儿子怀揣好奇心，广泛阅读。当男孩被送到当地一所"自命不凡但名声不错"的学校时，刚

---

① 原文为苏格兰英语（Dinna speak of it!）。——译者注

开始形成的兴趣得到进一步强化。凯瑟琳意识到她的儿子可能会惹麻烦，要求校长鲍尔（Bower）对拜伦"严加监管"或约束。鲍尔负责拜伦的早期精神教育，教导其思想、语言和行为，却不是很成功。拜伦的导师很快换成一位名叫罗斯（Ross）的牧师。在他的指导下，拜伦取得了"令人惊讶的进步"。

虽然拜伦很快就进入了叛逆期，但他一开始是一个讨人喜爱、充满好奇心的男孩，最坏的行为是去当地教堂时用帽针扎母亲的胳膊。尽管家境普通，凯瑟琳还是会自豪地提醒儿子，他出身贵族，她自己则是受贵族教育长大的；同时暗示拜伦家族名声不好。拜伦后来告诉约翰·默里，凯瑟琳非常看重她的血统，是"老戈登家族的血统，不是塞顿·戈登家族，她轻蔑地管后者叫'公爵那一支'……（她还提醒我）戈登家族比南方拜伦家族更尊贵"。拜伦很快就发现了戈登家族不太高贵的一面，这让他感到愉悦而不是震惊。凯瑟琳很早就是辉格党的支持者，她将自由主义政治观点灌输给了自己的儿子。她支持法国大革命，并在写给弗朗西丝的信中说："我是民主主义者，我认为不应该让一个叛国和发假誓的国王复位。"①

尽管生活贫困，凯瑟琳仍然相信自己的贵族出身是不容忘却的，在跟祖母盖特夫人和解之后，她对此更加深信不疑。凯瑟琳的祖母过去对她的婚姻感到绝望，现在却搬到离母子俩很近的班夫（Banff）居住。盖特夫人非常宠爱曾孙，拜伦可以玩各种把戏、制造各种混乱而不受处罚。一次，拜伦做了一个假人，给它穿上自己的衣服，然后一边尖叫一边将假人从窗口推出去。他的母亲见他没有受伤，松了一口气，也就原谅了他的过失。

被宠爱的拜伦正逐渐长成一个相貌出众的男孩。威廉·凯（William

---

① 在不到两个月后，路易十六于 1793 年 1 月 21 日被处决。

Kay）在拜伦七岁时为他画过肖像，自信的男孩手持弓箭，目光锐利，注视着靶心。就在数月前的 1794 年 7 月，拜伦的堂兄在科西嘉岛的卡尔维围攻战（the Siege of Calvi）① 中丧命，促使拜伦成为其伯祖父威廉的唯一遗产继承人。终于，拜伦·戈登一家迎来了命运转折点。

男孩就读当地的文法学校，在那里接受了基础古典教育，即他后来所说的"拉丁语，拉丁语，拉丁语"。对于年轻贵族来说，熟悉著名文本是有必要的，但这样的生活不为拜伦所喜爱，他后来称自己小时候很讨厌诗歌。凯瑟琳对儿子寄予厚望，阿伯丁文法学校（Aberdeen Grammar School）的声望却不如英国公学。她向弗朗西丝打听，当时的拜伦勋爵是否打算出售部分闲置房产，以资助其继承人接受教育。她恳切地问道："你觉得他会为乔治做些什么？会不惜任何代价为他提供优质教育吗？或者，如果他愿意这么做，他现在的财产中可以匀出这笔费用吗？"不出所料，杰克的坏名声导致他的继承人没有得到来自家族的任何帮助。与此同时，八岁的拜伦染上了猩红热，也迎来人生中第一段伟大恋情。恋爱对象是他的表姐玛丽·达夫（Mary Duff），两人住处相近，在一所舞蹈学校相遇。拜伦后来说："真是奇怪，在那个年纪，我既感受不到爱情，也不知道这个词的含义，却全心全意钟情于那个女孩。"

凯瑟琳还试图在艺术上引导拜伦，带着小小年纪的他去当地剧场看演出。拜伦九岁时看了《罗密欧与朱丽叶》，外加《驯悍记》的一个片段。他此时已经表现出对规范的轻视，当彼特鲁乔（Petruchio）的扮演者说"不，我发誓那是神圣的太阳"时，他站在椅子上大喊："但要我说那是月亮，先生！"母子关系变得紧张起来，因为聪明又叛逆的男孩喜欢生事。拜伦后来

---

① 法国大革命战争（1792—1802）早期阶段，英国和科西嘉王国进攻科西嘉岛的联合军事行动。——编者注

回忆，还在阿伯丁的时候，"（母亲和女佣）曾冒着我沉默的怒火，从我手上抢下一把刀。我从拜伦夫人的晚餐桌上抓起这把刀……把它抵在了胸口"。只有荒诞可以削弱这个画面的戏剧性。那个时候的拜伦已经完全吸收了他母亲的特权意识。凯瑟琳在读一篇激动人心的政治演讲时，用引诱和讨好的语气对拜伦说："我们未来将有幸读到你在下议院①的演讲。"据说拜伦停顿了一下，轻蔑地说："我不这么希望……如果你读到我的任何演讲，那将会是在贵族院发表的。"

没过多久，拜伦就加入了英国贵族行列。老拜伦勋爵于 1798 年 5 月 19 日去世。十岁的男孩成了罗奇代尔（Rochdale）的第六代拜伦勋爵，学校用蛋糕和葡萄酒庆祝。拜伦先哭了一场，然后问自己的母亲"他变成爵爷之后是否有哪里不一样了，他自己没有发现"。凯瑟琳卖掉仅有的几件家具，支付了老拜伦勋爵的丧葬费。母子二人于 8 月动身前往位于诺丁汉郡的拜伦家族祖宅——纽斯特德庄园。保姆梅·格雷与他们同行。他们一路南下，对人生即将发生的变化一无所知。

---

① 下议院又称平民院，上议院又称贵族院。——编者注

2

"我要么在世上开一条路，
要么在尝试中灭亡。"

——拜伦，1804 年 5 月 1 日

凯瑟琳对儿子觉醒的情感一无所知；她是一个没有多少情爱经验的女人，杰克去世后，她基本就没有追求者了。① 在经历了对丈夫的迷恋和失望之后，她开始集中精力维护自己和拜伦岌岌可危的社会地位。在拜伦顺利继承爵位之后，凯瑟琳又要确保他的行为庄重得体。她不是一个愚蠢的女人，但她对待情欲的超然态度在某种程度上是不幸的。

凯瑟琳、拜伦和梅·格雷乘坐从阿伯丁到爱丁堡的公共马车，赶了近400 英里路，在数日后抵达纽斯特德庄园。拜伦袭爵后，还没有从伯祖父的遗产中拿到一分钱，尽管如此，一行三人都情绪高昂。托马斯·摩尔在《拜伦传》（*Life of Byron*）中讲了一则轶事。在征收通行税的关卡，凯瑟琳向看守打听附近是否有一座庄园，得到肯定回答后，她又问庄园的主人是谁。看守回答："原来是拜伦勋爵，但现在他死了。"凯瑟琳继续明知故问："现在的继承人是谁？"看守答："据说是一个住在阿伯丁的小男孩。"这时梅·格雷将拜伦抱到膝盖上，毫不避讳地抚摩和亲吻，说："就是他，上帝保佑。"一个年纪不算小的十岁男孩，被保姆以这种方式抱在怀里，应当能够使凯瑟琳对他们的关系提高警惕，可她却视而不见，也或许是真的没看出不妥。

不管怎样，这方面的问题随着他们在 1798 年 8 月抵达纽斯特德而被抛

---

① 可能圣路易斯先生（Monsieur Saint-Louis）是一个例外，后文中会提到。

诸脑后。18世纪初，贺拉斯·沃波尔曾感叹："纽斯特德是座名副其实的修道院①。"拜伦看到庄园的第一眼，就被荒凉的壮景激起了无尽的想象。虽然这时的纽斯特德几乎无法住人，屋顶不见了，牛羊在房间里吃草，很难说有多舒适，但它给了凯瑟琳一个机会：再次住进与盖特城堡规模相当的地方。他们一到纽斯特德就见到了从伦敦赶来的律师约翰·汉森。这位拜伦人生中的关键人物非常清楚眼前的任务是什么。他要尽快处理好复杂的法律事务，让拜伦继承爵位和庄园，免遭某些心怀不满的远亲质疑。由于新一代勋爵还未成年，汉森成了他的监护人。与此同时，凯瑟琳得知她每年150英镑的微薄收入或许会增加十倍，尽管他们还是缺现钱，且律师费可能消耗一大笔遗产；纽斯特德的新管家欧文·米利（Owen Mealey）还被主人告知没有钱给他买床。据说纽斯特德庄园价值9万英镑，可惜由于年久失修，其吸引力大打折扣。

尽管如此，在夏末的庄园探险是有趣的，男孩很喜欢宽广和新奇的环境。他的生活热情感染了他的母亲。汉森对另一位律师詹姆斯·法夸尔（James Farquhar）说："戈登夫人（拜伦夫人）……在纽斯特德生活的愿望很强烈。至少在一开始，我非常怀疑这么做是否明智。在所有事情安排妥当之前，她最好在伦敦或者那附近找一套房子或公寓暂住。"但凯瑟琳对以前痛苦的伦敦生活记忆犹新，她拒绝去首都，宁愿留在纽斯特德。小拜伦给汉森留下的印象也很鲜明，他称拜伦是"一个聪明漂亮的男孩，被宠坏了，不过这不足为奇"。

与此同时，凯瑟琳是享受新生活的，尤其是当她找回了一部分婚后失去的体面时。她丈夫的一些亲戚住在附近的诺丁汉②，包括前任勋爵的兄弟

① 纽斯特德庄园曾是一座修道院，建于1163年至1173年之间，自1540年起成为拜伦家族产业。——编者注
② 诺丁汉郡的首府。——编者注

的遗孀。年幼的拜伦写过一首诗来嘲笑她的古怪行为和胡言乱语：

在诺丁汉郡的斯怀恩格林

住着一个最可恨的老夫人，

她坚信她死后，但愿就在不久后，

她会登上月球。

虽然拜伦讨厌他的姑妈，但1798年冬天，他被迫离开了纽斯特德"乐园"，去诺丁汉与弗朗西丝等亲戚同住。他的母亲留在庄园，设法恢复那里的秩序。凯瑟琳最初的举措之一是通过提高租金来增加地产收入，这引起了佃农对庄园新主人的怨恨和抗议。但没有人轻视凯瑟琳；生活迫使她坚强起来，不再是13年前仓促结婚时那个浪漫的蠢姑娘了。现在，她的首要任务是在汉森的帮助下振兴纽斯特德，逆转家族的运势。为了集中精力执行计划，她需要把儿子暂时托付给别人。

当拜伦被介绍给与他年龄相仿的表姐玛丽·安·查沃思时，他的第二段爱情开始了。20年前，第五代拜伦勋爵杀死了查沃思子爵，但这件恐怖的往事并没有阻止拜伦对玛丽萌生爱意。他的情感溢于言表，以至于当玛丽第二次来纽斯特德时，汉森打趣他说："这是位漂亮的小姐，你最好和她结婚。"拜伦不甘示弱，异常敏感地觉察到家族的尴尬处境，反击道："什么？汉森先生，凯普莱特家族和蒙太古家族通婚？"他的自信在11月写给夏洛特（Charlotte）姑妈的信中展露无遗："我妈妈无法亲自写信，想要我告诉您，土豆已准备好，欢迎您随时来取。"结尾句尤显得慷慨（高高在上），"妈妈让我向大家致以最诚挚的问候。"

拜伦和母亲分别了数月，当后者忙于从佃农那里收更多钱时，他正与姑妈的邻居、帕金一家（the Parkyns）待在一起。1799年3月中旬，拜伦从他们所住的格里德史密斯门（Gridlesmith Gate）写信给凯瑟琳："说实话，我没想到您会给我写这么长的信。"凯瑟琳思子心切，写了一封相当详尽的长信，以调剂单调的生活。拜伦却一点也不觉得无聊。他要求将一位"达默"·罗杰斯先生（Mr 'Dummer' Rogers）聘为自己的新家庭教师，并傲慢地断言：

> 真叫人吃惊，您竟没有默许该计划，这让我想起一些几乎已经忘记的事情……如果这一类计划不被采纳的话，我将被称为笨蛋或者更确切地说是被强加上这一污名，您知道，这是我无法忍受的。

他在信末提到"梅渴望履行职责"。这位殷勤的保姆也在诺丁汉，她的职责之一是确保拜伦的脚得到医治，带他去附近一位名叫拉文德（Lavender）的外科医生那里就诊。事实上，梅·格雷对拜伦的照顾超出了他的意愿。她表面虔诚、仁爱，督促拜伦读《圣经》，让健康的思想寓于健康的身体，实际上经常对男孩实施侵犯。这种侵犯似乎始于阿伯丁，在他们移居纽斯特德后仍在持续。拜伦后来写道："我的情欲发生得很早——实在太早，如果我说出这个时间以及相关事实，很少有人会相信我。"汉森最先从拜伦口中得知梅带给他的痛苦，这位律师后来又将此事告诉了拜伦的朋友霍布豪斯，后者在拜伦离世后评论："远没有和玛丽·达夫的恋情浪漫，但比之更令人满足。"

梅的恶劣行径并不止于卧室。她喝醉和心情不佳的时候，会狠狠地殴打拜伦，以至于后来汉森告诉凯瑟琳"他有时会因此感到骨头疼"。当梅不猥亵这个男孩的时候，"她会带各种各样的人进出他的公寓……深夜不归，经常放他独自入睡"。她把体面抛到一边，结交了不少当地酒馆里的熟客。

汉森严正告诉凯瑟琳，梅在醉酒的时候"甚至会诽谤您"。

1799 年 9 月，拜伦前往伦敦，拜访了多位医生，他们都在探索治疗跛足的方法。推荐这些医生的是卡莱尔伯爵，他是杰克的表哥，男孩的非正式导师。在伦敦期间，拜伦由梅陪同，在汉森家做客，汉森亲眼看到梅的所作所为，以及拜伦对她的惧怕。震惊的汉森把梅赶回了纽斯特德，并将事实告知凯瑟琳。没过多久梅就被解雇了。① 拜伦终于可以在他的新学校，也就是达利奇区（Dulwich）的"格伦尼博士学院"（Dr Glennie's Academy）写信给汉森："既然您要去纽斯特德，那么如果见到格雷，求您尽快赶她走。"

虽然现存的凯瑟琳和拜伦之间的信件都没有提到这名前保姆的恶行以及后续的解聘，但凯瑟琳必定经受了极大的震惊和难堪。因为此前她相信，刚刚提升的社会地位能够让他们免受这样的侮辱。同时，她一定极为愤怒，因为一个她完全信任的女人居然做出了这样的事情。

1799 年夏天，按照汉森的指示，凯瑟琳写信给法院众官员，要求承认她和拜伦的身份。在写给下议院托利党代表波特兰公爵（Duke of Portland）的信中，她陈述了财产流失的事实，并请求援助："我是古老贵族的后裔……听说像我这样处境的人，是陛下资助的对象。"② 她成功了，每年可以从王室年俸中领取 300 英镑，且立即生效。她写信向汉森致谢：

> 在这件事上您对我非常友善，我将永远感激。我已在第一时间把公爵回信的抄写件寄给您，我们之间的友情让我相信，您看了也会感到高兴。

---

① 解聘并没有立刻生效，从梅·格雷返回纽斯特德到她后来启程回苏格兰，至少间隔六个星期。

② 这封信实际由汉森代笔，凯瑟琳只填充细节。

为了离拜伦近一点，凯瑟琳来到伦敦，在汉森家附近的斯隆街（Sloane Terrace）租了住处。然而，母子关系远不能用融洽来形容。兼具早慧和早熟倾向的拜伦常常行为失当，公然违抗自己的母亲。汉森的儿子纽顿（Newton）后来写道："拜伦夫人对她的儿子表现出溺爱，但偶尔呈现相反的态度。她的情绪和态度显然是善变的，但总的来说，他们是相亲相爱的。"他还提到："拜伦有咬指甲的坏习惯，有时他的母亲会突然大声训斥，打他的脸或手。"

对凯瑟琳来说，这段时光并不愉快。1800 年 1 月 16 日，卡莱尔伯爵与凯瑟琳初次见面，她疏于礼节，谈吐平庸，带着浓重的苏格兰口音，这一切都让伯爵反感。凯瑟琳常常插手拜伦的生活和学业，有时把他从格伦尼博士学院带回家，一待就是一星期——她相信拜伦在家学到的东西更多。凯瑟琳给格伦尼博士留下的印象也不好，因为她"总是大发脾气，想让学者和仆人听不见都难"。格伦尼博士最终发泄了怒气，称凯瑟琳不仅破坏她儿子的教育，还让他和不良少年待在一起，引他堕落。凯瑟琳对此作出的反应没有留在现存资料中，但已知拜伦很快就离开了格伦尼的学校（他后来不屑一提的"一个该死的地方"）。此后，汉森全权负责拜伦的教育。至于卡莱尔，他已经受够了凯瑟琳，怒气冲冲地写信告诉汉森："我不想再和拜伦夫人有任何瓜葛——你得尽你所能地应付她。"

宽容地想，凯瑟琳是在笨拙地为儿子着想，同时因为梅·格雷的行为而内疚，想确保拜伦不再受身边人欺侮。可惜她非但不善交际，还因为言行粗鲁落人口实。格伦尼后来说：

> 拜伦夫人对英格兰人的社交和礼节一窍不通，她外表毫无魅力，不为大自然的慷慨所惠顾，思想中几乎没有任何受过教养的痕迹，只有北方观点、北方脾性和北方口音。我相信，如

果我说拜伦夫人不是另一位兰伯特夫人①，并不是出于对这位
女同胞的偏见，后者有能力扭转颓势，让自己的儿子具备年轻
贵族的品格和风度。

名声扫地的不光是曾在诺丁汉的梅·格雷，还有在首都的凯瑟琳。她对一位被称为圣路易斯先生（Monsieur Saint-Louis）的法国舞蹈教师产生了不合时宜的感情；汉森曾对霍布豪斯说她"在布朗普顿（Brompton）爱上了一位法国舞蹈教师，计划带拜伦去法国……但是（格伦尼）不让他去"。如果这是事实，那就说明凯瑟琳没有大局观念：拜伦尚未成年，仍受卡莱尔和汉森的监护，且英法那时正在交战。把一名英国贵族带去敌国，说轻了是愚蠢，说重了就是叛国。

1801 年 4 月，在离开格伦尼博士学院数月之后，拜伦开始在哈罗公学（Harrow）接受教育。这时他 13 岁，面貌英俊，尽管跛足和忽胖忽瘦的体质有时会破坏他的潇洒。前一年在纽斯特德消夏时，拜伦爱上了他的另一个表姐——玛格丽特·帕克。他说玛格丽特给了他"第一次写诗"的灵感，称她是"最美的易逝之物"。拜伦说离开她后食不下咽、夜不能寐，因为分别将长达 12 个小时。

当拜伦想继续谈恋爱时，他的母亲已打算回伦敦寻求汉森的建议，设法使纽斯特德庄园有偿付能力。拜伦入学后，凯瑟琳为了解决财务问题在斯隆街待到了 5 月。然而，问题比她想象的更为复杂。她给汉森写信，语气强硬地说：

---

① 法国作家安娜-泰蕾兹·德·马格纳特·德·库塞尔（Anne-Thérèse de Marguenat de Courcelles），更为人熟知的称呼是兰伯特夫人（Madame de Lambert），1726 年出版的《一位母亲给儿子的建议》（*Advice from a Mother to Her Son*）是其成名作。

我在这里已经待了五个月，唯一目的是解决我的问题……我不知道继续拖延的理由是什么。希望您能定下一天来我家，或者我去您家，把账算清楚。

最后她写道："我还急需 30 英镑。"可见待在伦敦并没有使凯瑟琳更懂礼貌。夏天，凯瑟琳和拜伦去切尔滕纳姆（cheltenham）拜访了一位算命师。寡妇身份和拜伦的跛足被一眼看穿，算命师还说拜伦会结两次婚，会因为中毒险些丧命，还会在 27 岁时遭遇巨大的不幸。虽然这些预言不完全准确，但可以说这位算命师具有敏锐的观察力。

拜伦回到哈罗后，凯瑟琳去了新兴时尚之城布赖顿（Brighton），在那里又遇到了麻烦。拜伦每年治脚的费用高达 50 多英镑，为此她向医生劳里（Laurie）抱怨："我认为（您收费）太贵了。"不仅如此，她还因未付车费被一名马车夫告上地方法庭，最后经过汉森的调解才脱身。虽然汉森知道凯瑟琳要求多、难相处，但他作为她的律师和她儿子的法定监护人，必须对她负责；对此，凯瑟琳却很少表示感激。

1801 年 10 月，凯瑟琳得到奥古丝达的外祖母霍尔德尼斯夫人去世的消息。她联系了继女，试图改变疏远的关系。显然，已经成为一名继承人的奥古丝达或许能帮助她，尽管她的动机有可能是无私的。她表达了哀悼之意："不管怎样，我提笔是为了就已然发生的伤心事安慰你……请相信，我和我的儿子都怀有无法言表的关心和好意。"凯瑟琳提醒奥古丝达，她早年生病期间曾得到自己的照顾，并且强调了拜伦对她的爱："他几乎不认识你，却经常深情地提起你。"最后写道："你弟弟在哈罗上学，如果你想见他，我不会阻拦。"

霍尔德尼斯夫人给奥古丝达留下了每年 350 英镑的收入，这对于一个 17 岁的孩子来说是十分可观的数目，却不足以让她为同父异母的弟弟或凯瑟琳提供任何有意义的帮助。不久之后,凯瑟琳捉襟见肘的状况的确迎来了转机,她的祖母玛格丽特·达夫·戈登,也就是盖特夫人在 12 月初去世,留给她 1200 英镑遗产。凯瑟琳的年收入增加到了 190 英镑,虽然数目不大,但足够请劳里医生继续去哈罗医治拜伦的跛足;劳里于 1801 年 12 月 7 日告诉凯瑟琳:"我发现他的情况比我上次看诊时糟糕得多……我只想补充一点,如果得到适当的护理和包扎,他的脚仍有希望在很大程度上恢复正常,将治疗推迟到这个假期之后就太愚蠢了。"拜伦日后的行走能力还是个未知数。

1802 年年初,凯瑟琳从布赖顿搬回伦敦,住在波特曼广场(Portman Square)附近的乔治街 23 号(23 George Street)。拜伦和她一起度过了复活节假期,在这期间,她因为他在海德公园(Hyde Park)跟普赖斯·戈登一起赛马而受了惊吓。根据普赖斯后来的回忆,当两人之后准备在肯辛顿花园(Kensington Gardens)参加比赛时,"(凯瑟琳)说什么都不同意……但拜伦没有放弃参赛,他向凯瑟琳承诺不疾驰,且信守了承诺"。普赖斯还就 14 岁的拜伦与其母的关系提供了有用见解,他在个人回忆录中引用了凯瑟琳的原话:"虽然他是一个被宠坏的孩子,而且十分我行我素,但他从来没有故意做过任何让我失望或烦恼的事情。"这不太可能是事实,但由此可见,不管什么时候,凯瑟琳都顾及拜伦的颜面。拜伦成了普赖斯一生的朋友,在后者眼中,他"是一个精致、活泼、静不下来的小伙子,充满激情和活力,热爱骑马"。他是个名副其实的拜伦家族后裔。

在 1802 年接下来的日子里,凯瑟琳继续游历英国各地,从伦敦到切尔滕纳姆,再回到曾经的荣耀之地巴斯。10 月底,她在巴斯的亨丽埃塔街 16 号(16 Henrietta Street)住下。此时,纽斯特德已经租给附近的地主,里辛的格雷勋爵。他向汉森保证,在拜伦成年之前,负责把庄园打理好,每年支付 50 英镑租金。这为凯瑟琳带来了可喜的收入,但格雷勋爵没能很好地履行承诺，纽斯特德庄园愈加破败。

　　同年，不受管束的拜伦在哈罗惹了麻烦。校长德鲁利博士照顾到拜伦的脚，让他可以尽可能轻松地上学，拜伦却开始以反叛和捣乱为乐，他蔑视师长就像蔑视自己的母亲一样。1803 年年初，拜伦拒绝返校。凯瑟琳告诉汉森："他说他遭受了一段时间的虐待。"凯瑟琳认为她不必再为拜伦的行为担忧，不管是出于不关心还是放纵，她在信中写道："您也许惊讶于我没有强迫他返校，但他现在足够成熟，也足够理智。"

　　拜伦极度厌恶他所在宿舍的舍监（校长的儿子）亨利·德鲁利，尽管他后来换了宿舍，在二月中旬返校后舍监换成埃文斯（Evans），两人之间的敌意并没有随之消失。① 不久后，他给凯瑟琳写了一封长信，大发怨言，称小德鲁利"用最粗暴的言语辱骂我，他喊我无赖，说他会而且也能把我赶出学校……与其让他毁掉我的名誉，不如让他夺走我的生命"。最后，为了激发凯瑟琳的母性本能，他写道："我相信您不会看着我受辱……我想读到这里您已感到厌倦，但如果您爱我，现在就会有所表示……请速回信。"不管亨利是否该被学生如此尖刻地批评，拜伦的语气和用词都在有意地煽动愤怒情绪，以确保凯瑟琳会支持他。情绪操控奏效了，凯瑟琳要求汉森介入，校长代他的儿子正式表达了歉意。德鲁利博士谈到拜伦时说："（他）有……一颗敏感的心，能够合理地识别伤害。"拜伦很快就乐滋滋地写信告诉凯瑟琳，他的状态变好了，"德鲁利博士和我相处得很好"。② 拜伦的计谋得逞了。

　　凯瑟琳再次厌倦伦敦生活，她回到诺丁汉郡，租住在绍斯韦尔镇（Southwell）的伯加吉庄园（Burgage Manor）。与之前相比，她的居住环境

---

① 这种对立关系可能是德鲁利被他父亲对拜伦的偏爱激怒之后的产物。

② 讽刺的是，亨利·德鲁利后来和拜伦成了好友，拜伦在 1809 年出游前，受邀以贵宾身份参加哈罗公学的授奖演讲日活动。

已经大大改善。伯加吉是一座漂亮的庄园宅第，配得上富有人家，却与拜伦的品味不符。1803 年 7 月，第一次到新住处时他是颇为失望的。这里缺乏纽斯特德的哥特式神秘感和浪漫情调，也不如巴斯或伦敦的房子精致。在一群他不了解或不喜欢的人中间，拜伦觉得自己是个异类。他认为当地人比"老处女和牧师"好不到哪里去，当地人则认为他傲慢、冷漠。15 岁的拜伦不再是被母亲宠爱的讨人喜欢的男孩，而是一个梦想漫游和探索，却受环境和母亲束缚的青春期少年。

拜伦和凯瑟琳大吵了一架，从绍斯韦尔回到纽斯特德。格雷勋爵把他待为上宾，而不是一个爱惹麻烦的学生。拜伦很快就像国王侍臣一样，邀请当地农民参加盛大晚宴（凯瑟琳出的 5 英镑完全不够开销），并且重新和年满 18 岁的玛丽·查沃思热络起来，她住在附近的安斯利庄园（Annesley Hall）。虽然玛丽已经和乡绅约翰·马斯特斯（John Musters）订婚，但拜伦仍不顾一切地爱慕她，蒙太古家族和凯普莱特家族通婚已显得不那么荒谬了。在爱情的驱使下，拜伦不仅每天往返于单程四英里的纽斯特德和安斯利之间，还拒绝在秋天返回哈罗，尽管他对凯瑟琳说："我会不高兴，但我会服从。"

然而，服从不是拜伦的强项。他留在诺丁汉郡，时而住在纽斯特德，时而住在伯加吉庄园，围着玛丽转，无视学校和他的母亲。凯瑟琳感到疲惫和恼火，她在 10 月告诉汉森："你可能很惊讶……拜伦没有被送回哈罗。事实是，在之前六个星期里我已尽力了，还是没能说服他返校。"凯瑟琳很清楚是"爱，不顾一切的爱，最严重的疾病"让拜伦荒废学业；"这是我最不乐见的关系，它让我很不安"。最后，她暗示已经受够了难管的儿子："我决定在复活节前不让他再来这儿了……希望德鲁利教授能看住他。"

唯一能让凯瑟琳和她儿子都感到开心的，就是能在纽斯特德见到格雷勋爵。拜伦和这位年轻贵族变得亲密起来，他的随从米利向汉森汇报："他们在月夜里打野鸡……（格雷）杀光了郡里的猎物。"凯瑟琳也对格雷勋爵很有好感。他不仅有风度、长相英俊，他的政见也和凯瑟琳一致，是辉格党支持者，这在偏向保守党的地区是罕见的。三人相处融洽，愉快的凯瑟琳于11月7日写信告诉汉森："拜伦真的很不开心，虽然这么做有违我的意愿，但我还是同意他待到下一个假期结束。"格雷勋爵似乎对母子二人的生活都产生了积极影响：对男孩来说，他是父亲般的存在；对母亲来说，他是朋友（或以上）。

1803年和1804年之交的冬天可能发生了一些事情，导致拜伦突然离开纽斯特德，在春季开学后回到哈罗。没人知道具体发生了什么，因为拜伦拒绝与任何人谈论此事。根据摩尔写的传记，"拜伦和他的贵族承租人之间存在亲密关系"，拜伦的朋友约翰·卡姆·霍布豪斯在手稿中写道"这种亲密关系出了状况，显然对他未来的道德观念产生了很大的影响"，霍布豪斯能这么说可能是出于拜伦对他的信任。

合理的推测是，格雷对拜伦表露了超出友谊的感情，做出非礼举动，拜伦在震惊、不安和愤怒之下制止了格雷，并立即离开了纽斯特德。拜伦写给奥古丝达的一封信提供了重要线索，他写道："我不会与格雷勋爵和解，永远不会……他曾是我的挚友……结束这段友谊的原因是我不能解释的……理由是充足的，因为我的情感虽然狂热，但并不多变。"凯瑟琳不知道他们之间发生了什么，而且"她永远不会知道"，仍与格雷交好，拜伦先对此表示不满，然后恶声恶气地说："他已经完全失去我的尊重，我对他只有鄙视，以至不屑于恨他。"与此同时，格雷因为拜伦突然的冷漠而伤感，后来在一封信中说："我只能说，除了跟您做朋友以外，我没有任何其他奢望……因而在这些事情发生之后，您不难想见我是有些惊讶的。"

此时，拜伦和奥古丝达亲密起来，凯瑟琳很高兴这对同父异母的姐弟终于开始来往。拜伦继续求学，重新获得了母亲的宠爱。凯瑟琳在4月为他举办了一场宴会，庆祝成年。虽然拜伦似乎对此安排很感兴趣，并对奥古丝达说"我打算疯狂地恋爱，这是一种能打发时间的娱乐活动，至少有让人感到新鲜这一可取之处"，可庆祝活动并不成功。可能是出于傲慢或羞怯，拜伦举手投足显出一种冷淡和优越感。为了让拜伦结交朋友，凯瑟琳把他介绍给了邻居皮戈特夫妇（the Pigots），以及他们的女儿伊丽莎白（Elizabeth）。根据伊丽莎白的描述，初见时，16 岁的拜伦显得"羞怯而拘束"，尽管他很快就在讨论弗雷德里克·雷诺兹（Frederick Reynolds）的一出戏剧时活跃起来。伊丽莎白戏称拜伦为"加比"（Gaby），暗指他同剧中的加布里埃尔·拉克布莱恩（Gabriel Lackbrain）一样没头脑。这次见面是两人之间友谊的开端。尽管凯瑟琳常给人处事不够圆滑的印象，但她至少在让儿子融入当地社会这一点上有所作为：格雷勋爵事件可能是太成功的结果。

拜伦回到哈罗后，发现自己陷入了所谓的"两重或三重困境"，大家认为他让宿舍变成了"骚乱和混乱的发生地"。虽然我们不知道拜伦究竟做了什么，但他的确曾抱怨自己没有得到贵族待遇（"与我的大多数同窗相比，我有一样多的财富，一样多的服饰，外貌各方面就算不比他们更优越，那也是不分伯仲的"），并抒发了自己的雄心壮志："通往富有和伟大的道路就在眼前……我要么在世上开一条路，要么在尝试中灭亡。"对此，凯瑟琳无奈地告诉汉森，拜伦是一个"难管教的少年，他想摆脱一切束缚"，即使他的想法是"崇高的"。

凯瑟琳一整年都在为拜伦将如何获得解放而担忧。骚动期结束后，拜伦发现自己有演说家的才能，他在 1804 年 7 月 5 日的授奖演讲日上背诵了《埃涅阿斯纪》（*Aeneid*）中的一段，改善了自己的形象。凯瑟琳高兴地告诉阿伯纳西小姐（Miss Abernathy）："我很想见他，他在各方面都大有进步。他很出色，我听说他消磨时间的方式与大多数年轻人都不相同，写了很多诗。"在这个时期，母子之间发生冲突的主要原因是凯瑟琳和格雷勋爵的友谊。米利告诉汉森，拜伦夫人和格雷之间的关系"比以往任何时候都好……您离开以后，格雷已经数次与她一同用餐，不管格雷说什么，她都赞成……格雷给她写信时称她为'我亲爱的拜伦夫人'"。凯瑟琳对格雷柔情蜜意，格雷对她却是礼貌多于热情，考虑到他可能存在的同性恋倾向，或许能令他动情的女性本就少之又少。①

　　拜伦在家时对凯瑟琳是不友好的。在写给奥古丝达的信中，他用讽刺的语气说凯瑟琳是"和蔼的母亲"，说"除了反复控诉这个折磨我的人之外，我写不出其他能讨你欢心的话。她的残暴……似乎会随年龄增长，并会在时间里获得力量"。拜伦的说法可能失之偏颇，却为我们了解凯瑟琳的脾气提供了有价值的线索。他把她的情绪波动比作风暴，"这飓风，威胁着要摧毁一切……（直到）因用力过猛而筋疲力尽才平息，进入阴沉的蛰伏状态，不久之后，再次发狂，展开新一轮攻势，在我看来恐怖至极，其他旁观者则目瞪口呆"。对诺丁汉郡，拜伦也有同样尖刻的评论：比之"更阴沉的"，是"这个本身就索然寡欢的地方，比忘川之岸更阴沉"。他最后得出结论："我到处游荡，厌恶所见的一切，如果在这里多待几个月，我会变成十足的厌世者，心怀怨恨、怒气和残忍。"这完全是拜伦单方面的感受，在他给奥古丝达写信的前一天，凯瑟琳还向汉森夸赞道："没有哪个孩子能在各方面取得这么大的进步……我不知该如何与他分别。"如果她读了拜伦的信，离别就容易多了。

　　拜伦对凯瑟琳的感情在厌恶和喜欢之间不断切换。1804 年秋季返校时，拜伦承认自己对母子关系不和负有责任。他写信给奥古丝达，称凯瑟

---

① 格雷勋爵确实结过婚，他的女儿于 1809 年出生，他于 1810 年早逝。拜伦曾在写给凯瑟琳的信中讥讽道："格雷勋爵娶了个乡下人。好极了！"

琳为"老太太"，用自我批评的口吻写道："（我们）不像草地上的羊羔那样和睦，但我相信错都在我。我太不安分，这是我那一丝不苟的妈妈所反对的，我们意见相左，争辩，说来惭愧，还会发生一点争吵……但风暴过后就是平静。"他与奥古丝达在这一时期频繁通信，这封信后面的内容充满了对他母亲的嘲讽和挖苦。拜伦为凯瑟琳的粗野、庸俗感到羞耻，同时又像所有写信取悦于人的人一样足够精明，懂得通过夸大凯瑟琳的缺点来使自己成为一位有趣的通信对象。

拜伦抨击了凯瑟琳的"古怪举止"，同时承认她"给了足够多的钱供我花销"，又说她"太急躁，太不耐烦，以至于让我对假期的临近感到恐惧"。"为了微不足道的事情，"拜伦写道，"她对我大发雷霆。"他指出，破坏他们关系的关键因素是"我打心底憎恶的对象，里辛的格雷勋爵"，嘲笑道"有一次她做出的奇怪表情，让我差点以为这位贵族媚妇爱上他了"。奥古丝达对凯瑟琳的看法与拜伦相似，这使拜伦更无所顾虑地大放厥词，精彩片段包括"她自视甚高，将年龄足足降了六岁，断言我出生的时候她才 18 岁"，当拜伦以某种方式冒犯她时，"（她）会勃然大怒，仿佛我是世上最不孝的混蛋，翻父亲的旧账，咒骂他，说我将成为真正的'拜伦之后'——她能想到的最难听的称谓"。

根据拜伦的信来判断他和凯瑟琳对彼此的真实态度是不准确的。他在随后的一封信中不情愿地承认："但是，我不想彻底与她分开……因为我相信她是喜欢我的。"在 1804 年 11 月写给奥古丝达的一封信中，拜伦提到凯瑟琳"对丑闻有难以抑制的兴趣"（拜伦自己对丑闻也津津乐道），并宣布他不打算在两周后即学期结束时回绍斯韦尔。拜伦在信中给人的印象是一个聪明、成熟的年轻人，目的是讨好和"勾引"目标读者，并选择用尖刻、残酷的妙语来达到这一目的。这种风格在他后来的讽刺作品中展现得淋漓尽致。

不管怎样，拜伦需要一片新天地。凯瑟琳和德鲁利博士一致认为哈罗公学似乎已经容纳不下他。德鲁利于 12 月 29 日写信给汉森："此前住校期间，拜伦的表现给我带来诸多麻烦和不安。如果现在分别，我们或许还会对彼此心存仁义，爵爷也能载誉而归。"他建议把拜伦托付给一位私人教师，却被少年谢绝。拜伦留在了汉森家，没有回绍斯韦尔和凯瑟琳待在一起，同时有了新打算。他的心已经飞出哈罗和母亲的家乡，很快就会将亲情也一并抛在身后。

3

"这孩子会让我操碎心。"

——凯瑟琳·戈登，1806 年 3 月 4 日

1804 年，拜伦从少年变为成人。他的性格变化是复杂的，超出了凯瑟琳的理解范围。1805 年年初，凯瑟琳向汉森恳求道："我希望您一有空就把拜伦送来这里，只有见到他我才能高兴起来。"以往经常被利用的慈母的态度遭到了更激烈的反抗。拜伦仍在伦敦逗留，1 月 26 日遇到了以前的导师卡莱尔伯爵，讨得了他及其家人的欢心。拜伦在信中摒弃了说起凯瑟琳时的诙谐和自我优越感，告诉奥古丝达："我非常喜欢他们……伯爵也在进一步了解之后更欣赏我了。"

如果卡莱尔希望他的门生比其母亲更善于社交，那么他的愿望已经实现了。卡莱尔和汉森劝拜伦在上半年回到哈罗公学，而不是在诺丁汉郡闲逛。拜伦本就不想见到母亲，便同意了。他再去看望凯瑟琳时已经是 4 月了，两人超过六个月没有见面。凯瑟琳在病中度过 1805 年 2 月，最关心的是儿子在哈罗的学费，不过她的慷慨并没有得到拜伦的感激。相反，他和平常一样向奥古丝达抱怨，反讽凯瑟琳"和蔼可亲"。据说他在告诉凯瑟琳绍斯韦尔很无趣之后，就接受了"古风演讲的洗礼……任何现在或古时的演讲都望尘莫及……人们要是听了这位高尚的夫人的话，真的会认为我是一个大逆不道的罪人"。他在信中谈到了凯瑟琳的"恶毒"和"无耻"。虽说他习惯夸大其词，但两人明显发生了争执。凯瑟琳因拜伦对她及她的故乡的蔑视而愤怒。拜伦于 5 月 1 日离开绍斯韦尔，这次分别没有引起任何离愁别绪。

此时，凯瑟琳对奥古丝达和拜伦的关系有了不同看法。在支持他们重拾亲情之后，她因两人的亲密而感到不安，唯恐被当成共同的嘲弄对象。当凯瑟琳发现拜伦背着她在伦敦与奥古丝达见面时，她的反应十分激烈。在奥古丝达看来，用拜伦后来的话说，愤怒的凯瑟琳展示了"媚妇写疯狂体书信的才能……我之前就说了，她肯定是疯了"。与此同时，凯瑟琳还禁止拜伦与卡莱尔伯爵一家来往，但拜伦相信卡莱尔是一个比母亲更可靠的人，直接无视了她的要求。

拜伦于1805年7月初离开哈罗公学，此前在两个演讲日大放异彩。6月6日，他背诵了爱德华·杨格（Edward Young）的《复仇》（*The Revenge*）的片段。7月4日，他扮演李尔王，对暴风雨怒吼，情绪强烈，以至于精疲力竭，不得不下台。凯瑟琳和奥古丝达都没有到场，后者无法出席，前者没有受邀。拜伦后来称，在哈罗度过的时光对他的改造是不可估量的，他在《超然想法》（*Detached Thoughts*）① 中说："我一生中最致命、最沉重的感受之一，是觉得自己不再是个少年了。"

8月3日，拜伦不情愿地回到绍斯韦尔，他在上一个月阻止了凯瑟琳来伦敦探望他的计划，为的是和奥古丝达待在一起。他漫不经心地对汉森说："我想不出她在这个季节来伦敦想干什么。"又暗示，"如果……您可以用任何方式阻止我母亲达到目的，相信我，您会因此感谢我的。"在伦敦的时候，拜伦决定进入剑桥大学三一学院（首选项牛津大学基督教堂学院的宿舍没有名额了），计划在1805年秋季申请入学。

拜伦拒不归家的态度惹怒了凯瑟琳，出于报复，她告诉拜伦，他未来的情人玛丽·查沃思就要结婚了。根据摩尔的回忆，拜伦听到这个消息时，"苍白的脸上掠过一种非常怪异的、难以形容的表情，他飞快地把手帕塞进

① 拜伦在1821年至1822年间所写的日记。

口袋，装作漠不关心地问：'就这样？'"。凯瑟琳说："嗯，我还以为你会悲痛呢！"试图激怒他。拜伦没有搭理她的嘲讽，很快转移了话题。玛丽的婚礼显然刺痛了拜伦，他在那年夏天写的一首诗里有这样两行："如今再没有那笑盈盈的玛丽/我眼中的天堂"，但他下定决心不在母亲面前示弱。

1805 年 10 月 24 日，17 岁半的拜伦成为剑桥学子。几天前，纳尔逊勋爵（Lord Nelson）在特拉法加海战（Battle of Trafalgar）中赢得一场伟大胜利，但拜伦和凯瑟琳都没有在写信时提到此事：两人都在一定程度上沉浸在自己的世界中。拜伦后来向出版商约翰·默里吐露，他当时"感到一定程度的痛苦和不幸"，并暗示原因是"各种隐秘内情"。可能是他与凯瑟琳的争执，也可能是玛丽的婚约，抑或两者皆有。但是，他在这一时期写给奥古丝达的信却几乎没有任何痛苦的迹象。相反，他吹嘘自己有"绝佳的房间"，"和自己铸造钱币的德国王子，或者根本不需要金钱的切罗基族酋长一样独立"。拜伦新获得的自由完全得益于凯瑟琳的慷慨，他却对此只字不提，还宣称"我一点也不感激拜伦夫人，因为这一切都是我自己的财产"。事实并非如此，因为拜伦尚未到可拥有收入的法定年龄。实际上，凯瑟琳一直在努力确保拜伦在大学里衣食无忧，并在 9 月通知汉森："我把一年（收入中的）五百英镑拿出来，请您酌情为我的儿子提供资金。"她还指出，"无论他选择何时归来，我的房子永远是他的家"。

拜伦无意返回绍斯韦尔。在剑桥待了几个星期后，他告诉奥古丝达："将来，我会远离那好客的宅邸，尽管她愚蠢地认为，等我到了法定年龄，她将在我的房子里充当女主人。"拜伦对凯瑟琳的态度如此刻薄，以至于我们会为他不希望看到凯瑟琳沦为乞丐这一点感到意外。拜伦告诉中间人汉森："近年来，走进拜伦夫人家的恐惧根植于我的灵魂，使我害怕假期的临近，因为那是不幸的预兆。"

当拜伦在剑桥花天酒地，享受高标准生活时〔他要求汉森给他送"四打（瓶装）酒，波尔图、雪利、克莱雷和马德拉各一打"]，凯瑟琳留在绍斯韦尔，与拜伦保持着距离，日益为他担忧。她认为拜伦的仆人弗朗西斯·博伊斯（Francis Boyce）不诚实，有偷盗倾向，要求汉森劝拜伦解雇此人，但她的要求被拜伦拒绝了。① 凯瑟琳感到孤独，只有格雷勋爵偶尔作伴，大多数时候她都在设法偿还儿子的债务。汉森在给拜伦的一封信中为凯瑟琳求情，他写道："有时你母亲的态度也会让我本人感到不自在，但这都已经转变成了一种同情，我有意放下旧怨。"汉森的调解发挥了一些作用，拜伦在月末向奥古丝达表示："那位遗孀（拜伦夫人）认为我们应当寻求和解，在某种程度上，我同意。"尽管他也在信中批判了凯瑟琳针对奥古丝达的"无礼和不公正行为"。

此后不久，拜伦和奥古丝达关系破裂。究其原因，不是爱，而是金钱。即使有凯瑟琳的资助，拜伦仍然负债累累，向母亲或汉森承认此事让他感到难堪。拜伦不假思索地向奥古丝达说明了自己的困境，"所有刚刚获得解放的年轻人，尤其是像我这样的人，才从母亲的枷锁下挣脱出来，挥霍无度，因此缺钱"。拜伦要从一个放债人那里借几百英镑，想请奥古丝达做共同担保人。虽然奥古丝达喜爱同父异母的弟弟，但她不想参与拜伦的计划。她先是一次性给了拜伦一笔钱，然后把他的请求告诉了汉森和卡莱尔。奥古丝达是拜伦信任的少数几个人之一，1806 年 2 月，当他发现她"表里不一"，觉得遭到背叛，此后几年都不再与她通信。

时隔多日，凯瑟琳在 1806 年 2 月下旬收到了儿子的来信，比这更令她惊讶的是信的内容：

> 我觉得留在大学里多有不便，不是花销问题，我可以靠津贴

过活（只不过我天生爱挥霍），但这里的生活方式不适合我。您知道，要让一个贵族在一所英国大学里有所长进是不可能的，这种想法本身就荒谬。

信中洋溢着他的傲慢和优越感，18 岁的拜伦已习惯以这种态度对待比他"低一等"的人，包括他的律师和母亲。他还把绍斯韦尔比作"讨厌的犬舍"，要求凯瑟琳雇一名男仆，否则他将无法在下次回家时带上他的马。拜伦在信中并没有提到想离开大学的另一个理由——他欠了数百英镑，被债主紧追不放。

凯瑟琳知道拜伦挥霍无度，在经济问题上闪烁其词；毕竟，她和杰克在一起的时候已见识过这一切。凯瑟琳告诉汉森："我担心他不仅在金钱问题上落入陷阱，在其他方面也一样。"她不用低估自己的洞察力，尽管"他被女人蒙骗，想摆脱，却难以脱身"的想法跟事实相去甚远。在剑桥，拜伦的情人多数是男性，最有名的是 15 岁的唱诗班少年约翰·埃德勒斯顿，拜伦后来对伊丽莎白·皮戈特叹息道："我确实爱他胜过任何人。"奥古丝达的地位已被取代。拜伦的行为十分大胆，也十分危险，因为当时嗜男色是死罪。1806 年因鸡奸罪被处决的人比谋杀犯更多。如果凯瑟琳知道他的所作所为，可能会当场气绝，从而印证她此后的预言："这孩子会让我操碎心，把我逼疯！"

凯瑟琳没有疯，但她确实没了耐心。她在三月初给汉森写信，绝望地诉说道："我很担心他在 18 岁就毁了人生！天哪，我心烦意乱，无话可说了。"在另一封信中，她提到了儿子的粗暴态度："我再也不会容忍一个小子的侮辱，如果人可以悲伤而死，那么他会杀了我。"凯瑟琳为了给拜伦一个教训，嘱咐汉森，在拜伦回绍斯韦尔接受训斥之前，不要给他发津贴。她的威胁奏效了，拜伦将在复活节后回剑桥。他似乎对开发新的花钱途径更感兴趣，包括马匹、奢华餐具和佣人；大肆举办酒宴和晚会。钱花光之后，他不得不在七月返回绍斯韦尔。他以回头浪子的形象出现，坐的是四匹马拉的马车，车门上有家族饰章，手牵一只名叫"水手长"的纽芬兰犬，这狗一见到凯瑟琳的猎犬吉尔平就发动了攻击。这一切都有明显的象征意义：年轻的主人要支配他那疲惫而忧愁的母亲。凯瑟琳在当月写给汉森的信表现了她的顺从："和儿子待了一段时间……我对他的表现非常满意，事实上，我没有理由不满意。"她再次被拜伦家的人打败了。

平静没能维持多久。母子之间爆发了一场争吵，拜伦在皮戈特一家的帮助下于 8 月 7 日突然离家。几天后，他在伦敦皮卡迪利大街 16 号（No. 16 Piccadilly）写信感谢他们"善意地帮助我逃离拜伦夫人的狂怒"，并且请求他们不要把自己的新地址透露给凯瑟琳。他在同一天向剑桥和哈罗的校友爱德华·朗（Edward Long）夸耀道："我在'死寂的夜'里乘驲马高车而去，四下没有'战鼓之声'。"① 拜伦为自己戏剧性的退场感到骄傲，只担心他的第一本诗集，尚在修改中的《即兴诗》（*Fugitive Pieces*）的安危。不过，凯瑟琳在被儿子嘲弄之后不甘心留在绍斯韦尔，追到了伦敦。拜伦乘着四驾的马车南下了，凯瑟琳只得使用较为简陋的两驾的轻便马车。拜伦知道后，嘲笑她是个"可怜人"。

拜伦把自己看作新世界的杰出典范，在这个新世界里，除了对传奇荣耀的浪漫化，一切对过往的回顾都是没有价值的。拜伦和他的母亲至少在这一点上是一致的；但凯瑟琳坚守血统信仰，这必然使善于讽刺的儿子嗤之以鼻。凯瑟琳死守着自小被灌输的价值观和信仰，但盖特城堡的故事对一个反叛的年轻人毫无约束力，他的魅力和智慧已经掩盖不住其冷酷自私，

---

① 此处拜伦引用了苏格兰诗人托马斯·坎贝尔（Thomas Campbell）的诗《霍恩林登》（*Hohenlinden*）。——编者注

以及不惜一切代价名垂千古的决心。

凯瑟琳最终在汉森那里打探到了拜伦的住址，相见时，两人的状态截然不同。拜伦享受着优雅的伦敦生活，轻松自在，对凯瑟琳不屑一顾；凯瑟琳经过长途跋涉，疲惫不堪，对拜伦的日常活动了解甚少，几乎立刻就回了绍斯韦尔。拜伦向约翰·皮戈特（John Pigot）宣布了自己的胜利：

> 我不能和恺撒一样说"我来，我见，我征服"……虽然拜伦夫人不辞辛劳地"来"和"见"了，但胜利者是鄙人。经过几个小时的不懈战斗，我们都蒙受了相当大的损失，敌人的攻势迅猛，但他们最终在混乱中撤退了……他们的失败对眼前的战役起到了决定性作用。

拜伦兴高采烈地去了沃辛（Worthing），在那里继续嘲笑凯瑟琳，但他最终还是回到了绍斯韦尔。拜伦和皮戈特一家空闲时以演戏为消遣，一边忍受他的母亲，一边继续修改《即兴诗》。诗集最终于 11 月完稿，由纽瓦克（Newark）的印刷商塞缪尔·里奇（Samuel Ridge）和约翰·里奇（John Ridge）私人承印。伊丽莎白是一个出色的抄写员，将拜伦的手稿抄录成可用于印刷的版本。诗集收录了他献给玛丽·查沃思、玛格丽特·帕克以及"一群"他曾迷恋过的当地其他女性的情诗。①

到了剑桥，拜伦和在哈罗时一样，似乎并不急于回归学堂。唯一令他恼火的是饮食受到了严格的限制，不吃"动物性食品"，每天除了晚饭后的两杯波尔图葡萄酒，其他时候不能饮酒；优裕的生活使他肥胖，跛足又限

---

① 其中的情色内容使诗集被认为是不道德的，遭到销毁，重新出版时用其他诗歌替换了那些有争议的诗，更名为《即景诗》（*Poems On Various Occasions*）。

制了他的运动量。

夏天的争吵发生后，拜伦和凯瑟琳的关系又进入缓和期。凯瑟琳希望拜伦安定下来，完成学业，然后娶一个富有的女继承人。拜伦后来讽刺这样的女继承人为"金娃娃"。凯瑟琳是注定要失望的，拜伦当时主要的交往对象是一个名叫朱莉娅·莱克罗夫特（Julia Leacroft）的当地女孩，她的家庭经济状况比拜伦家更糟糕。拜伦让过去的女房东伊丽莎白·马辛伯德（Elizabeth Massingberd）做他和债主的中间人。凯瑟琳在 1807 年年初绝望地给汉森写信说："（马辛伯德）要把我儿子推入另一个困境，让他借更多的钱。她肯定是受了骗，或者想让拜伦也受骗。"经济问题使拜伦无法回到剑桥。凯瑟琳在 3 月向汉森抱怨："拜伦勋爵带着两个男仆在我这里已经待了七个月，一个子儿也未给过我。"①

拜伦设法得到了 1000 英镑的贷款，据说是为了还债，并终于在 6 月底返校。在剑桥，拜伦仍旧过着放荡的生活，与年轻情人埃德勒斯顿来往。拜伦与伊丽莎白·皮戈特保持通信，他把自己描述成一个花花公子，继续"过放荡不羁的生活——每天出入不同场所，应承的宴会场数比我逗留期间能消受的还要多"。拜伦写给伊丽莎白的信中没有提到凯瑟琳；在与汉森通信时，则用轻蔑的态度评价她。汉森提议让凯瑟琳成为拜伦的资金监护人，他回应道："拜伦夫人在支配我的资金方面享有的自由，已经给我造成不便，我不建议让她受此诱惑。"拜伦说的既不真实也不公平，但他似乎一点也不为此烦恼。

拜伦买了一只驯服的熊，取名布鲁因（Bruin）——他告诉伊丽莎白，计划让布鲁因"争夺奖学金"——除此以外，他对大学生活兴味索然，而

---

① 对此，拜伦回应说他前一年借了 60 英镑给凯瑟琳，且仆人的工钱和马匹的保养费用是他支付的。

是在准备 6 月出版的新诗集《闲散的时光》（*Hours of Idleness*），这是他第一部公开发行的作品。拜伦最终于 1807 年年底离开剑桥。虽然他的诗集"得到了评论家的称赞和公爵夫人们的赞赏，并且在伦敦所有书店上架"，但他离校时依旧债台高筑。无论如何，凯瑟琳依然支持她的儿子。她对汉森说："对我儿子的能力，我跟所有人一样看好，可我也知道聪明人在金钱问题上并不总是最谨慎的。"她还响应了拜伦对格雷勋爵的疏远，说道："我很高兴里辛的格雷勋爵在仲夏离开了纽斯特德……我还没看过房子，但我得告诉你，几乎每个人见到我都说它的样子很不体面。"

讽刺的是，因为拜伦没把凯瑟琳当成潜在读者［他请当地教区的牧师约翰·比彻（John Becher）转告凯瑟琳，她可能会读到一些负面评论——"我相信她不会被激怒"］，① 面对怀有敌意的批评者，凯瑟琳比拜伦更冷静。一封在凯瑟琳去世后公开的书信表明，拜伦对任何尖锐的评论都极为不满。"他说，如果我尊重他，就不应再提起他的诗，因为他想忘记……他真的不认为自己有作诗的才能，现在已体会不到其中的乐趣。"这些话展现了母子关系的另一面。年轻人曾乐此不疲地在凯瑟琳面前展现的优越和傲慢都不见了，取而代之的是一种深深的忧郁。当凯瑟琳写道"他真的很沮丧、消沉……我为此感到痛心"的时候，他们之间的关系似乎回到了十年前的状态：拜伦只是一个因为没得到新玩具而发脾气的学童，凯瑟琳则是一个让失落的儿子得到安慰的母亲。

格雷勋爵于 1808 年夏天离开纽斯特德之后，拜伦带着马匹、犬只和宠物熊入住。他打算让纽斯特德恢复往日的辉煌，成为贵族诗人的宅第。但由于缺乏修缮资金，纽斯特德依然破败不堪，雨水常滴落在拜伦购置的豪华家具上。另一方面，凯瑟琳和他的关系迎来了缓和期。拜伦对凯瑟琳示

---

① 就诗集中的情色内容，比彻充当了试金石，他表示一些有关性的描述"过于热烈"。

好："我已经打点好了，（如果我去世）除了足够的收入之外，您还将终身拥有这座庄园……所以您看，我的进步并非全然自私。"

甚至在短暂的对抗（关于拜伦继续迷恋已婚的玛丽·查沃思）发生后，他也能有风度地写信说："如您所愿，我们就把您提到的事情忘了吧，我无意记住它们。"随后，他宣布了周游世界的计划："如果我们只看到自己的国家，就无法给人类公平的机会。"他决定在1809年春天出国。同时期，作为消遣，他写了《英格兰诗人和苏格兰评论家》（*English Bards and Scotch Reviewers*），辛辣地讽刺那些他认为不会欣赏《闲散的时光》的人。有影响力的《爱丁堡评论》（*Edinburgh Review*）对该讽刺诗的评价甚低："对于诗人来说，自我主义是一种特权。但诗人应当'用好而非滥用这种特权'，尤其是那些以'新生诗人'自居……对自己的世系知之甚少或者说看起来不太了解的诗人。"拜伦在纽斯特德发现的一个骷髅头带给了他好心情，他命人把骷髅抛光镶银之后当酒器。

凯瑟琳对此一无所知，她的注意力被分散了。8月下旬以来，她的健康状况一直不佳，医生给她开了药粉、药膏，还用水蛭给她放血，治疗效果都不理想。当年年末她告诉汉森，自己"的确病得很重，不指望还能好起来"。此前，为了祝贺奥古丝达产女，拜伦与她恢复了联系。他轻蔑地声称："我已经摆脱拜伦夫人的束缚两年之久，今后不会再套上她的枷锁。"而此时，他母亲的身体已经受到无可挽回的重创。拜伦没有在信中提过凯瑟琳生病的事，他要么不知情，要么认为凯瑟琳为博取同情夸大了病情。比起母亲，拜伦更为爱犬"水手长"（1808年11月死于狂犬病）的健康担忧。事实上，"水手长"死后，拜伦还写下了诗歌《爱犬的墓志铭》（*Epitaph To A Dog*）。44岁的凯瑟琳却没有得到这份怜悯，为了维护家庭和财产的完整，她已经心力交瘁。

凯瑟琳仍然坚信她的儿子是最好的，或者至少在外人面前会展现一个母亲的骄傲。她在 1809 年年初向汉森称赞拜伦："他心地善良、才华出众，他将成为一个伟大的人，我对此深信不疑。"不过，她对拜伦过去十年的所作所为再清楚不过，因此在赞扬之余指出："也愿他成为一个慎重而快乐的人。"这个"慎重而快乐"的男人在快到 21 岁时让一个名叫露西的仆人怀孕了，用这种方式庆祝自己将满法定婚龄。他向汉森透露："我不需要告诉您是谁……我不能让这个女孩留在教区。"① 没有人将此事通知凯瑟琳，尽管这样的事情在"上流社会"并不少见，她知道后可能会平静地接受。

1809 年 1 月 22 日拜伦在伦敦用培根、鸡蛋和啤酒庆祝真正意义上的成年，也在纽斯特德与佃农和仆人一起举办了更大的庆祝活动。凯瑟琳仍然重疾在身，无法参加任何一场庆祝，只能留在绍斯韦尔服用药片和汤剂。她失望地对汉森说："听到纽斯特德宴会的巨额开支，我感到非常难过……在我看来，这是一条通往毁灭的路，我心中感到悲哀，身体更差了。"拜伦写信说他已经破产，因为他要不断还债，这对她的病情和心情没有任何帮助。在回信中，她坚决要求拜伦马上娶一位女继承人。也许是想起了自己的婚姻和曾经的失望，她还用讥讽的口吻说："因爱结合都是无稽之谈。"

拜伦一成年就通过证明祖父婚姻的合法性，确认了第六代拜伦勋爵的身份，于 3 月 13 日成为贵族院议员。尽管债务总额高达 12000 英镑，他仍然没有放弃海外游历的计划。拜伦打算回国后住在纽斯特德，在写给凯瑟琳的信中说："纽斯特德与我同在，我如今居于此地，把整颗心放在这里，过去或将来的任何压力都无法逼我交出我们继承的最后一部分遗产。"虽然出售纽斯特德对他们大有帮助，但这没能动摇他的决心。

拜伦临行前去看望了凯瑟琳，不过，这是他在纽斯特德举办狂欢宴之

---

① 拜伦每年拿出 100 英镑，一半给露西，一半给孩子。我们不知道这个男孩或女孩后来怎样了，但拜伦后来提到过他有"两个私生子"需要供养。

后的事。宴会上，他和包括霍布豪斯、詹姆斯·韦德伯恩·韦伯斯特（James Wedderburn Webster）在内的朋友，以及他的剑桥同窗查尔斯·马修斯（Charles Matthews）身着修道士的长袍，围坐在一起用骷髅杯喝酒。拜伦自然而然地被称为"修道院院长"，但不断有传言说身穿古希腊服饰的女仆们使他们新许下的禁欲誓言受到了考验。[①] 凯瑟琳和儿子的最后一面很不愉快。拜伦后来对他的朋友斯莱戈侯爵（Lord Sligo）说："她在发火时诅咒我，祈求我的思想和身体一样不健全！"虽然有夸张的可能，但是凯瑟琳似乎是因为儿子即将远行而愤怒和害怕，对其弱点进行了攻击，经济和身体的缺陷显然刺痛了拜伦。回到伦敦后，他为"壮游"（grand tour）做了最后的准备。由于拿破仑战争阻断了前往北欧和西欧的道路，此次旅行的目的地是地中海各国。在 6 月 14 日起草的一份遗嘱中，拜伦留给凯瑟琳每年 500 英镑：与他在剑桥读书时凯瑟琳给他的金额相同。几天后，凯瑟琳向汉森抱怨拜伦"反复无常、心浮气躁"，"我既为儿子即将出国而难过，又为他留下的烂摊子担忧……这些事情真会要了我的命"。

与此同时，拜伦怀着激动的心情于 1809 年 7 月 2 日离开了英格兰。他肆无忌惮地借款，筹足了旅行资金，其中一笔 6000 英镑的巨额借款由他的朋友、时髦公子斯克罗普·戴维斯做担保。拜伦和霍布豪斯及四名仆人前往里斯本（Lisbon），其中男仆罗伯特·拉什顿偶尔扮演情人角色。临行前，他在纽斯特德写信告诉凯瑟琳："世界在我前方，我走得没有任何遗憾。除了您和您现在的住所，英格兰的一切我都不想重访。"最后一句话最能说明，拜伦热爱纽斯特德和它所代表的一切，远胜于其他任何东西或者任何人。

从里斯本到塞维利亚（Seville），拜伦沉浸在游历欧洲的自由中。他在

---

① 霍布豪斯否认了这些传言。

两小时内横渡了葡萄牙和西班牙的界河塔霍河（Tagus River）；在塞维利亚与西班牙女郎唐娜·约瑟法·贝尔特朗（Donna Josepha Beltram）交往；在加的斯（Cadiz）附近观看了斗牛表演。当拜伦于 1809 年 8 月抵达马耳他（Malta）时，他已经成了一位贵族名流，利用身份优势，引诱了"某个荒唐的女人"，即 24 岁的康斯坦斯·斯宾塞·史密斯（Constance Spencer Smith）；三年前，她在即将被意大利拿破仑政府监禁时遭一位西西里贵族诱拐，因此有了名气。拜伦写信告诉凯瑟琳："她的人生从一开始就充满了不寻常的事，比传奇故事更不可思议。"

拜伦在出国后的一年中断断续续地写信给凯瑟琳，她是他最频繁的通信对象。拜伦在一封封长信中对旅行经历进行了流畅而诙谐的描述，把英格兰与那些欢迎他的国家作比较。他特别津津乐道的是秋天在希腊和阿尔巴尼亚（Albania）的见闻，还谈到了与当地统治者阿里帕夏（Ali Pasha）的相遇，称其残忍与一种奇怪的谦恭并存；[①] 拜伦告诉凯瑟琳："他像对待孩子一样，每天给我送 20 次杏仁、加糖雪芭、水果、蜜饯。"信中缺少的是对凯瑟琳的爱或关心。他在第一封信中敷衍地为之前没有写信道歉："离开英国后，我一直忙得不可开交。在终于能给您写信之前，我还没有动过笔。"大开眼界之后，比起与母亲拉近关系，拜伦更感兴趣的是讲述自己的事迹。凯瑟琳一直到 1809 年 10 月才再次直接接触到与拜伦同行的人。拉什顿和拜伦的男管家老乔·默里（Old Joe Murray）带着旅途的故事和一封来自直布罗陀的信回到纽斯特德。拜伦打发拉什顿回家是因为"土耳其的情况对于年轻男孩来说过于危险"；拜伦指出"您知道男孩们待在土耳其人中间并不安全"。凯瑟琳关切地、可能还有点混乱地回信，建议拜伦不要和西班牙女人纠缠（"她们心生嫉妒时毒害丈夫和情人都不在话下"），也提到

---

① 这可能与传闻中两人之间的复杂感情有关。

自己身体不好:"我病得很重,但诺丁汉的马斯登医生(Dr Marsden)帮了我很多。"结尾令人心酸,"亲爱的拜伦,无论走到哪里,如果你希望我快乐而不是痛苦的话,要经常写信给我。"

当拜伦继续在他"最爱的希腊"旅行,开始关心希腊独立时,凯瑟琳却更深地陷入了债务的泥潭和绝望中。1810年2月,法警第一次来到纽斯特德,通知凯瑟琳偿还欠诺丁汉郡一家"兄弟"室内装潢公司的1600英镑;拜伦的欠款总数已远超1万英镑。凯瑟琳没把此事告诉拜伦,但她的下一封信充满了痛苦和担忧。她恳切地问拜伦是否平安,"上帝啊,你在哪里?我希望也相信你是安全的",提到了她"因为你而难过"。凯瑟琳希望拜伦用《英格兰诗人和苏格兰评论家》的版税收入偿还债务,但她没有意识到,拜伦看不起"拿报酬的作家",慷慨地将收益全部赠给了出版商詹姆斯·考索恩(James Cawthorn)。除了经常向汉森要钱,凯瑟琳感到孤立无援,不仅穷困而且病重。拜伦似乎没有收到她的信,这使她很伤心。她在5月写信说"很遗憾,我们不能更频繁地通信",也谈及病情一直不见好转。雪上加霜的是,拜伦的熊在5月初死亡。拜伦对此一无所知,他正在君士坦丁堡(Constantinople)这个"地球上最迷人的地方"游玩。1810年5月3日,他游过了赫勒斯湾(Hellespont)[1] 海峡,模仿向情人赫洛(Hero)游去的勒安得耳(Leander)。后来,拜伦有时称这是他的最大成就。

尽管拜伦对他的母亲感到厌烦,但在旅途中至少偶尔会关心起她的健康状况,嘱托汉森满足凯瑟琳对金钱的一切需求,费用由他承担。7月,拜伦在雅典写信给凯瑟琳,略带嘲讽又深情地称凯瑟琳为"北方贵族"和"悍妇",请她保管好他的书和文稿,以及"请给我留几瓶香槟,我很渴"。[2]

---

① 今达达尼尔海峡(Dardanelles Strait)。——编者注
② 拜伦几乎是在向斯莱戈猛烈抨击凯瑟琳的同时写的这封信。

拜伦并不急于返回英国，尤其是在他有了新欢——欧斯塔修斯·乔治乌（Eustathius Georgiou）之后，与此同时，汉森的沉默让他感到惊讶；也许这位律师疲于处理拜伦家族的事务，已不想再跟他们打交道。

凯瑟琳好歹收到了一幅儿子的肖像作为分别礼物。在这幅由乔治·桑德斯绘制、以山岳为背景的画像中，拜伦和男仆拉什顿站在遍布岩石的海岸上，年轻男爵充满自信、英姿勃勃，这位非凡的浪漫主义者即将踏上伟大的冒险之旅；从画像上既看不出他有腿疾，也看不到曾经的肥胖。这幅画华丽而引人注目，多少能给他的母亲一点安慰。凯瑟琳评价拜伦的肖像有"天使的面容，是我见过最精致的，与他本人非常相像"。拜伦没有回信给她，他染上了一种叫"隔日热"的严重疟疾。所幸他后来康复了，不像他昔日的朋友格雷勋爵，在"一次严重的大出血"之后第五天，也就是10月29日离世。①

1811年年初，拜伦继续跟女冒险家海丝特·斯坦霍普夫人（Lady Hester Stanhope）和霍布豪斯（他认为斯坦霍普是个"暴力、专横的人"）结伴，在希腊周边流连，想效法他所钦佩的古希腊英雄，希望希腊人能寻回"他们原始的优越性"。与此同时，凯瑟琳的健康每况愈下。她害怕纽斯特德被法警"处决"，为此备受折磨。她想尽办法保全拜伦所爱的庄园，甚至不惜卖掉此前设法保留下来的一些家具和珠宝。她的儿子只是含糊地对她表示关心，托汉森转告有关她的消息，他更担忧的是纽斯特德的未来。在1811年2月的书信中，仅仅因为她暗示纽斯特德可能会被出售，拜伦就口出怨言，并且威胁说如果失去纽斯特德，他将不再回国："我与英格兰之间唯一的纽带就是纽斯特德，要是没了它，我便没兴趣也无意愿北归。"言

---

① 拜伦康复后首先高兴地说："我看起来多么苍白！我想，我宁愿死于肺病。"当被问及原因时，他回答："因为这样女人们都会说'看那个拜伦，他死去的样子多有趣！'"

下之意，他将房产看得比凯瑟琳更重要。这足以使凯瑟琳酗酒自怜；没有朋友，没有钱，也没有儿子陪伴，只有暗淡而空虚的生活。

不管凯瑟琳是否知道自己病得很重，她写的最后几封信都像在告别。她告诉儿子："如果你遭遇不幸，我将白发苍苍地带着悲伤到坟墓里去。"凯瑟琳支持拜伦不惜一切代价保住纽斯特德，但又忍不住想如果把纽斯特德卖掉，在还清了拜伦的巨额债务之后，还能剩下 10 万英镑，让拜伦成为一个富有的人，但这只是一个不切实际的愿望。此外，她对汉森失去了好感，在信中写道："我对他的行动和用心程度都不满意。"

凯瑟琳在信的结尾表示希望拜伦回到英国，把纽斯特德的事情处理好。她不知道的是，拜伦已经于 4 月 30 日抵达马耳他，正在准备返航，由于健康状况不佳，出发日期被推后，最终于 1811 年 6 月 1 日在瓦莱塔（Valetta）港启航。拜伦同意母亲的看法，认为汉森办事不力，为他坚持要把纽斯特德出售给他的客户而生气。他在写给霍布豪斯的信中说："我要看着他们下地狱。"不管汉森是想帮忙，还是想摆脱拜伦家族，他已经激起了母子二人的敌意，他的角色从被信赖的密友转变成了被猜忌的敌人。凯瑟琳对汉森的态度在愤怒和可怜的依赖之间摇摆，5 月底还写信恳求他"看在上帝的份上，不要让我过这样的生活"。

与此同时，拜伦仍未意识到凯瑟琳病重，他打算回纽斯特德完成《恰尔德·哈洛尔德游记》的前两章。他在给凯瑟琳写的倒数第二封信中自称身体很健康，期待回家。他没有提最近身体不好，强调纽斯特德是凯瑟琳的家，自己只是房客——要么是诚心向凯瑟琳的权威屈服，要么是为了逃避纽斯特德附带的巨额债务，后者的可能性更大。凯瑟琳认为自己不会康复，对女仆说："如果我在拜伦回来之前就死了，那该多奇怪呀。"

凯瑟琳的话应验了。她于 8 月 1 日病逝，此前让她的医生哈钦森（Hutchinson）请来了诺丁汉的马斯登医生会诊。关于她最后发病和死亡的确切原因并没有定论。据拜伦的朋友、传记作家托马斯·摩尔推测，她是"在看到装潢公司的账单时怒火攻心"而死，这其实毫无根据。放到现代，她的死亡证明书上可能会出现"酒精""肥胖"等字眼，或许还有"癌症"。凯瑟琳46岁便辞世，结局悲惨，除了一个希望——任性的儿子能获得他似乎即将收入囊中的名望和成就——以外，她一无所有。然而，这个希望并不足以支撑她继续活下去。

结束漫长而沉闷的航行，拜伦的船于1811年7月14日在肯特郡（Kent）的希尔内斯（Sheerness）靠岸。令人失望的返程加深了他的忧郁，当哈钦森告诉他凯瑟琳病危时，他的心情变得更凝重。他不清楚凯瑟琳的病情，在写给她的最后一封信中下达了诸多指示："我需要大量土豆、蔬菜和饼干，我不喝酒。"为了赶去见凯瑟琳，拜伦取消了在伦敦的其他活动。他从汉森那里借了40英镑，赶到纽波特帕格内尔（Newport Pagnell）一家马车客栈，就在那里，拉什顿带来了凯瑟琳的死讯。拜伦立刻写信给约翰·皮戈特，牢牢抓住唯一的一点安慰："她安详地离开了……我听说她没太受苦，并没有察觉到自己的病情。"

拜伦回到纽斯特德后，终于被悔恨和自责打败；最后一根稻草是他偶然发现的一本书——凯瑟琳保存的所有拜伦的评论文章和短评，空白处还写了她自己的看法。据仆人回忆，拜伦坐在他母亲的病床边，泪流满面地说："我只有一个朋友，可她不在了！"就连在为葬礼做安排，条理清晰地询问汉森，凯瑟琳留下的珠宝和衣物有多少潜在价值时，他也处于痛苦中。当他告诉斯克罗普·戴维斯"我被诅咒了"时，他阐明了自己的观念：他与其他人不同，他的人生注定是不幸的。同年5月，少年情人约翰·埃德勒斯顿死于肺病的消息加剧了他的悲伤。拜伦写信给他的朋友弗朗西斯·霍奇森（Francis Hodgson），哀叹："五年前这件事会把我压垮，现在我已经没有更多眼泪可流。"

为将凯瑟琳安葬在哈克诺尔教堂（Hucknall Church）的家族墓室中，拜伦精心做了准备，却在 8 月 9 日当天悲伤到无法出席葬礼。他目送队列朝附近的哈克诺尔走去，他的母亲将在那里与拜伦家族的祖先们会合。当拉什顿建议拜伦通过轻松的拳击练习分散注意力时，他将这名仆人揍了一顿，接着回到纽斯特德继续消沉。拜伦为埃德勒斯顿和"和蔼的妈妈"的去世而悲伤，也为死亡本身感到悲伤。他觉得自己是孤儿，为错过了与凯瑟琳告别的机会而痛苦。葬礼的第二天，他向霍布豪斯倾诉了这些感受：

> 死亡于我是如此难以理解，我既不能谈论也不能思考这个话题。说实话，我看着那具腐烂的肉体，也就是将我生下来的那个人，我会怀疑自己，或许她不是……我失去了给我生命的人。

他说孤独和"一种歇斯底里的快乐"袭击了他，将自己的状态总结为"不幸，但不忧郁也不绅士"。① 月末，拜伦告诉霍奇森："我依然处于惊惶中，尽管我会吃，会喝，会说，甚至有时还会笑。"不过他已有振作起来的想法："我要放下这件事了——死者已安息，唯有死者能安息。"

此时的拜伦 23 岁，即将翻开生活的新篇章。再过不到一年的时间，他将发表自传体叙事诗《恰尔德·哈洛尔德游记》的第一部分，讲述第一个拜伦式主人公、一个年轻人②周游世界，追求更高成就的故事。1812 年 3 月 10 日，此书由约翰·默里出版，首印的 500 本在三天内被抢购一空，拜伦从知名讽刺作家一跃成为英格兰的名人。他在作品第一章第十节中间接提到了凯瑟琳以及离她而去的愧疚感："哈洛尔德有位母亲，他并未忘

---

① 此时霍布豪斯也在哀悼剑桥的朋友查尔斯·马修斯，当月早些时候，他在游泳时溺亡，有自杀的可能性。

② "恰尔德"（Childe）是对中世纪还未成为骑士的贵族男子的称呼。

怀/虽然向她老人家告别，他故意避免"，在更笼统地将她与他所抛开的生活联系起来之前，他写道：

> 但别以为他的心已如铁石，似寒灰，
>
> 倘你们在人世间也曾有所眷恋，
>
> 一定能领会这番别离的滋味：
>
> 想医治那心灵的创伤，结果反使心儿破碎。①

很快，更大胆的冒险将耗尽他的余生。然而，他在沉思母亲的死亡和自己的悲伤时，已经切断了与家人之间最后的联系。从这一刻起，他作为拜伦家族的最后一代，将凭自己的主张取得成功或失败，也让拜伦这个名字永远与他联系在一起。

---

① 杨熙龄译。——编者注

第二部分

卡罗琳

4

"疯狂、邪恶、危险。"

——卡罗琳·兰姆，1812 年 3 月

这位最著名的诗人，有一位名声最差的情人，据说她十几岁还大字不识，真是件怪事。和许多贵族夫人一样，卡罗琳·兰姆夫人没有受过多少教育。拜伦和她的故事，可以说从头到尾都不寻常。拜伦是著名的《恰尔德·哈洛尔德游记》的作者，该书自 1812 年 3 月 10 日首次出版以来，收获了读者的欣喜和震惊，[①] 他打趣地说："一天早晨我醒来，发现自己出名了。"卡罗琳·兰姆夫人是一位辉格党贵族议员的妻子，她与保守党人戈弗雷·韦伯斯特爵士的婚外情已经受到关注和议论。然而，这与她和拜伦公开纠缠而招致的恶名相比，根本不算什么。他们的关系只持续了几个月，却因其高调程度成了 19 世纪最为人所不齿的丑闻之一。

卡罗琳·庞森比（Caroline Ponsonby）生于 1785 年 11 月 13 日，父亲是邓肯嫩子爵、后来的第三代贝斯伯勒伯爵弗雷德里克·庞森比（Frederick Ponsonby），母亲是亨丽塔·弗朗西丝·斯宾塞小姐（Henrietta Frances Spencer）、贝斯伯勒伯爵夫人。她父母的婚姻充满了混乱和不幸。伯爵的多数朋友和熟人都对他赞许有佳，贺拉斯·沃波尔（谦逊地）说他"非常温柔、和蔼"。可作为丈夫和父亲，贝斯伯勒伯爵却缺乏活力，淳朴的性格使他在身处庞杂的社交圈时感到不安。他更喜欢在北安普敦的乡村

[①] 拜伦说他的房间里"放满了批评家、诗人、作家和各行各业趋名者的来信，他们都热情至极"。

宅第享受骑射之乐；在尝试赌博和投资之类的城市活动时，他总是输钱。他的艺术眼光太差，无良商人会说服他以高价购买那些"未来肯定会大幅增值"的版画。

贝斯伯勒夫人，人们更喜欢叫她哈丽特夫人（Lady Harriet），是个更世故的人。她以优雅舞姿、美貌和气质闻名。她是辉格党人、其远亲——外交大臣查尔斯·詹姆斯·福克斯（Charles James Fox）的热心支持者。福克斯的演说才华与他奢侈的私人生活相匹配；他似乎把酗酒、巨额债务（据说"堪比恺撒"）看作荣誉勋章。这种漫不经心的态度博得了哈丽特和她的姐姐乔治亚娜——大名鼎鼎的美人和社交名人、德文郡公爵夫人——的好感；比起沉闷的丈夫，与离经叛道、风趣幽默的福克斯相处更愉快。

贝斯伯勒伯爵结婚的主要目的是传宗接代，哈丽特没有让他失望。她生了两个男孩，约翰和弗雷德里克，卡罗琳是他们第三个孩子。据卡罗琳所说，哈丽特一直想要一个女儿。卡罗琳在卡文迪什广场出生时，她的外祖母斯宾塞夫人说她是"一个可爱的小女孩，看上去很精神、很健康"。后来人们仍经常说她"很精神"，却很少说她"可爱"。她出生时体格瘦小，人们起初担心她会夭折，但她很快就成长起来。卡罗琳是她的教名，母亲亲昵地唤她"卡罗"（Caro），在意大利语中的意思是"亲爱的"或"被喜爱的"。

卡罗琳一直是个任性的孩子。她生来就享有特权，备受斯宾塞夫人的宠爱；小时候她只在外祖母的床上睡觉。她们的关系一直亲密，斯宾塞夫人教她读《圣经》，教她如何成为有教养的淑女。卡罗琳对外语接触较早，五岁已经会说一点法语和意大利语；她六岁开始学音乐。她的个子在同龄儿童中依然偏矮（四岁半只有三英尺三英寸①），发音也不标准，带着儿语、

① 99.06厘米。——编者注

咬舌和拖腔。像她这种出身的女孩都有私人导师和家庭女教师，可她在正规教育上却表现不佳，因为她坚持己见，只肯学感兴趣的科目。

　　早年的生活也不利于卡罗琳专心学习。她的父亲更喜欢待在乡下打猎，她的母亲和姨妈则住在全国最豪华的宅第里，卡罗琳童年的大部分时光都是在布罗克特庄园（Brocket Hall）和乔治亚娜姨妈的查茨沃斯庄园（Chatsworth House）度过的。她身边的成年人不把规矩当回事，孩子们是不受拘束的。卡罗琳后来告诉她的朋友摩根夫人，从三岁到九岁，她一直随心所欲；她生活在一个自由的、充满幻想的世界里：面包都涂了新鲜的黄油；马儿都吃牛肉；除了公爵就是乞丐，没有其他社会阶层。

　　卡罗琳不一般的成长经历是由她的家人们非传统的感情生活促成的。乔治亚娜和德文郡公爵威廉·卡文迪许（William Cavendish）的婚姻引发了诸多流言蜚语，两人各自的婚外情起到了推波助澜的作用。卡罗琳与婚生和私生的表亲们一起长大，将他们全都视作亲戚。哈丽特也难辞其咎，她除了欠下上万英镑的赌债，还和一群放荡、荒唐、嗜酒的年轻男性来往，其中就有剧作家理查德·谢立丹。哈丽特和他的关系十分亲密，以至于有谣言说他才是卡罗琳的亲生父亲。据说当哈丽特被问及为何丑闻缠身时，她耸耸肩说："我爱的永远不会只有一点点。"

　　为了摆脱丑闻，让卡罗琳见识更广阔的生活，哈丽特带着四岁的女儿去了那不勒斯（Naples），待了一段时间之后又去了法国，直到1793年1月21日路易十六被处决后才回到意大利。在那里，哈丽特爱上了21岁的伯爵格兰维尔·莱维森-高尔（Granville Leveson-Gower），在这名机智、英俊、迷人的男子将深情而坚定的目光投向她之后，女儿的安康让位于她的幸福。然而，一场重病引发的高烧让卡罗琳命悬一线，迫使哈丽特于1794年8月携女回到家中。

　　这时候的卡罗琳是一个既见多识广又无知的矛盾个体。她会说欧洲多地的语言，会骑马，实际上对政治和性的了解也比全国其他八岁女孩更为广泛。然而，她没有接受过正规教育。1795 年 10 月，哈丽特暂时把精力集中在女儿身上，决定把卡罗琳送到骑士桥（Knightsbridge）一所"家庭小学"。只要父母能够承担费用，谁都能在这样的机构接受基础教育。卡罗琳就读的汉斯广场 22 号（简·奥斯汀也曾在此学习）教授多种课程，不仅有法语、意大利语还有仪态课——女孩们由一名不当班的军士带着练习走路。

学校在培养卡罗琳的纪律和服从意识上失败了。她动不动就大发脾气，拒绝服从校规。必须采取一些措施了。由于不称职的父亲把打猎看得比子女还重要，而她的母亲也有其他追求，权宜之计是雇一个能教她规矩和礼仪的家庭教师。哈丽特毫不掩饰地说希望有人能够"在自己找到合适人选之前接管（她）"。她似乎没有意识到，卡罗琳并不是问题的关键，反叛传统又不太安稳的家庭环境才是。根据家庭医生沃伦（Dr Warren）的诊断，卡罗琳的大脑过于活跃，为了让她保持平静，不宜再强迫她接受教育。因此，她被送去和乔治亚娜一起生活，住在查茨沃斯庄园和伦敦的德文郡公爵府（Devonshire House），以便为她提供一个更稳定的家庭环境。

然而，公爵府很难提供沃伦医生建议的让人保持平静的氛围。这是一个纵酒狂欢的地方，通宵聚会是常态，查尔斯·福克斯和威尔士亲王这样的高级人士常来寻欢作乐。卡罗琳成了这群人中有趣的新成员，通过狂妄地蔑视礼节赢得了表亲们的喜爱。她是一个精力旺盛的孩子，让她的外祖母精疲力竭。斯宾塞夫人绝望地对卡罗琳名义上的家庭教师赛利娜·特里默（Selina Trimmer）说："我似乎对这个宝贝孩子无能为力，今天在试着应付她提的某些问题之后，我感到十分气馁。"

哈丽特和乔治亚娜因为沉湎于社交，身体欠佳，对卡罗琳放任自流，使她越来越无法无天。她写给表姐"小 G"（小乔治亚娜）的一封信描绘了这样的家庭生活："晚上，妈妈读了莎士比亚。当她……上楼睡觉时，我

（和兄弟们）会在大厅里用一种你看了会害怕的乐器大声演奏音乐，这时候男人们都在餐厅喝酒。"卡罗琳能够引用诗歌，并且以近乎平等的姿态与成年人交谈，拒绝看护和学习。她只在想吃的时候吃，想睡的时候睡，任何限制她享乐的因素都会点燃她的怒气，这比原本的不守纪律更让人头疼。

毫不奇怪，在放荡的家庭环境中长大，卡罗琳比同龄人早熟。她喜怒无常、举止轻浮、喜欢卖弄风情。她有许多绰号，包括"羚羊""松鼠"和"小野人"。十几岁的卡罗琳虽看起来像个男孩子，臀部扁平，头发剪得很短，声音也异常低沉，但她从小就很擅长与男人打交道。她特别擅长的一招是抓住别人的胳膊或手，诱人地噘着嘴，责怪跟她说话的人觉得她不够迷人，不值得追求。她学小孩子咬着舌头说话，让许多男人无法抗拒，却被其他女孩嘲笑，其中有人特别尖刻地说"卡罗琳小姐像只咩咩叫唤的小绵羊"。几乎所有男人都能引起卡罗琳的注意，甚至包括自己母亲的追求者格兰维尔伯爵。卡罗琳曾经对迷恋格兰维尔伯爵的表姐哈丽特·"哈里奥"·卡文迪许①说，要不是因为她母亲爱慕他，她很乐意成为伯爵的情人。即便她母亲在 1800 年产下格兰维尔的私生子，伯爵的吸引力也丝毫没有减弱。

1803 年，当 18 岁的卡罗琳准备步入社交圈时，她已经与未来的丈夫相识了。威廉·兰姆于 1779 年 3 月 15 日出生在一个辉格党贵族家庭。众所周知，他的母亲伊丽莎白·米尔班克·兰姆（Elizabeth Milbanke Lamb）是墨尔本子爵夫人，有无限的政治影响力和选择最有影响力的男人做情人的倾向。这就意味着，墨尔本子爵会怀疑威廉不是他的亲生儿子。② 墨尔本夫人是乔治亚娜的密友，再加上雕塑家安妮·西摩·达默（Anne Seymour

---

① 哈丽特·卡文迪许最终在 1809 年的圣诞夜与格兰维尔结婚。
② 据传威廉·兰姆的生父是艺术收藏家埃格蒙特伯爵（Lord Egremont），他是画家透纳（Turner）与康斯特布尔（Constable）的资助人。

Damer），三人的友情被丹尼尔·加德纳（Daniel Gardner）画进了 1775 年的作品《〈麦克白〉的三个女巫》（*The Three Witches From Macbeth*），得以流传后世。威廉跟所有年轻贵族一样，先后在伊顿公学和剑桥三一学院接受教育，而十年后拜伦也将就读于三一学院。跟贝斯伯勒伯爵一家一样，威廉是忠诚的辉格党人，且极度厌恶托利党外交大臣乔治·坎宁（George Canning）。

威廉 20 岁的时候，在自家的布罗克特庄园初见卡罗琳。虽然当时她才 14 岁，但两人之间的化学反应是显而易见的。卡罗琳的表姐哈里奥描述了"威廉·兰姆和卡罗·庞森比之间一次不寻常的调情，我听说，他们似乎相互吸引……（虽然）他没能迷住任何其他人"。见到卡罗琳之后，威廉说："在公爵府的所有姑娘当中，她是我的真命天女。"至于卡罗琳，自从两年前读了一些威廉写的少年诗，她就对这位英俊而羞涩的公子印象深刻。由于威廉是次子，继承家业的可能性不大，卡罗琳的家人并不那么看好他，他们需要的是一个既能养活任性的女儿，还能偿还自家赌债的人。卡罗琳被寄予厚望，甚至有人认为威尔士亲王或许是合适的求婚者。

不出意外的话，卡罗琳很可能嫁给其他更富有的贵族，而威廉则不得不进入体面的法律行业。1804 年，他取得律师资格，开始在北方参加巡回审判。然而，1804 年年底，原定遗产继承人、威廉的兄长染上了严重的肺病，使威廉成了更有吸引力的结婚对象。卡罗琳还主动暗示：如果威廉求婚，她就会答应。然而，当威廉在 1805 年年初真的向她求婚时，卡罗琳却考虑到父母的态度，拒绝了他，声称自己太任性、太独立，不可能成为任何人的妻子，尽管她半开玩笑地提出：要假扮成一名文员，陪在当律师的威廉身边。

虽然（或者正因为）卡罗琳举止和为人都古怪，但是她并不缺少爱慕者。有时，他们以同样怪异的方式表白，尤其是那位"希尔先生"（Mr

Hill）。他给卡罗琳写了一封信，她母亲后来向格兰维尔抱怨，这封信中"写满了最堕落的人才能想出来的粗俗、恶心的下流行为——比我听说、见过、读到或能想象到的最寡廉鲜耻之人的所作所为更不堪"。考虑到哈丽特自己的行为也与纯洁相去甚远，这封信的内容必定具有极大的冲击力，可惜无副本留存，尽管有人批评它"下流、不堪入目"的同时，也有人说"写得很好"。哈丽特说卡罗琳"幸好只读了前几行，她吓得跑到我面前，把那封可怕的信交给了我"。但哈丽特并非一直看不起卡罗琳这位好色的仰慕者。此前，当"希尔先生"说卡罗琳是"伦敦最聪明、最漂亮的姑娘"时，哈丽特还愉快地说"亲爱的希尔先生，不管什么时候见面，我要开始崇拜他了"。

"希尔先生"的身份是个未解之谜。卡罗琳在舞会上遇到过一个姓希尔的人，但他不知道信中许多隐私的细节，或者用哈丽特的话说"几天前发生在我姐姐家的谈话和玩笑"。写信的人必定与卡罗琳一家关系密切，要么对卡罗琳存心不良，要么热衷于假装如此来冒犯她的家人。有人说"希尔先生"是谢立丹（这位剧作家还被谣传是卡罗琳的父亲），有人说就是舞会上那位倒霉的希尔先生，甚至有人说是卡罗琳本人。若果真是卡罗琳，那么她的动机或许是通过写一封出格的信引起轰动，令她的母亲猛然发觉自己的女儿不单可能适合结婚，也可能走向堕落。无论是她自己的主意还是有友人相助，为了迫使哈丽特接纳任何还算不错的求婚者，写这样一封信或许是绝佳办法。

1805年1月底，威廉在他哥哥去世后再次对卡罗琳展开追求，尽管墨尔本子爵仍旧对他心存反感，没给他提供资金。威廉放弃法律，转而在议会中寻求一席之地。他还觉得自己是时候结婚了，于是第二次向卡罗琳求婚，这次是通过写信。"我已爱了你四年，"他写道，"爱得深沉、深情、忠诚——那么忠诚，即便尊严不允许我袒露心迹，我的爱仍顶住了我要克服它的决心。"卡罗琳向她的母亲展示了威廉的求婚信，后者对这门婚事的想法是矛盾的。她写信给格兰维尔说："某些方面我是看好的……他有许多优点，非常聪明……卡罗琳现在非常爱他，在威廉求婚之前，我担心这对她的健康不利。"哈丽特在承认威廉举止得体，信也写得很漂亮的同时，认为他比自己的女儿世故得多，并对他的性格颇有意见："我很不喜欢这个人，不喜欢他的态度，更不喜欢他的原则和信条，或者说他根本就没有信条。"①在乔治亚娜的劝说下，经过一番深思熟虑，哈丽特勉强同意了这桩婚事。四天后，他们"确定并宣布"了婚讯。

卡罗琳和威廉很快于 1805 年 6 月 3 日完婚。据说威尔士亲王喜形于色，他说："我太高兴了。啊！真是高兴极了。"至于他是为这桩婚事感到喜悦，还是为自己不用与卡罗琳结婚而感到轻松，我们只能作些猜测。结婚带来的津贴并不多，卡罗琳每年有 400 英镑，威廉有 1500 英镑（后来变更为 1800 英镑）。②威廉婚后热情不减，他在自传中写道："我过去一直珍藏着、压抑着的一种激情，慎重起见，我不能顺从它……它却爆发了，将我征服。"新娘的情况却截然不同。婚礼当天，卡罗琳为婚姻和承诺感到焦虑，歇斯底里发作：尖叫，撕破了婚纱，最终晕了过去。奢华的宴会也不能让她打起精神，之后一段时间里她一直感到不适。

尽管一开始不顺利，但他们的婚姻看起来是美满的。哈丽特评价，她的女儿"有了惊人的进步""温柔端庄③，俨然是一个有 20 年经验的主妇，而不是新妇"。卡罗琳确实处于恋爱中，但并非毫无保留。婚后不久，她告诉小 G："我对现状非常满意，但不能说以前没有更幸福过。"她认为这跟

---

① 至少这些特点令兰姆在从政时游刃有余。
② 他的哥哥彭尼斯顿每年能够领取 5000 英镑的津贴。
③ 原文法语。——编者注

与家人分别有关，与"更惹人喜爱、更周到"的丈夫无关。①

　　卡罗琳在 1806 年年初流产，年底再次怀孕。他们有时住在布罗克特庄园，有时住在白厅街（White Hall）的墨尔本公馆（Melbourne House），以便于威廉施展政治抱负。威廉凭魅力和亲和力弥补了活动资金的不足。得益于他父亲提供的 2000 几尼竞选资金，他于 1806 年 1 月 31 日入选下议院，成为代表莱姆斯特（Leominster）的辉格党成员。当威廉在伦敦最好的沙龙巴结别人的时候，卡罗琳只能自娱自乐，同时陷入孕期焦虑。她问小 G 某些症状是否正常："你会很紧张，容易受惊吓，很饿、很渴、很困、很没精神吗?"卡罗琳常在与威廉激烈争吵之后求和，表现为一边继续争辩，一边打情骂俏。当她告诉威廉"你不能在任何事情上反驳我"的时候，只是说出了一个简单的事实。

　　卡罗琳于 1807 年 8 月 28 日生下第一个孩子，乔治·奥古斯都·弗雷德里克，大家都叫他奥古斯都。他是个"非常漂亮的男孩"，也是个胖小子，让身材娇小的卡罗琳在分娩时吃了些苦头，尽管威廉在写给朋友霍兰夫人的信中说"生产时间很短"。奥古斯都是当年出生的贵族子女中名气最大的——他的教父是威尔士亲王；他也是个迷人的孩子，哈里奥说他"非常漂亮，兼具力量、活力和魅力"。卡罗琳却患上了我们现在所说的产后抑郁症，情绪波动令人担忧。她有时安静、温柔、和善，有时却冲着周围的人大喊大叫，多数时候是对威廉；她的家人称她为"小野兽"。她的丈夫开始为前程投入越来越多的时间。威廉自然很喜欢儿子，但卡罗琳说他"对外表现得不像我那么喜欢"。也许威廉和他同时代、同阶级的男人一样，有压抑情感的习惯，但更有可能是卡罗琳的"对外表现"比较夸张，因此威廉表现出的父爱不如卡罗琳的母爱明显，似乎这并不是什么大不了的事。

---

① 威廉对小 G 也产生过感情，卡罗琳有一段时间因为不知道威廉究竟爱谁而烦恼。

到 1808 年夏秋之交，奥古斯都的健康问题越来越明显。他经常情绪失控，有时会完全失去意识。卡罗琳起初被告知这是正常情况，但发作的规律性令医生想到了遗传病，因为卡罗琳怀孕期间也有类似症状。威廉想到自己的继承人可能无法正常长大成人，感到失望，越发向自己的圈子退缩，很少陪伴妻子。1808 年年底，卡罗琳怀了一个女孩，却在 1809 年 1 月 29 日再次流产，夫妻两人都沉浸在悲伤中。威廉将注意力转移到政治上，卡罗琳决心以奥古斯都为重心。她在札记中写了一首甜蜜的诗，献给她的儿子和丈夫：

> 他的小眼睛和威廉的一样闪着光，
>
> 多么快乐的事，
>
> 他是我的宝贝，
>
> 也是威廉的小子。

卡罗琳流产后积极地做更快乐的事。她举办宴会，骑马，扮演一个贤惠的妻子，称丈夫为"最亲爱的男孩儿"和"最亲爱、最可爱的男人"。然而，威廉已经开始对妻子失去兴趣，卡罗琳自己也暗示过他们的关系不太融洽，"我们互相制造了不少烦恼"。威廉在他的札记中写道："结婚前，每当看到惹人烦的孩子和狗，我总会归咎于一家之主……结婚后，我发现这是非常草率和不成熟的判断。"

卡罗琳以震惊伦敦为乐。她把头发染成红色，穿男装参加了一场化装舞会，"开怀大笑，不给任何人留面子"。她还假扮过约克郡牧师和可能供职于《爱丁堡评论》的苏格兰文学评论家。她所在时代的奢华宴会和化装舞会是为迎合几百位客人的喜好而设计，人人都在纵酒狂欢，美貌、言谈和单纯的不当行为都不容易引起注意。然而，卡罗琳在公开场合引人发笑的表现却让远离舞会和晚会的人也听说了她的恶名。她似乎欣然接受了旁人的嘲笑，并乐在其中。对此，她的丈夫只能绝望地避开她经常光顾的狂欢宴，尽量在俱乐部或者资助人家中消磨时光。

尽管他们的婚姻失去了激情，但在这个阶段，双方都没有公开的不忠之举。威廉有特殊的癖好，他越来越关注英国恶习，一种服务性的鞭笞。恣意妄为和曝光会令他颜面扫地，因此在卡罗琳活着的时候，他一直谨慎行事。卡罗琳则喜欢和其他男人调情，挑起丈夫的嫉妒心。她的暧昧对象中最有名的是戈弗雷·韦伯斯特爵士，一个愚笨的俊俏青年，和她的哥哥弗雷德里克一样曾英勇地在半岛战争中服役。韦伯斯特堕落的表现之一，是将一个法国士兵的头骨做成镶金的酒杯，用来喝葡萄酒。卡罗琳被他那种勇气和他的相貌所吸引，在1810年年初开始了这一段婚外恋：在后巷里"心惊胆战地接吻"；交换情书和信物，比如金链子和小狗。

不管这段婚外情最后发展到了哪一步，卡罗琳在公开场合的行为仍然持续不断地引发议论和关注。她换掉男装，改穿上身宽松、会露出胸部的连衣裙。虽然威廉不知道或者不关心她的行为，但其他人的目光是锋利的。韦伯斯特的母亲霍兰夫人、当时社交圈里最高傲的女主人之一，要求卡罗琳说明她与韦伯斯特的关系，被告知他们只是朋友；卡罗琳坚称："我还没有糊涂到要通过抛夫弃子来伤害所有人，包括我自己。"

然而，卡罗琳的婆婆，墨尔本夫人，在一次宴会上目睹了她和韦伯斯特在一起的样子，出于震惊和愤怒，写信给她说道："你昨晚的行为，看起来可耻，动机可憎至极，让我想忘记都不可能。"墨尔本夫人是社交圈的大人物，被她排斥——"别逼我解释以后为何对你冷淡"——在名门望族里无异于自取灭亡。墨尔本夫人没有明说的是，她并不反对贵族对婚姻不忠的传统，而是厌恶厚颜无耻的炫耀。

卡罗琳这才意识到问题的严重性，低声下气地向墨尔本夫人讨饶，"我真的感到痛苦，后悔……上帝啊，我一想起来就后怕，轻率的行为的确将我置于危险的边缘，让我险些堕入不幸、罪恶和毁灭的深渊"。她承诺放弃韦伯斯特，却也将部分责任推给威廉，称他"让我不要畏惧我过去所重视的规矩与约束……他战胜了将软弱之人引入歧途的激情和虚荣，而我不得不羞愧地承认，它们一直在误导我"。她还在五月初写信对霍兰夫人说"我比看起来更无辜"。霍兰勋爵不屑一顾地说这封信"愚蠢至极……都是女人在相似情况下普遍会说的空话"。卡罗琳的忏悔的确不真诚，1810 年 6 月她还在与韦伯斯特见面，若不是后者迫于父母的施压离开英国，回归军队，这段恋情可能会持续更长时间。

韦伯斯特的离开没有给卡罗琳的越轨行为画上句号。努力求和、规行矩步都是装模作样。即便她嘴上说会"在晨间保持沉默，宴罢招待宾客，温顺，像即将冲出困境的女主人公一样无畏，像山中猛虎一样强大"，却仍不断招惹是非。她练起了华尔兹，这种新式舞蹈因舞伴间过于亲密而被认为是不道德的。她在一封向霍兰夫人求和的信中为自己辩护，声称：

> 我一直且仍旧认为，那些喜欢跳华尔兹的人之所以喜欢它，
> 是喜欢它的不确定性——那些正派的、一想到罪恶就不寒而栗的
> 年轻女子，喜欢冒险走到悬崖边，尽管已有那么多意志薄弱的同
> 伴被推了下去。

她的家人很不以为然。斯宾塞夫人既相信她的行为"是出于虚荣而非恶意"——言下之意，恶意至少有其目标——也认为"这些不当举止辱没了她的名声"。

卡罗琳与威廉的婚姻越来越不幸，但很少有人同情前者。1811 年 6 月，在结婚六周年纪念日那天，两人参加了同一个舞会，却形同陌路；威廉早

早离场，卡罗琳继续狂欢。威廉的冷静和克制使旁人想为他说话，提醒卡罗琳她让自己的家人蒙羞。出于自卫的天性，卡罗琳进行了反击。霍兰夫人告诉她："上一次求和，你表面友好，却对我口出恶言，比争吵时更令我愤怒。"卡罗琳反驳："我的理性已经被情感掌控了太久，但它是存在的，只是并非每个人都知道。"在被禁止参加某场宴会后，卡罗琳一气之下再次写信与霍兰夫人争吵，嘲笑她对待韦伯斯特的态度（"你最好别以母亲自居"），并坚称"从现在起，我不再与你说一言半语，不论是写信还是当面或以其他任何形式"。

卡罗琳意识到自己的鲁莽和愚蠢——即使是与以前的她相比——绝望地寻找与霍兰夫人和解的办法，这一切让她看起来很可笑。几个月后，霍兰夫人和卡罗琳终于在某种意义上休战，尽管这更多的是出于对威廉这颗政治新星的看重，而不是对卡罗琳的宽恕。霍兰夫人是个强硬果决的女人，她的朋友，风趣的西德尼·史密斯（Sydney Smith）用"令人敬畏"来形容她，女演员伊丽莎白·肯布尔（Elizabeth Kemble）则说她"盛气凌人"，她冷酷的控制力与卡罗琳的喜怒无常恰恰相反。

1812年刚开始的时候，卡罗琳似乎看到了转机。她与诗人、作家西德尼·欧文森（Sydney Owenson），即后来的摩根夫人结交为友，很高兴有一个人关心她。西德尼说她"天赋异禀，既是艺术家、女诗人、浪漫主义作家，也是一位社交经验和生活阅历丰富的女性"，甚至称赞她为"天才女子"，尽管也承认卡罗琳"极端不知足"和"骨子里不安分"。在卡罗琳的生活里，这种被肯定和认同的感觉，可能从她流产以后就一直严重缺乏。前一年决裂前，她曾向霍兰夫人抱怨："我无法再拥有曾经的纯真和快乐，正如每次听到威廉的名字或与他对视时，我无法不感到痛苦自责。"卡罗琳作为妻子是令人失望的，她违背了传统：政客的妻子应该是出色的女主人。同时，奥古斯都的病情也没有随着年龄增长好转。经历了上一次流产的创伤，卡罗琳和威廉不会再要孩子。

在西德尼的影响下，卡罗琳拓宽了阅读范围，开始研究古典文学和当代诗人。富有的、偶尔写作的艺术收藏家、银行家塞缪尔·罗杰斯听说了她对文学感兴趣，认为她会喜欢一部虽出色却离经叛道的作品，还有向其他人力推该作的可能性，这部作品就是《恰尔德·哈洛尔德游记》（简称《游记》）的前两章。1812年2月，罗杰斯给了卡罗琳一份《游记》的早期校样。他的直觉是准的。潇洒厌世的主人公让卡罗琳心向往之，他被误解和中伤，却能为了展现他的英雄个性，不受单调的物质主义环境和同代人（"没有心的寄生虫"）的影响。卡罗琳发现自己与这位诗人意气相投，急切地要求罗杰斯引见。罗杰斯拒绝了卡罗琳的请求，或许他意识到了这两个人将组成一个邪恶的联盟。然而，拜伦已于2月底在贵族院第一次发表演说，收到了"诸多精妙的颂词"，此时已成为伦敦的名人，且极受欢迎。为了让卡罗琳失去兴趣，罗杰斯把拜伦描述成"一个让人看了就紧张的跛子"。她却回复："如果他长得像伊索一样丑，那我一定要见。"

《游记》于3月3日出版，为了说明她的观点，卡罗琳在不久后匿名写信给拜伦。她称拜伦为"恰尔德·哈洛尔德"，十分热情地说："我读了您的书，忍不住想告诉您，在我看来，您写得……很美……不要在忧郁和对过去的遗憾中丢弃您的才华。最重要的是，请留在您的国家，她会为您感到骄傲。"她最后表达的观点是正确的。拜伦的朋友托马斯·摩尔曾写道："他的名气不是长年累月积攒起来的，而是一步登天，像童话中的宫殿一样，一夜建成。"女性崇拜者的来信令他应接不暇，她们中的许多人都用诗歌来表达对这前途远大之人的钦慕。① 卡罗琳也不例外，她用五步抑扬格展

---

① 在最近发现的这类信件中，有一个人写道，她一见拜伦的画像就"颤抖"，问："为什么，我欢喜得心窝发热/是仰慕您的才华？/为什么，阅读时，我胸中/有团烈火？"

现了自己写诗的功底，以及对恰尔德·哈洛尔德的理解，其中一些话写得暧昧不清：

> 我有个说不出姓名的爱人——
> 我对你不会有那样的感情——
> 但赞赏是自由的——
> 是恰尔德·哈洛尔德可以得到的。

拜伦从中感受到情感的共鸣和一种挑战，对写信者产生了好奇心。他通过好友罗伯特·达拉斯，得知自己的通信对象就是那位名声不太好的卡罗琳·兰姆夫人。现在，两人都在寻找见面的机会。在韦斯特摩兰夫人（Lady Westmoreland）举办的社交舞会上，卡罗琳见到了拜伦。她注意到拜伦忧郁、俊秀的五官和像发烧的病人一样苍白的脸色。年轻的文学之狮——用他自己的话说，"舞厅里的诗人，被热捧的宠儿"——被热情的年轻女性团团围住，有的阿谀奉承，有的大献殷勤。卡罗琳没有自贬身价，她拒绝了别人的引见，"仔细看了他一眼，然后转身离开了"。在当晚的日记中，卡罗琳写下了那句著名的、表示她不考虑与拜伦交往的评语："疯狂、邪恶、危险"。如果事情到此为止，那么两人之间不过是存在一些暧昧的暗示。然而，拜伦和卡罗琳都不满足于此。

5

"那张漂亮苍白的脸将决定我的命运。"

——卡罗琳·兰姆，1812 年 3 月 24 日

拜伦初尝成功的喜悦，还不习惯被人拒绝。卡罗琳没来认识他就离开了韦斯特摩兰夫人的舞会，这个古怪、丑闻缠身又显然不受控制的女人令他感到意外和好奇。虽然她不是全伦敦最具魅力的人物，但她是贵族。刚刚跻身上流社会的拜伦在她身上看到了一种他所向往的真实。她传闻中的反复无常、矫揉造作都没有消除拜伦的好奇心，毕竟，横行无忌是社会顶层人士的特权。

1812 年 3 月 24 日，拜伦和卡罗琳在霍兰公馆（Holland House）第一次正式见面。霍兰夫人对卡罗琳没有好感，这在此次见面中有所表现。拜伦到达公馆后，霍兰夫人向卡罗琳通报："我得向你介绍拜伦勋爵。"卡罗琳有礼貌地打招呼，拜伦却好奇地问："此前也有人代为引见，可否告知你为何拒绝吗？"卡罗琳因为他的直率而手足无措，结结巴巴地说她那天身体不适。事实上，她是不想加入那群咯咯笑的簇拥者。拜伦"偷看"了她一眼，这是一种练习了多年的迷人目光，他相信可以让男女都无法抗拒。如拜伦所料，当天晚上，卡罗琳在札记中吐露："那张漂亮苍白的脸将改变我的命运。"

拜伦像见到猎物的掠食者，贪婪地向卡罗琳提出再次拜访的请求并得到应允，次日就造访了墨尔本公馆。作为威廉·兰姆的父母尤其是墨尔本夫人的密友，拜伦和其他那些家里的朋友①一样享有特权，只不过他感兴趣

---

① 原文法语。——编者注

的是难对付的、男孩子气的卡罗琳。当拜伦和塞缪尔·罗杰斯一起出现时，卡罗琳刚刚骑马回来，"又脏又热"。她惊讶于拜伦的到来，心想"是否应该先回房梳洗，以之前的面貌会客？不，我的好奇心占了上风，让我直接冲进去跟天才打招呼"。卡罗琳邀请拜伦参加 3 月 26 日的舞会，拜伦则提议第二天晚间再次见面。自此，卡罗琳已难逃命运的安排。她后来回忆道："拜伦男爵想在 8 点钟登门，与我单独见面，那是我的晚餐时间。我答应了。从那一刻起，在长达九个多月的时间里，他几乎住在了墨尔本公馆。"拜伦很清楚他可以期待什么，正如他对结伴同行的托马斯·摩尔所说的，"你能享受礼貌的接待和像样的娱乐"。

"像样的娱乐"只是墨尔本公馆所提供的乐趣之一。根据摩尔的描述，那里有"上流社会的全部精彩内容"，政客、艺术家、作家、贵族，共同参与令人陶醉的辩论，享用同样醉人的美酒。建筑本身以大型公共空间和幽暗的楼梯及走廊的组合为特色，既是上流社会日常举办华尔兹舞会的理想场所，也是绝佳的幽会场所。拜伦的跛足使他不能自在地跳舞，他更感兴趣的是在这里开始一段秘密恋情。

3 月 26 日，拜伦带着为卡罗琳精心挑选的礼物——一枝玫瑰、一枝康乃馨和一首写爱犬"水手长"之死的诗——再次造访墨尔本公馆。当卡罗琳愉快地收下礼物时，他半开玩笑地说："夫人，我听说你喜欢时下所有新鲜和稀罕的事物。"让她无法忽视面前正站着一个"新鲜和稀罕"的男人。在这次见面之后的很久一段时间里，卡罗琳还珍藏着拜伦送的玫瑰，或许是因为它代表了一种纯洁、美好的关系——虽避免不了枯萎和凋零。当花色变得暗淡时，卡罗琳感叹道："还是凋零了，尽管已尽力去挽留；可能是因为对堕落的命运感到悔恨吧。"她还将自己比作一株向日葵，"曾在最明艳的时候见过光辉灿烂的太阳，在片刻间将它照耀，有生之年它不会想到太阳之下还有其他值得崇拜和仰慕的对象。"

最初，拜伦和卡罗琳的关系是柏拉图式的。两人都假装不被对方的外表吸引（拜伦后来说卡罗琳"太瘦……欠缺美貌和优雅无法弥补的丰满"），声称他们的友谊是基于共同的志趣。卡罗琳的母亲哈丽特意识到危险，试图劝阻拜伦。拜伦后来告诉墨尔本夫人这反而鼓动了他，"她说她很确定'卡罗琳不爱我'，这激起了我的虚荣心（世上最不容否认的东西）"。拜伦戏称哈丽特为"布拉尼夫人"——哥尔斯密的小说《威克菲牧师传》（*The Vicar Of Wakefield*）中爱唠叨的上流社会女性——以及"上半个世纪的妓女"，表现了对女性的蔑视。哈丽特的女儿却引起了他的注意。虽然卡罗琳不是传统意义上的美人，但她有诱人的"柔软、低沉、温存的声音"，一双使威廉着迷的深色眼睛，而且她不拘泥上流社会的传统和礼法，个性自由。

然而，两人在4月初向欲望妥协了，第一次交会是在一驾马车里。后来，被爱陶醉的卡罗琳写信给拜伦说："只要我的心还跳着，就永远不会忘记你，和你第一次说爱我的时刻——那时我的心虽没与你的相会，却在它面前飞舞——那时我们都不希望犯更大的错。"拜伦似乎回应了她的热情，亲昵地叫她"卡罗"，称赞她是"世上最聪明、最讨人喜欢、最荒谬、最难懂、最危险、最迷人的小东西，或许应该生活在两千年前"；当他说"你说的每一个字、写的每一句话都证明，你要么是真诚，要么是愚蠢"时，似乎意在言外。拜伦的朋友达拉斯认为他对卡罗琳的感情是真挚的，说他"那么入迷，那么沉醉，以至几乎把时间和精力都花在了读信和回信上"，且做这些事情时"嘴角挂着特别的笑容"。

卡罗琳没有刻意掩饰她对拜伦的爱慕，举止比她跟韦伯斯特来往时更少了几分慎重。她以收服了伦敦社交圈中最受关注的男人为豪，向所有利害关系人明确表示他们是情人。罗杰斯说，卡罗琳大胆得让他不敢相信。他后来写道她在各种公开场合"缠着他"，如果拜伦在参加活动而她没有受邀，她就在外面等，"我看见她——是的，亲眼所见——把整个上半身探进拜伦乘坐的马车，与他交谈"。与此同时，对家中的荒唐事毫不陌生的哈里奥犀利地总结道："拜伦男爵仍在神坛上，卡罗琳·兰姆正向他致敬。"她远没有被拜伦吸引，表示，"他面无表情时的确英俊，玩起把戏来就显得可疑、恶毒，因此令人反感。"

拜伦和卡罗琳之间的"把戏"仅供成人知晓。早在 1808 年，拜伦曾邂逅另一个卡罗，16 岁的卡罗琳·卡梅伦（Caroline Gameron），她有一双蓝眼睛，是一个"迷人的"妓女。拜伦喜欢让她扮成男孩，尤其喜欢让她假扮成自己的兄弟，称"不能让我母亲知道我有这样一个女性朋友"，以此掩饰自己的泛性恋倾向。在与这位卡罗琳交往之初，他热情极高，以至于不得不找医生开药，并毫不害羞地将自己的症状描述为"性事过频导致的虚弱"。现在，卡罗琳·兰姆也穿上了马裤，一方面是为了不引人注意地去圣詹姆斯街（St James's Street）约会；另一方面是因为拜伦喜欢。据达拉斯所说，卡罗琳的装扮完全能够以假乱真，她看上去就是"一个十三四岁、面容清秀的男孩……穿着红色的轻骑兵夹克和马裤"。卡罗琳和已故的约翰·埃德勒斯顿有几分相似，这可能不是巧合。

尽管拜伦声名显赫，受人追捧，但他并非没有烦恼——主要是经济方面的。虽说《恰尔德·哈洛尔德游记》销量可观，但他已经将版税收入赠予达拉斯，就像把《英格兰诗人和苏格兰评论家》的收益赠予詹姆斯·考索恩一样。他向卡罗琳说明了自己的困境，后者承诺会在他需要时提供经济支持，甚至愿意变卖自己的珠宝。拜伦从未在一段感情里这样投入，即使在和其他女人调情时，他对卡罗琳的迷恋也丝毫不减，还向她讲述了自己的过去。他承认他与拉什顿关系暖昧（尽管没有提细节），坦白了所有露水情缘，交往对象包括异域女郎和洗衣女。他们扮演了一对夫妻，交换了结婚戒指。拜伦为卡罗琳写了一首情诗，作为她送出一条金项链的回赠：

退还礼物徒让施者伤心，

由你戴上的软带，

这纤纤锁链，永世长存。

他甚至尽力像慈父一样照顾奥古斯都，尽管他的专长①不包括把小孩放在膝盖上逗弄。

　　尽管如此，他们的关系从一开始就受到性格差异的影响。拜伦虽然放荡形骸，但他对周围人的想法和态度很敏感——是否放在心上又完全是另一回事。卡罗琳正经历一种觉醒，这使她对以前介意的一切漠不关心，沉迷于情场胜利，她的一举一动都是对礼节和规矩的贬低。拜伦在信中把卡罗琳的心喻为"一座小火山"。他们都清楚，火山一旦准备好喷发，就会释放引人注目的致命力量，将一切化为废墟。从结果来看，拜伦颇具先见之明。

　　卡罗琳或许可以为了情郎对他人视而不见，拜伦却不想脱离看起来终于接纳了他的社交圈。他嫉妒卡罗琳的丈夫，用讥嘲的口吻将他和威廉比作"魔鬼奸夫"和"天使政客"（他大概不知道威廉的怪癖）。为了让卡罗琳吃醋，他当着她的面和其他女人调情。此时开始与他通信的女继承人、才女安娜贝拉·米尔班克比较特殊，②除她以外，卡罗琳还有一个意想不到的对手，那就是受人敬仰的墨尔本夫人。这位伦敦社交圈的女王时年62岁，年纪大到可以做拜伦的母亲甚至祖母，却是他的知交。墨尔本夫人一直讨厌她的儿媳（哈丽特为此叫她"刺儿头"），古怪的是，在婚外情一

---

① 原文法语。——编者注
② 本书第三部分会展开叙述拜伦与安娜贝拉的关系。

86

事上，她选择相信给她儿子戴绿帽的男人。卡罗琳担心拜伦和墨尔本夫人之间的关系超出了友谊，或许是有原因的。她讥讽道："我只要开始嫉妒她，就会想到她的年龄，然后肃然起敬……她完全不懂柔情和浪漫。"

卡罗琳和拜伦的关系在争吵中发展。卡罗琳承认她还爱着她的丈夫，这遭到了拜伦的鄙视。她宣称拜伦"虐待我，嘲笑我，蔑视我，辱骂我"，然后他说"你要为此付出代价……我要拧断你那顽固的细脖子"。不过，据罗杰斯所说，"她的疯狂"意味着激烈的争吵很快会在同样激烈的性爱中平息。拜伦的朋友梅德温称，拜伦曾提过两人在某次争吵后"是以一种很反常的方式和解的，无需任何口头解释。她会铭记于心"。几乎可以肯定的是，这种"很反常的方式"是指像以前对待年轻男子一样对待有时扮作小听差的卡罗琳。考虑到男性之间性行为的恶名，拜伦的行为一旦被公之于众，他将身败名裂。

尽管他们时常争吵，人们仍认为拜伦和卡罗琳会私奔，必须采取行动阻止此事，否则他们都将毁于流言。于是，在漫长的告别之后，卡罗琳于1812年5月18日回到布罗克特庄园。拜伦跟摩尔开玩笑说："三点钟……我看着她回归乡下。"卡罗琳向墨尔本夫人作出了三个承诺：不让这段感情以悲剧收场；不会私奔；不会说喜欢拜伦胜过自己的丈夫。她最后至少打破了其中两个承诺。卡罗琳离开当天，拜伦目睹了刺杀首相斯宾塞·珀西瓦尔（Spencer Perceval）的约翰·贝林罕（John Bellingham）被绞死，这使他深感不安。卡罗琳后来对拜伦提到此事，说"你深受其影响"。在自信迷人的外表下，失去名誉甚至被处决的可能性令拜伦心惊胆战。

拜伦选择在这个时候尽可能和平地结束和卡罗琳的恋情。在写给卡罗琳的信中，他承认闲言碎语随处可闻——"好像伦敦就没有其他荒唐的恋人"——"无故忍受这一切是痛苦的，但予人口实的结果更糟"。作为公众人物和未婚男子，结束这段恋情（"我顺从了且想妥协"）是他的责任，但卡罗琳的境况让他动摇，"我不忍见你不快乐的样子，一直在观察你是否故意为之，好让我也不快乐"。拜伦将他们的恋情总结为"两个月的错乱"，他建议干净利落地画上句号，声称"我们都做过一千次绮梦，这一次，我们应该加以克制并感到羞耻"。

拜伦没能如愿，7月29日，事态明显恶化。

卡罗琳因拜伦的分手提议而痛苦，与此同时，她重新下定了决心。她知道，拜伦可以轻易地脱身，另找一个情人，而她要在相同情况下保持尊严却难得多。因此，她以和解的口吻写信给"我最亲爱的"，说"让你如此不安，我很难过"。她还提到解决争吵的办法，"我将尽一切可能避免这种不愉快的事"。她间接将两人的问题归咎于自己的"现状"：紧张的婚姻关系，以及作为一个不道德的女人而备受议论的处境。

卡罗琳回到伦敦，决意与拜伦建立长久的关系。7月24日，她不动声色，让哈丽特相信她和威廉的关系亲密如初，并没有与拜伦私奔的打算。几天之后，情况就发生了戏剧性变化。拜伦知道卡罗琳不计后果，他计划和霍布豪斯①一起离开伦敦前往哈罗，后者听说了"一位女士扬言要找上门来"。那一天中午，在拜伦位于圣詹姆斯街的住处，他们听到"雷鸣般的敲门声"，随后一个"乔装打扮的人走上楼"，绕过霍布豪斯，进了拜伦的卧室。此人正是扮成小听差的卡罗琳。对于拜伦来说，公开以最引人怀疑的情形和已婚女性共处一室，轻则丢面子，重则身败名裂。在霍布豪斯的劝说下，卡罗琳换上向仆人借的女装，却没有准备离开的意思。相反，她言明此行目的就是私奔，说"我们必须一起走，没别的选择"。

比其他人更镇定的霍布豪斯要求卡罗琳离开，她却威胁说，任何人代

---

① 霍布豪斯不喜欢卡罗琳，称她是"带不走世人罪孽的羔羊"（译者注："羔羊"与"兰姆"在英文中同一单词）。多亏了他，我们才能读到关于这一天的异常详细的叙述。

为说项都将"引发流血事件"。霍布豪斯回道："除非你离开，否则真要发生流血事件。"拜伦点头同意。卡罗琳恼羞成怒，从一旁的沙发上拿起一把礼服佩剑，要与在场的男人搏斗，被拜伦制止。最后，卡罗琳答应离开圣詹姆斯街，条件是要在星期六返回布罗克特庄园之前再和拜伦见一面。霍布豪斯后来称他的任务是"阻止一场公开曝光和一场私奔"。他成功了。

计划失败丝毫没有影响卡罗琳的热情。8月初，她在给拜伦的密信中放入了一撮阴毛，这在后来被看作她最恶劣的事迹之一。因为剪刀太贴近皮肤，所以毛发沾了血迹。她写道："虽然我说过不要以血相赠，但请这么做吧——如果是爱的象征，我会欣然收下。"还告诉他刀尖不要离"那些毛发"① 的根部太近，落款"你的野羚羊"。拜伦的回信显得沉着谨慎。虽没有回赠任何从身体上剪下的东西，但他送给了卡罗琳一个黄金挂坠盒，上面刻着"相信拜伦"（Crede Byron）。他在信中对自己可能失信一事只字未提。

拜伦的态度在对卡罗琳恋恋不舍和认为必须和她分手之间摇摆。拜伦告诉霍布豪斯，他"只能顺她的意"，但也表示"分开几周就能治愈他"。他严肃地说，私奔的结局是他"在一周后让自己脑袋开花"。拜伦无意中得到了哈丽特和威廉的帮助，后者唯恐自己的事业被丑闻危及。8月12日，卡罗琳与威廉恶语相加，扬言要离开他去找拜伦，威廉让她"去吧，见鬼去吧!"并明说拜伦不一定会接纳她。作为反击，卡罗琳打算逃到一个没人知道的地方；在大家都以为她去了圣詹姆斯街时，在那里却找不到她。她典当了一枚戒指，打算雇一辆马车去朴茨茅斯（Portsmouth），然后登上第一艘离港的船。

卡罗琳此举不是出于浪漫的想法，而是精神失常的表现。她并没有离

---

① 原文意大利语。——编者注

开伦敦，而是在熟识的外科医生托马斯（Dr Thomas）位于肯辛顿（Kensington）的家中避难。卡罗琳让车夫转交写给丈夫和情人的告别信，这导致出走计划失败。在追求女性时坚定不移的拜伦通过收买和恐吓车夫，得知了卡罗琳的去向。他一到托马斯家就扮演起卡罗琳的弟弟，称要带她回去。卡罗琳被送回卡文迪什广场的贝斯伯勒伯爵家，所有人很快达成一致，要隐瞒这起出走事件，以免被传为笑柄。哈丽特紧张得神经衰弱，还咳出了血；后来才知道这是轻度中风的症状。服侍哈丽特的女仆彼得森夫人责备卡罗琳对她的母亲做了"残忍和反常"之事，让她"向上帝祈祷，求他赐你做应做之事的意志力和决心，因为你现在的所作所为实在可怕"。

很明显，卡罗琳应该立即离开伦敦，免得再惹出麻烦。有人提议送她去位于爱尔兰基尔肯尼郡（County Killkenny）的祖宅，贝斯伯勒庄园。拜伦写信给孤立无援的卡罗琳，狡猾地表达了爱意——"其他人的任何言语或行为都无法夺去你在我心目中最神圣的地位。"——同时声明，不管是出于他的本意还是哈丽特和威廉的影响，他们的恋情总归是快结束了。他将自己塑造成被残酷命运逼迫，不得不永远离开爱人的情痴，因此无需作出任何长久的承诺。他或许说过"我过去是、现在仍是你的，心甘情愿、完完全全，服从你，尊敬你，爱你"，承诺将来与她私奔，"何时、何地、以何种形式，应该且可以由你决定"。这些花言巧语只是为了消减他自己心中的罪恶感，正如他铁石心肠地对梅德温说："我费尽心思去恋爱，但凡有一丝热情也要抒发出来，不断用情书①和情诗制造惊喜，助燃爱情的火焰。"

然而，卡罗琳在过去几个月里从拜伦身上学到了很多，她现在擅长撒谎。她告诉哈丽特自己怀孕了，长途奔波可能导致流产。不管是否属实，也不管孩子是威廉的还是拜伦的，她的请求是有分量的。然而，纸包不住

①原文法语。——编者注

火——8月底，卡罗琳没有身孕的事实已一目了然。9月初，威廉、卡罗琳和她的父母动身前往基尔肯尼郡的贝斯伯勒庄园。临行前，卡罗琳多次写信给拜伦，发誓会比他将来的妻子更爱他，徒劳地制订"偶遇"计划，说因为在某个宴会上见不到他而感到失望，"昨晚我出去了，这本身是一件难事，我听到你的名字，却没有看到你，那一刻，我仿佛身在梦中"。

卡罗琳去爱尔兰时，她安慰自己，分开是双方都不愿意的，拜伦会因为她不在身边而沮丧。这是她单方面的想法。拜伦已经离开伦敦，去游玩了，与此同时，他正试图卖掉心爱的纽斯特德庄园以筹措必要的资金。① 他在写给霍兰勋爵的信中说："在切尔滕纳姆的温泉边，我坐下来喝了一杯。"在稳住卡罗琳这件事上，拜伦争取到了墨尔本夫人的帮助"如果她因为我的过错受到伤害——因为不该付出的情感被完整退还而遭到谴责……我不能也不会忍受，至少我要接受自己应当承担的后果"。他知道这么说对自己有利，所谓的"后果"不过是一次时髦的出游。墨尔本夫人，另外还有一些人，甚至前往切尔滕纳姆与拜伦会合，使他们之间的关系变得更牢固。

当拜伦很可能在与他的红颜知己花前月下时，卡罗琳却在思念他。在贝斯伯勒庄园潮湿阴沉的环境中，在家人的密切监视下，她尽可能通过晚宴和跳舞获得乐趣。不过，卡罗琳依然觉得，她的行为不应导致这样的流放。哈丽特甚至写信给墨尔本夫人，请她保持对拜伦的控制。觉得好笑的墨尔本夫人很快将这件事告诉了拜伦。他不仅为自己能控制卡罗琳——实际是被伦敦最具名望的女人约束——感到高兴，而且还在声誉与日俱增的同时再添魅力和神秘感。当他宣称"我不相信所谓的爱是存在的"时，就像是恰尔德·哈洛尔德本人在宣布放弃人类传统的情感。卡罗琳则沦为他

① 兰开夏郡（Lancashire）一位名叫托马斯·克劳顿（Thoms Claughton）的律师出价 14 万英镑，后违约，未支付全款。

的一颗棋子。

尽管如此，拜伦沉迷于恋爱游戏，继续与卡罗琳通信，虽然不像她几乎每天写一封。他偶尔会有跟卡罗琳结婚的想法，哪怕只是为了娶一位贵族妻子，但更真实的意图在他寄给墨尔本夫人的一封信中得到体现。他满不在乎地背叛了自己的情人，写道："C 对我们起了疑心，"紧接着表达了他的忠诚，"我必须做一个塔列朗那样的叛徒，但请记住，对您来说，背叛即真理。"他谈起对卡罗琳撒的谎，声称"我关于爱情的比喻和招数都已用尽"，最后自高自大地总结道："连她的死敌也不希望她遭遇此种命运，即事到如今只能依靠我。"

拜伦一边试图摆脱旧情人，一边寻求更具魅力（且未婚）的结婚对象。他对墨尔本夫人说"什么都拯救不了我，除非结婚，而且动作要快……只要是一个看起来不会朝我脸上啐一口的女人"。人言可畏，与其选择一个不得不先公开离婚的女人，不如选择温柔地建议他拥抱美德的安娜贝拉。拜伦对卡罗琳的感情在（越来越少的）隐秘的热情和公开的淡漠之间转换，他自己仍为此感到困惑。他将自己的困惑和残忍总结为一个与哈丽特有关的悖论，声称不希望她承受女儿被粗暴抛弃的痛苦，解释道："如果我不伤心，她会恨我。"

到了 10 月，卡罗琳感觉到墨尔本夫人对拜伦的影响力和他们之间的亲密感都在上升，她必须要求不怎么热情的情郎摊牌，明确对她的感情。她写了一封愤怒的信，对墨尔本夫人的支配力加以指责，痛斥她说话"尖酸刻薄"，"野蛮话语"逼得人寝食难安，而她对拜伦的影响力则是恶劣和不公平的。然而，她并未寄出这封信，反而另写了一封更温和的信，称赞她的婆婆行事"慷慨"，自责不应该因为迷恋拜伦而"疯狂、放肆"。

卡罗琳对拜伦作出了敏锐的判断："友善、慷慨、才华横溢"，但是"他会对那些最爱他的人产生欲望"，并表现为"暴力和鲁莽"。虽然她声称

"发自内心和灵魂地爱他，仰慕他，信任他"，但她没有愚蠢到认为拜伦的行为都是出于对她的爱。她说，"和一个男人一起出现在人们的谈话里，这是其他人追求你的好借口"，但她将"仁慈、高尚、善良的丈夫"与注定失败的背德的婚外情作了对比。这封信充满了她的痛苦和委屈：拜伦主动纠缠，他的奔放①博得了社会的好感；她却饱受谴责，被流放到爱尔兰。她和奥菲莉亚②一样，受骗更深，孤立无援。

卡罗琳最终致信拜伦，尽可能平静地问他两人是否有未来可言。拜伦一反常态地无言以对，他毁了最初写好的回信，理由是他的所有答复都会导致"无休止的重述、反诉、申诉……控诉……总之不会是救赎"。墨尔本夫人的建议时而是冷酷的现实政治主张（"无论你用何种方式结束这段恋情，我都同意"），时而显得仁慈（"我绝不让你对她说一句狠话，任何可能被视作侮辱的话"），但她的仁慈很快就被马基雅维利式的判断削弱："现在给她一点苦头吃，避免将来万劫不复，这样好得多。"

对卡罗琳更不利的是，拜伦迷恋上了她的朋友，牛津伯爵夫人简·哈利。牛津夫人在许多方面都与卡罗琳截然相反，是一位"温柔善良"的传统美人。她与卡罗琳（以及拜伦）的共同之处在于对自由政治的兴趣——她是辉格党和改革运动的支持者——以及在感情问题上不愿意谨慎行事，但只要她保持受欢迎，人们就会容忍这一点。在卡罗琳去爱尔兰后不久，拜伦和牛津夫人的恋情就开始了。他发现自己处境微妙，要同时应付牛津夫人、卡罗琳和墨尔本夫人，维护令人疲惫的四人关系③。然而，他至少可以先把卡罗琳排除。所以拜伦尽可能用坚决的口吻写信给卡罗琳，要明确

---

① 原文法语。——编者注
② 卡罗琳同情莎士比亚笔下的女主角：她那年圣诞节的"篝火诗"提到了奥菲莉亚，"别摇头，也别说小姐已疯"。
③ 原文法语。——编者注

地结束他们的恋情。虽然原件已失落，但卡罗琳在其影射真人的小说《格伦纳冯》中复述了一版，现存于几份手稿之中。①

为了"解结"，拜伦告诉卡罗琳"爱情是不由自主的"，他那一部分已经转移到别处，直言"我爱上了其他人"。此前不久，拜伦与安娜贝拉订婚了，她是他"公开"的恋人，但他爱上的人，也可能是牛津夫人、墨尔本夫人或这段时间与他密切来往的任何一位女性。拜伦拒绝说出"我现在全心全意爱着"的女人是谁，这使事态更加严重。无论是出于好意还是想奚落卡罗琳，拜伦表示："我会充满感激地记住你曾那么多次给我偏爱。"一段虚情假意的发言表达了他的真实意图："我永远是你的朋友……并且，作为关心你的首要证明，我提一个建议：改掉你的虚荣，那是荒谬的；把你的任性施加给其他人，让我清静清静。"最后的残忍在于此信加盖了牛津夫人的印章。卡罗琳在都柏林的海豚旅馆（Dolphin Hotel）收到信，不久之后于11月初动身前往英格兰。

这封信是对卡罗琳的致命一击。她后来说"这把我给毁了：我失去了理智……我的头脑和精神都极度虚弱"，她甚至打算用一把剃刀自杀，与上来夺刀的母亲扭打在一起。回到英格兰后的头两个星期，她被关在康沃尔郡洛克村（Rock，Cornwall）一家"肮脏的"旅店②里。她觉得自己跌入了最低谷，精神和身体状况堪忧。她写给拜伦的信不过是坚定了他不再相见的决心，就连见他最后一面的哀求也没有得到回应。在墨尔本夫人面前，拜伦将卡罗琳贬低为"最矛盾、最荒谬、最自私、最卑鄙的人"。

当卡罗琳和威廉回到布罗克特庄园时，与拜伦重修旧好的希望似乎已经荡然无存。归还信件和礼物的要求部分被满足，许多礼物都被拜伦转送

---

① 感谢保罗·道格拉斯（Paul Douglass）对手稿的复原，详情参见《卡罗琳·兰姆夫人》（*Lady Caroline Lamb*）第135—136页。
② 碰巧也叫"海豚旅馆"。

给了其他女人。出于报复，卡罗琳在圣诞节生起篝火，烧了拜伦送的东西，让男仆都戴上写着"别相信拜伦"（Ne crede Byron）的徽章，朗诵了一首诗，节选如下：

伦敦，永别；无望的世界，无望的人生，再见！
收下我最后为你而流的眼泪。
我看着年轻，却将永远离开这世界，
永不重回；是的，永不，永不！

任何在场的人，都有理由以为她要在篝火中完成壮烈的自我献祭。然而，她拒绝这么做，也许是害怕她的敌人因为如此轻易地摆脱了她而感到满足。这把大火让拜伦又惊又喜。霍布豪斯把卡罗琳比作古希腊交际花芙里尼（Phryne），对拜伦说"me Phryne macerat… nec uno contenta"，大意是"芙里尼不满足于一个男人，她折磨着我"。拜伦被卡罗琳折磨着，他问墨尔本夫人："她难道还能做出更坏的事?"尽管卡罗琳表现出了极端的敌意，但她的戏剧性举动表明，她仍对拜伦心存一种偏执的依恋。许多人都好奇，这出戏会如何收场。

结局不会让他们感到失望。

6

"我憎恨那个女人，直到生命的最后。"

——拜伦，1813 年 4 月 5 日

1812 年见证了卡罗琳被拜伦羞辱和拒绝，1813 年见证了她的复仇。当拜伦的注意力被创作"东方叙事诗"《异教徒》（*The Giaour*）分散时，卡罗琳伪造了一封他写给出版商约翰·默里的信，向其索要艺术家乔治·桑德斯为拜伦绘制的珍贵肖像。默里是一位性情温和的、精明的商人，自 1811 年《恰尔德·哈洛尔德游记》出版以来一直与拜伦来往密切，将他视为最有价值的作家之一。尽管如此，他仍轻易地中了一个女人的诡计。卡罗琳于 1 月造访默里位于阿尔伯马尔街的办公室，凭伪造信，明目张胆地带走了拜伦的肖像。卡罗琳用高明的手段达成目的，论气魄并不输给她的旧情人。

当她把所做之事告诉拜伦时，比起偷画，他更无法忍受伪造信件这一行为，嘲讽她的"野蛮行径和《黛尔菲娜》（*Delphine*）① 式的语言"，漫不经心地表示希望她把画物归原主。卡罗琳开出的条件是和拜伦见面。拜伦急于摆脱纠缠，拒绝了她的要求。然而，他前一年对她的轻视已经转变成惧意。在写给墨尔本夫人的信中，拜伦表达了卡罗琳的伪造能力带给他的震惊："怎么防止她为了其他卑劣目的再行冒名之举？"轻蔑地宣布，"我憎恨那个女人，直到生命的最后。"霍布豪斯收到了一封类似的信，语气可能

---

① 法国评论家、小说家斯塔尔夫人（Madame de Staël）于 1802 年出版的书信体小说，反映了 18 世纪末法国女性的困境，其影响力导致作家被拿破仑下令流放。——译者注

更尖刻,拜伦在信中称卡罗琳为"那个小疯子",把她比作"魔鬼,驭龙的美狄亚①"。

卡罗琳对拜伦的迷恋使她不满足于得到他的画像。1月底,她给拜伦写了一封信,暗示可能会将他的某些犯罪行为公之于众,然后闯进了拜伦位于贝内特街(Bennet Street)的住处。虽然没见到人,但她在双性恋艺术收藏家、政治家威廉·贝克福德(William Beckford)的哥特式小说《瓦泰克》(*Vathek*)上留下了意味深长的三个字:"记住我!"这是哈姆雷特的父亲变成鬼魂以后的台词,不仅反映了她的文学兴趣,也表明她的存在不容忽视;贝克福德和拜伦之间的联系则指向两人相同的性倾向。隐私被侵犯的拜伦一怒之下写了一首"致 Bd"[或者"碧昂德达"(Biondetta),他以前对卡罗琳的爱称]的诗,用词极其刻薄:

> 记住你!记住你!
> 直到忘川水扑灭生命之火,
> 悔恨和羞耻将跟随你,
> 像狂梦一样纠缠你!
>
> 记住你!是的,不要怀疑:
> 你的丈夫也会想念你。
> 你不会被我们忘记,
> 你对他虚伪,对我如魔鬼!

---

① 根据希腊神话,美狄亚被伊阿宋抛弃,出于报复,杀死了科林斯国王和公主,并杀死了她自己与伊阿宋所生的两个儿子,之后驾龙车飞到天上。——编者注

在诗中指责卡罗琳对威廉不忠，这让人觉得可笑，但怒火中烧的拜伦已经顾不上此种细节。讽刺的是，拜伦并未将信寄给卡罗琳，该诗在他死后才被出版。有些感受无论多么深刻，都不适合被公之于众。

当拜伦大动肝火时，卡罗琳在享受控制局面的快感，上一次掌握主动权还是她与韦伯斯特在一起的时候。2 月 12 日，斯宾塞夫人说她的外孙女看起来"好多了，也更快乐了"，这或许是受到了恶作剧的鼓舞。卡罗琳甚至开始写半自传性质的短篇小说，讲述迷人但邪恶的年轻人"乔治·莫里森"（George Morrison）被聪明的吉普赛女孩贝西（Bessy）控制和利用的故事。书中人物跟当时活着或已经死去的人，如有雷同，纯属巧合。

没可奈何，拜伦最终同意与卡罗琳见面。卡罗琳称她知道拜伦打算在不久后离开英国，想和他道别。为了表示诚意，她同意归还肖像，只要拜伦用同一位艺术家的另一幅画和他自己的一缕头发交换。出于报复，拜伦给了她一缕牛津夫人的头发，"我跟贝斯伯勒夫人那位可爱的女儿之间，还有一笔恶作剧的账没算呢……我当这是就圣诞篝火一事向她还礼"。尽管如此，墨尔本夫人说服了拜伦，让他相信这一次见面或许能化解恩怨。1813 年 4 月 29 日，拜伦公事公办地写信给卡罗琳："在违背两边友人意愿（事实必定如此）的情况下，如果你仍坚持与我见面，我深表遗憾并勉强同意。"

卡罗琳想通过这次见面达到与拜伦再续前缘的目的。然而，当他们最终在 5 月 10 日见面时，结果是令她失望的；尽管卡罗琳后来在讲述这次见面时说："他请我原谅他……看上去为我感到难过；他哭了；我仍然爱他……多希望我在那时已经死了！"拜伦不如信中冷酷，反而对她表示同情。不管 5 月 10 日发生了什么，都与仇人相见的情况不同，而是可悲和无奈的。卡罗琳深受感动，写了一封信，她说"你给了绝境中的我如在天堂般的欢乐"，"我希望你从不认识我，或在走之前杀了我"。在一些人看来，这可能是相互谅解、冰释前嫌的时刻。不幸的是，卡罗琳期待的是打响一场战役，而非止戈散马，她还不打算体面地离开战场。

事态在 7 月 5 日发展到高潮。几周前，偶然地，拜伦和卡罗琳参加了同一个舞会。拜伦的刻意回避遭到了威廉的斥责——他发现卡罗琳心烦意乱，并且（准确地）觉察到那个给自己戴绿帽的男人就是痛苦之源。似乎只有拜伦觉得当时的情况"真可笑"，但他也知道，如果让"得体而充满活力的华尔兹舞者"激发了他人的同情心，更多的丑闻将不可避免，他会成为众人眼中无情的引诱者。拜伦和卡罗琳都预料到一场公开对决。这在希思科特夫人（Lady Heathcote）举办的舞会上发生了。

那是一个小型聚会，吸引了拜伦和卡罗琳的朋友以及敌人们，包括墨尔本夫人在内。按照惯例，华尔兹是当晚最受欢迎的舞蹈。拜伦不善跳舞，心情不佳时又遇到了卡罗琳。她刻意对拜伦说"我想我现在可以跳华尔兹了"。拜伦建议她"轮流和每个人跳……在这方面你一直比任何人都优秀"。关于接下来发生了什么，双方各执一词。卡罗琳提供了更惊心动魄的版本。她说自己因为头晕坐在餐厅中休息，这时拜伦走进来，讥笑道："我一直欣赏你的灵活。"她一气之下抓起一把刀子，作势要刺向自己。拜伦却说："刺吧，亲爱的，但如果你想效仿罗马人，请注意挥刀的方向，刺在你自己的心脏上，而不是我的，因为你已经在我心上捅过刀子了。"卡罗琳在此事过去很久之后告诉梅德温，她当时大喊拜伦的名字，手里仍旧拿着刀。混乱之中，周围的人试图抢下刀，导致她被割伤，流了血。

然而，据当时在场的拜伦和墨尔本夫人所说，事情没那么戏剧化。拜伦的描述很简单。当时他正与美丽的兰克利夫夫人（Lady Rancliffe）谈笑，卡罗琳把一个锐器塞进他手里，并意有所指地说："我要使用它。"拜伦不希望她说的话被旁人听见，低声道"我想，是用在我身上"，然后便快速走开了。墨尔本夫人后来告诉拜伦，卡罗琳使出了用打碎的玻璃杯和一把剪刀自残的拙劣手段，大家已经察觉到，是他造成了她的痛苦。此事严重败坏了拜伦和卡罗琳的名声。卡罗琳当时已经被报纸以谣言抨击，称她赤身裸体坐在一个巨大的银汤锅里，被抬进墨尔本公馆；① 闹剧发生之后，粗俗报纸《讽刺家》（*The Satiris*）嘲笑她试图用一把甜点刀自杀。正如墨尔本夫人所说，"她现在就像一桶火药，再小的火花都能把她引爆"。

与此同时，拜伦也受到了谴责，他和卡罗琳的关系成了伦敦每场晚宴和沙龙的话题，这促使他加快准备去海外游历。启程之前，他陪姐姐奥古丝达参加了许多伦敦知名度最高的欢迎会和宴会，以此分散注意力。有人发现，他对奥古丝达的态度，与其说是弟弟对姐姐，倒不如说是温柔的情郎对久别重逢的至爱。拜伦的眼中几乎没有其他人。

不过，卡罗琳并无息事宁人的打算。她开始创作自传体小说《格伦纳冯》，揭露她和拜伦的关系，并希望通过默里出版。1813 年年底，她开始与这位出版商通信，让他充当自己和拜伦的中间人，态度有时埋怨（"你为什么不回信？"）、有时感激（"我必须感谢你的悉心关照"）。她继续阅读拜伦的作品，称赞 1814 年 2 月 1 日出版的叙事诗《海盗》（*The Corsair*）"完美地展现了他的风格"，尽管不乏微词，尤其是对他的高傲。她指出，拜伦应该"讲英语——这是一门很好的语言"。不管怎样，《海盗》发售第一天就卖出了 1 万册，拜伦的名气居高不下。

在希思科特夫人家经历了灾难性的一晚之后，拜伦对卡罗琳的态度柔和了一些。他告诉墨尔本夫人，他在 11 月末给卡罗琳写了一封"极真诚且并不野蛮的信"，甚至让默里在 11 月 28 日给她寄去初版《阿比多斯的新娘》（*The Bride Of Abydo*），似乎还想打动她。然而，他的反复无常一直存在。1814 年 1 月 8 日，拜伦告诉墨尔本夫人："她的爱没什么可怕，我原谅她的恶意。"仅仅几天后却乞求"不要提她，因为我即将陷入彻底的厌恶"，这是"我试图压抑也

---

① 该故事经 1972 年上映的不可靠传记片《痴情佳人》（*Lady Caroline Lamb*）流传至今。

必须压抑的感受"。第二天，他又自言自语道："在以某种方式毁掉我之前，她是不会停手的……到了那一天，她会后悔的。"

容易动摇是拜伦的弱点，并被卡罗琳利用。她写信称赞他的慎重，说他是"慷慨和善良"的人；含蓄地提到他与奥古丝达的亲密关系（"就如你的奥古丝达姐姐一般爱你"）；甚至在一封法语信中说要给他介绍两个"女仆"，自称是他的"弃妇"。一切都意味着，无论过去发生了什么，卡罗琳都愿意做回拜伦的情人，这是一种危险的诱惑。

两人都受到了外界事件的干扰。拿破仑于 1814 年 4 月被流放，拜伦对"可怜的小偶像"既钦佩又失望。卡罗琳则因为斯宾塞夫人于 3 月 18 日过世而六神无主，开始害怕在失去最强大的后盾之后被家人排斥。卡罗琳 5 月 13 日写信给她的舅舅斯宾塞伯爵，努力为自己辩解："我被逼疯了，才让自己的所作所为成了冷酷的指控……我再也不想提过去的事情了。"她的担心并非出于妄想，她过去几年的行为确实不为家人所接受；威廉为自己的政治生涯着想，不得不选择疏远反复无常的妻子。

可在乞求原谅的时候，卡罗琳仍不能或者说不想放弃拜伦。走投无路的她继续给拜伦写信，态度和拜伦一样多变。1814 年春天，两人在正式的社交场合见过几次面，拜伦努力表现得礼貌和客气，却无济于事。卡罗琳毫不克制自己的迷恋，迫使拜伦在 6 月 26 日告诉墨尔本夫人："她可能会追杀我——这是任何一个疯女人或坏女人①都有的能力……我已经与囚犯相差无几。她不知羞耻，没有感情，没有任何值得尊重或让人改观的品质。"

拜伦在皮卡迪利大街奥尔巴尼公寓租了新住处后，卡罗琳不请自来，偶尔穿着当初那套男仆装。对此，拜伦冷冷地抱怨："我恨不能把她扔到窗

---

① 拜伦也许清楚卡罗琳对他的评价是"疯狂、邪恶、危险"。

外。"在信中，卡罗琳采取另一种口吻。她把自己描述成社交圈的弃儿，"如果你任何一个朋友能够和气地对我说话，他们的看法会让我害怕，我已经准备好跪倒在他们脚下"，宣称"我将成为不被你藐视的人"。在一封 6 月 3 日寄出的信中，她直言"不管过去还是将来，都不会有人像我这么爱你"，然后将拜伦与一系列反英雄和反派角色相提并论，"梅菲斯托克勒斯①、凡尔蒙②、马基雅维利和拿破仑"。她悲伤地写道："任何一个女人都可能永远和你在一起，直到她让你厌倦——你不会让她厌倦。"又清醒地说，"无论爱上一个我们发誓要崇敬的人是怎样的罪过，这是我的辩白，为我自己，也为成百上千会重蹈覆辙的人。"

现在来看，人们会说卡罗琳精神不稳定。然而，如此评价这个不幸的女人——迷恋英国最著名的男人，试图证明自己并非逢场作戏——实在过于残酷。正如卡罗琳推测的那样，这个男人从不缺少女（或男）伴，就像不缺优美辞令和精练的侮辱。爱上一个最不理想的男人不是她的错，她的恳求和痴迷比双方预料的更持久、更强烈，这也不是拜伦的错。

虽然卡罗琳已经写过夸张的"告别"信，但在某种程度上，她仍然坚信自己和拜伦会永远在一起。拜伦对墨尔本夫人说了那么多要与卡罗琳"断绝关系"的话，却也无法从旧情中脱身。根据拜伦的描述，1814 年 7 月 1 日，卡罗琳出现在柏林顿府（Burlington House）的化装舞会上，穿着她常穿的绿色灯笼裤。尽管她"思维越来越混乱"，"无法保持理智"，拜伦仍与她相谈到早上 7 点。遗憾的是，命运之手并没有放过他们。

最终，拜伦打破了僵局。即将与安娜贝拉成婚的拜伦意识到，有一个

---

① 原文为 Mephistocles，疑为笔误，或指 Mephistopheles，即传说中与浮士德订约的魔神。——译者注

② 书信体小说《危险关系》（Les Liaisons Dangereuses）中邪恶的情场老手凡尔蒙子爵（Vicomte de Valmont）。——译者注

留恋他的旧情人不太可能给婚礼锦上添花。因此，就在公布订婚消息之前，拜伦突然大胆地向卡罗琳露出了"本性"。根据后来卡罗琳向梅德温作出的描述，拜伦吻了她，然后说："可怜的卡罗，就算每个人都恨我，但你，我知道，永远不会变。是的，你不会害我！"就算是卡罗琳，也对此感到厌恶，她回答："不，我变了，并且不会再靠近你。"不久后，卡罗琳在 1814 年 9 月给拜伦写信说："一个穿得像异教徒的女人独自走在街上，必定遭遇侮辱和暴行，但你用来把我从你门前吓走的手段并非无效，从今以后你就安全了。"客套的问候之后，卡罗琳终于开始煽情，一番话说得华而不实，拜伦作为最热情的浪漫主义作家，并不会因她的话感到羞耻：

> 我无法承受——残忍——噢，超越一切的残忍——从来没有哪个男人这样折磨一个女人——请把那些戒指、画和书还给我——我的痛苦和永远的耻辱——的见证——永别了，噢，永别了——我不再见你，不再写信给你，不再想起你——但我祈求上帝保佑你和你的妻子，赐予你们幸福和快乐——只不过——如果你有了孩子——请让我见他一面，只见一面，我再也不会见他的父亲，再也不会。

文字是可怜的，表现了一个失意的情人对命运的妥协，以及绝望。然而，一个中立的看客可能怀疑，卡罗琳正借机享受自我戏剧化。她随后写给默里的信也表明了这一点：

> 我向您保证，（天气）非常暖和、舒适。况且，就像那位女士

对修士说的，没有细雨能洗去我的凌乱①——回家的路上，我一直在思考新的痛苦的原因。

她的自我意识越来越强，说："我想我能活着看到，有一天，一位美丽纯真的拜伦太太来到你家门前，你会愉快地迎接她。"

与此同时，拜伦担心卡罗琳会在发现婚约后对他施以新的暴行。默里不无同情地告诉他的妻子安妮，拜伦认为卡罗琳是"打乱他所有计划的魔鬼，只要有可能，她就会故伎重施"。看起来，拜伦最担心的事情的确发生了。《晨间纪事》（*Morning Chronicle*）刊登了一篇文章，否认拜伦订婚。拜伦抨击了该报编辑詹姆斯·佩里（James Perry），怀疑卡罗琳再次在文件上伪造了自己的签名。他对佩里说："我怀疑你所谓的权威不过是一个恶作剧（一个女人）。"事实证明他的怀疑毫无依据。授权发表这篇文章的人并非卡罗琳。拜伦不得不承认，在得知他订婚的消息之后，卡罗琳表现得"平静而理性"。

更有可能的是，卡罗琳了解拜伦，料到这桩婚事是场灾难，觉得根本不需要她出手。她在默里面前挖苦拜伦，说他跟"一个定期去教堂，精通统计数据，身材欠佳的女人"水火不容。不管怎样，卡罗琳当时的注意力更多地集中在写作上，尤其因为她与威廉一直保持着礼貌或者说冰冷的距离，她的父母也都在法国南部旅行——表面上是为哈丽特的健康着想，事实上也是为了远离女儿的丑闻。

卡罗琳希望她的自传体小说《格伦纳冯》能让默里感兴趣，在 1814 年年末到 1815 年年初写的诸多信件都是关于"悬念引起的痛苦"。卡罗琳自

---

① 出自托马斯·珀西（Thomas Percy）主编《英诗辑古》（*Reliques of Ancient English Poetry*）中的民谣《灰衣修士》（*The Friar Of Orders Gray*），原诗大意是"没有细雨能洗去我的过错"。——编者注

知水平难比大作家，于是给默里留了台阶，向他保证"如果您认为这是部拙劣的作品，请温和地告诉我它不如您预期的成功，我不会生气"，她坚持说"一个作家特别是一个新手的自负，使她能够忍受许多耻辱。因此，如果您要打倒我，就拿出对付一头公牛的气势"。在一封 1815 年年初写的信中，她没再推销自己的书，而是承认"这本书很不得体、非常无趣、错漏百出，但我会坚持写完"。

1815 年 6 月，滑铁卢战役结束之后不久，卡罗琳的创作被打断了；她的哥哥弗雷德里克上校在战斗中受了重伤。很少一起旅行的卡罗琳和威廉结伴前往巴黎，探望弗雷德里克。卡罗琳享受着异国男性的关注，很快就找到了更具吸引力的陪伴者。她跟拜伦的朋友迈克尔·布鲁斯（Michael Bruce）打情骂俏，称他是自己的"东方之星"。她的表姐哈里奥甚至认为她"做好了拿下威灵顿公爵（Duke of Wellington）的准备，毫无疑问，她在一定程度上会取得成功，因为没有什么奉承话是他听不进去或她说不出的"。威灵顿公爵是忠诚的保守党人，1818 年进入政坛，1828 年出任首相；虽然政见上存在分歧，但两人之间建立起了某种友谊。哈里奥说："我看她很会逗他开心，他尤其喜欢她制造的那些意外——公爵宽容地这样形容她的突袭。"

尽管种种迹象——包括布鲁斯的暗示——表明拜伦会出现在巴黎，但他并没有现身。即便如此，仍有人造谣，说他和卡罗琳在湖边幽会，或者说他们私奔到了瑞士，威廉则紧追不舍。事实上，拜伦给在法国的朋友詹姆斯·韦德伯恩·韦伯斯特[①]写了信，回答他关于卡罗琳为人的提问，给出的都是轻蔑的评价。新婚的拜伦说卡罗琳是"邪恶的女阴谋家""疯狂且恶毒""那个该死的女人"。随后在 9 月 18 日的信中，拜伦试图纠正他的部分

---

① 与卡罗琳的旧情人戈弗雷·韦伯斯特没有关系。

评语，"我写得草率，可能说了些不该说的，或者言过其实"。但他的语气仍然是尖刻的，"（我）曾经确实爱她，直到她煞费苦心地让我弃暗投明"。"她是个好坏参半的人"。拜伦小心地保持着客观，以他给韦伯斯特提出的一条建议为证——"她最谦卑之时也最危险，就像蜈蚣，匍匐着，却会蜇人。"拜伦在同一封信中称赞了威廉的品格，并说"娶了卡罗琳是他的不幸"。

1815年10月，卡罗琳从巴黎回到伦敦，听人说由于拜伦的残酷，他和安娜贝拉的婚姻正濒临崩溃。她有意与安娜贝拉结交，将自己的剧本手稿寄给安娜贝拉——希望被拜伦看到——自认为可以担任拜伦和安娜贝拉的中间人，就像默里之于她和拜伦。卡罗琳对拜伦的迷恋尚未结束，但她已经开始意识到拜伦永远不会爱她，对她几乎懒得以礼相待。因此，当拜伦是双性恋、浪荡子、恶魔的传闻不胫而走时，卡罗琳讳莫如深，只是在1815年12月，于霍兰公馆举办的一次晚宴上，她微笑着对霍布豪斯说事实"正如人们现在所想"。既不纯粹，也绝不简单，卡罗琳的复仇仍在继续。

1816年年初，拜伦时运不济，卡罗琳扮起了安慰者的角色，用卑微的口吻（"我并不指望我说的任何话能得到你的青睐"），假意表示"我没有别的想法，只想拯救你"。她特意否认是自己散布了有关他的"不利流言"，反复指出他的不近人情，然后请求道："噢，拜伦勋爵，请接受一个近乎以一颗渎神的心爱着你的人，听听她说的话。"然而，她却在1816年3月向霍布豪斯明确表示，在与拜伦决裂后（"他对我做的事几乎是野蛮的，除了怨恨，我对他再没有任何感情"），她支持的是被他抛弃的妻子，"在这场争吵中，我还是与你意见不同，我站在她这一边，而非拜伦"。

她随后通知默里"我不再是拜伦的朋友或爱慕者"，斥责拜伦对安娜贝拉的"刻薄和凶恶"，说他只不过是个"恶棍、懦夫、小人"。默里给卡罗琳看了拜伦于3月18日写的有关安娜贝拉和他自己的诗。这首《诀别词》

（*Fare Thee Well*）引起了卡罗琳的兴趣。她约安娜贝拉见面，声称掌握着一旦泄露就会让拜伦一败涂地的秘密。她承诺："我要说的事，哪怕只是用威胁的口气提一提，都会让他害怕得发抖……我从未像现在这样打心底憎恨和鄙视他。"

安娜贝拉和卡罗琳第一次正式会面是在 1816 年 3 月 26 日。卡罗琳"非常激动"——不管是出于内疚、兴奋还是紧张——她把拜伦曾吐露的一切都毫无保留地告诉了安娜贝拉。无论是他的"反自然罪行"，还是他与墨尔本夫人（他们被她称作"世界上最假的伪君子和最堕落的无耻之徒"）的可疑关系。卡罗琳为安娜贝拉提供了充足的弹药，以便毁掉折磨她们的男人。

尽管如此，卡罗琳的行为反复无常，包括在四月给拜伦写信说"尽管我是你的敌人，尽管永远与你疏离，尽管已下定决心只要活着就不再见你、不同你说话、不原谅你，但我也许会为了救你而死"。考虑到她与安娜贝拉的联盟，此举令人难以置信。她的家人感到既难堪又担忧，自然而然想对外宣布卡罗琳精神失常，需要入院接受治疗。不出所料，这个办法是墨尔本夫人提出的。卡罗琳抗议道："在束缚衣和疯医的逼迫下，我作出的任何承诺都不具有约束力。"卡罗琳的不合理行为以及自控力的缺失一如既往。1816 年 4 月，她把一个板球扔向激怒她的听差，击中了他的头部，然后跑到街上，慌乱地喊道："天哪，我把那个仆人给杀了！"

卡罗琳没有被送去收容机构，尽管她身边的很多人都认为应当如此。唯一坚决反对的人是威廉。妻子的行为令他难堪，也令他十分同情。他意识到卡罗琳的不稳定情绪源于恐慌，而不是危险的疯病。他拒绝了家人让他分居的恳求，也不同意把卡罗琳锁起来。无论她说了什么或做了什么，她仍然是他的妻子，是他儿子的母亲。威廉仍然讲道义，这是值得称赞的。然而，在不堪重负时，他还是会称卡罗琳为"醉酒的小贱人"。

卡罗琳和拜伦之间的战斗进入了尾声。默里给卡罗琳看了拜伦的诗《写给奥古丝达》（*Stanzas to Augusta*），拜伦大发雷霆，他的反应似乎暗示了一种良心上的愧疚。① 4 月 15 日他写信给默里，强烈指责道："你不应该把我的任何东西寄给 C. L. 夫人——我已经多次提醒过你——你不知道这样做会造成怎样的恶果。"丑闻缠身的拜伦知道，社会舆论对他不利，而他束手无策。4 月 23 日，他永远地离开了英格兰，再也没有见过卡罗琳。

不管拜伦的离开对于卡罗琳而言是胜利还是失误，她都无暇细想，因为《格伦纳冯》终于在 1816 年 5 月 9 日出版了。尽管卡罗琳多番恳求，默里最终没有同意出版此书，也许是为了避免得罪他最具价值的作者，也许仅仅因为该作缺乏文学价值。小说的出版权被出版商亨利·科尔伯恩（Henry Colburn）抢得。亨利·科尔伯恩是一位精明的商人，他还出版了卡罗琳的朋友摩根夫人的作品，且此前已通过《新月刊》（*New Monthly Magazin*）取得成功。他向卡罗琳支付了 200 英镑预付版税，承诺出版后再支付 300 英镑。科尔伯恩看重的并非文学价值，而是其商业价值。这部三卷本小说显然是拜伦臭名昭著的情人所写的自传；把卡罗琳的名字从封面上抹去并不能掩人耳目，全世界都知道是她写了这本书，并准备据此作出评判。

《格伦纳冯》自然引起了轰动。虽然拜伦后来写信给默里，称其为一部"卖色"小说，但其商业成功在于书中人物及背景都与卡罗琳的真实生活相对应。卡兰莎·德拉瓦尔夫人跟卡罗琳一样，在遇到英俊但邪恶的格伦纳冯——拜伦的化身——之后坠入情网。格伦纳冯本人是一名爱尔兰叛军，拥有排斥和吸引所有他所遇到的人的能力，"既有女人的恶毒和小毛病，也有男人的不忠和邪恶"。格伦纳冯将激情和英雄主义与两面派和机会主义相

---

① 详见本书第三部分"安娜贝拉和奥古丝达"。

结合，最终被自己所负之人的幻象逼疯。与此同时，荒唐而体弱的马达加斯加公主（霍兰夫人）以及残忍的玛格丽特夫人（墨尔本夫人）所在的社交圈，充满虚情假意和伪善。只有埃文代尔伯爵（威廉）出淤泥而不染，尽管他"基本上不重视道德问题"。

墨尔本夫人受到了最尖锐的批判——玛格丽特夫人有一种认识，"它与她的激情相适应，在她自己的眼中，她能赋予恶习和罪行以高尚的名声，这给她堕落的臆想带来莫名的快乐"。卡罗琳也没有放过她自己——卡兰莎有"被宠坏的小孩常有的任性和坏脾气"。同时，故事发生在爱尔兰，对爱尔兰叛军充满同情的描写表明了卡罗琳的辉格党政治观点；也使人想起她被迫避居爱尔兰，思念拜伦的日子。

这本书出版即畅销，人物原型都急切地购买，一窥自己在小说中的表现。传闻说拜伦对此书漠不关心，实际上他也在当年年末写信对摩尔说"如果这位女作者写出真相，只写真相——全部的真相——那么这部浪漫史不仅会更浪漫，还会更有趣"，"还原度不可能有多高——我没有给她足够多的时间"，其他人则不如他乐观。霍布豪斯为朋友遭受的不公正对待感到愤怒，于1816年5月10日登门问罪，他口中"恶毒的小作者"却扬言要出版拜伦的信件，并暗示信的内容远比她的小说更可耻。面对真凭实据，霍布豪斯知难而退。①

《格伦纳冯》的出版让卡罗琳在伦敦社交圈里再无立足之地。尽管她声称该作被威廉赏识，但她随意揭露他人过失及秘密的行为被其他所有人所厌恶——况且这个古怪的女人很清楚自己在写些什么。被大肆嘲讽的霍兰夫人认为《格伦纳冯》是"奇怪的大杂烩"；墨尔本夫人则声称"此书用意

---

① 让霍布豪斯不喜欢卡罗琳的另一个原因是她的文学成就。《格伦纳冯》成了畅销书，而他自己的书信集只卖出十几本。

令我作呕，我读了前 20 页就宣布放弃"，因此对小说内容"不了解"。得罪有影响力的贵妇人是很危险的。《格伦纳冯》出版后，在斯塔福德郡（Staffordshire）安格尔西侯爵（Marquess of Anglesey）家族的波德赛特庄园（Beaudesert），出席宴会的卡罗琳被孤立了。尽管她口是心非地保证无意伤害伦敦的大人物们，最终仍造成了她与拜伦的恋情没有造成的后果：被逐出社交圈。31 岁的卡罗琳在整个伦敦成为不受欢迎人士，并且再也无法撇清她与拜伦的关系。

卡罗琳的余生是可悲的。《格伦纳冯》不受评论界认可——尽管当时20 岁，后来写出"那是一个黑暗的暴风雨之夜"这一著名开头的爱德华·鲍尔沃-李敦（Edward Bulwer-Lytton）是忠实读者——卡罗琳不得不像许多雇佣文人一样，按需创作。她后来又写了几本晦涩难读的书，包括《格雷厄姆·汉密尔顿》（Graham Hamilton）、《彭拉多克》（Penruddock）、《艾达·瑞斯》（Ada Reis）。她还写了一部长诗《戈登记：论〈唐璜〉》（Gordon：A Tale：A Poetical Review of Don Juan），自述"部分是拙劣的模仿……部分是在天才的圣殿上献上的颂赞，部分是对其不道德倾向的论证"。与《唐璜》不同的是，该作没受到关注，更引人注意的反而是卡罗琳对拜伦余情未了。她还在断断续续地给拜伦写信，只是从未收到回音。她仍然做着惊世骇俗的事——比如在 1820 年，她打扮成唐璜，携几个扮成魔鬼的男仆出现在化装舞会上——但属于她的时代已经落幕。

卡罗琳一边被水肿等健康问题折磨，一边酗酒。1824 年，她在惊闻拜伦去世的消息后告诉贵夫人丽迪娅·怀特（Lydia White）："我失去了最亲爱的朋友和最痛恨的敌人。"卡罗琳一直与默里保持通信，1824 年 7 月13 日，在一封引人同情的信中，她说自己看见拜伦的灵车经过布罗克特庄园的大门，"你可以想见我的感受"。她和威廉最终在 1825 年分居，她在孤独和病痛中度过了生命的最后几年，与世隔绝，仍思念着拜伦。根据摩根夫人的转述，她说"那个可爱的人、那个天使、那个被误又误人的拜伦，我爱他，尽管他留下了可怕的遗物——我的回忆"。卡罗琳最后死于水肿，享年 42 岁。威廉于 1828 年 1 月 26 日回到她身边，到最后都在为她担心。卡罗琳生前做的最后几件事，包括把千方百计弄到手的桑德斯的拜伦肖像遗赠给摩根夫人。

威廉将于 1834 年出任英国首相。卡罗琳去世后，他在写给情人布兰登夫人（Lady Brandon）的信中说：

> 我常常听到别人这样描述，自己却从来没有过类似感受，而且以为将来也不会有。当我提醒自己她真的已经离世时，我无法相信自己再也看不到她的脸、听不见她的声音，感到有些冷清、孤独，对一切漠不关心。

当时，《文学公报》（*Literary Gazette*）刊登的讣告评卡罗琳"放荡不羁，对克制没有耐心，对冲动不加阻挠"，但她有"仁善之心"。对她跟拜伦之间的纠葛，该讣告或许作出了最宽容的评价，称他们的爱及由此而生的丑闻源于"想象，而非堕落"。

拜伦将在别的地方，以更明确的方式展现他的堕落。

第三部分

安娜贝拉和奥古丝达

7

"今年我是大红人。"

——安娜贝拉·米尔班克，1810 年 4 月 9 日

"拜伦勋爵，已婚。"这似乎是件不可能的事，像一个离奇的笑话。拜伦短暂的婚姻以失败告终并不出人意料。然而，即使对他匪夷所思的生活方式有所了解，人们仍没能预料到这段婚姻的关键问题。如果说他与卡罗琳之间的纠葛使他名誉受损，那么失败的婚姻则令他名誉扫地，不得不选择自我放逐。两个完全不同的女人，以各自的方式导致他身败名裂，背井离乡。

1792 年 5 月 17 日，安妮·伊莎贝拉·米尔班克（Anne Isabella Milbanke）出生在达勒姆郡（Durham）附近的埃莱莫尔庄园（Elemore Hall），不久后大家都开始叫她安娜贝拉。当她说"我出生在父亲的宅子里，他是一位值得尊敬的商人"时，听起来是不真诚的。她不仅没说埃莱莫尔庄园——主人是他们的邻居乔治·贝克（George Baker）——是一座豪华的乡间宅第，也没说她的父亲拉尔夫在她两岁时被授予爵位，使她小小年纪就加入了贵族行列。随着安娜贝拉出生，她的堂亲们失去了财产继承人的地位。她还不能开口说话就已经树敌不少，这对她的社交生涯来说是个不利的开端，即使她幸运地有墨尔本夫人这样一位姑妈。

作为父母，拉尔夫·米尔班克和他的妻子朱迪思是非常有见识的，安娜贝拉出生时两人都已经年过四十。他们都支持辉格党，拉尔夫还是热心的废奴主义者，在 1792 年首次发表反奴隶制演讲，大力支持他的朋友查尔斯·詹姆斯·福克斯的观点。拉尔夫是一个正直的人，却费了很大劲才进

了最高权力机关；他在 1790 年的议员选举中作为得票第二多的候选人当选，参选的花销高达 1.5 万英镑。安娜贝拉后来说"他不会与人打交道，尽管他能赢得人们的爱"，霍布豪斯说拉尔夫是"一个坦诚、容易脸红的人，有点呆板，但绝不缺乏幽默感"。拉尔夫和朱迪思都希望安娜贝拉保持好奇心，并且懂得处世之道。朱迪思特别关心当地的穷人，甚至在附近的锡厄姆（Seaham）为他们办了一所学校。

安娜贝拉的第一位导师是保姆克莱蒙特夫人，她利用令人敬畏的气质压制所有反对意见，并教导安娜贝拉如何控制感情，苦练远超年龄的严肃和成熟，将"孩子气"隐藏起来。朱迪思早在 1794 年 4 月就发现女儿"人小鬼大，是爸爸、妈妈和全家的教习官，似乎十分在意她的权威……把每一件事都说得非常清楚"。

安娜贝拉从不缺少关注度，不过女孩普遍喜欢的东西，比如玩具和洋娃娃，对她来说远不如学术研究有趣。在威廉·弗伦德（William Frend）的教导之下，她专注于数学和天文学。弗伦德原是剑桥大学的一名教员，因为出版攻击拿破仑战争并论证英国应寻求和平的小册子而被开除。他在政治上是个自由主义者，才识过人，但缺乏幽默感。他对他的学生产生了长远的影响，使安娜贝拉过早地爱上了阅读。在头脑上，安娜贝拉更像她的母亲——拉尔夫虽然和善，但才智平庸，不如朱迪思聪慧。她很快就因为不肯接受长辈高人一等的口气而出了名，并且特立独行，拒绝跟同阶级及同龄的女孩做一样的事。她的父母对此喜闻乐见，觉得家里有个小大人的好处大于不让她享受童年乐趣的隐患。

到了 1810 年，18 岁的安娜贝拉迎来她的第一个社交季。她在伦敦社交圈的首秀并不成功。安娜贝拉后来说："我渴望推迟进入社交圈的时间，我对那个世界没有任何美好的认知……但'时间到了'。"她的担忧不无道理。伦敦的社交"季"是十分漫长的，从 2 月 12 日持续到 8 月 12 日，直至狩猎季——第二轮理想目标争夺赛——开始。每年这几个月里，都会有一批未订婚的年轻女性定期出席梅费尔和圣詹姆斯的各种活动、晚宴和欢迎会，形成上流社会的几千人都被禁锢在金笼中的景象。

在母亲的陪同下，安娜贝拉冷眼旁观冗长的宴会流程，就像简·奥斯汀笔下的女主人公。尽管在场的人温文尔雅、巧舌如簧，但她拒绝进入这个将肉体和金钱进行配对的市场。她认为自己比周围的人更有才智，"更优秀"，没必要曲意逢迎，这令她的父母很失望。她承认"我遇到过一两个像我一样、似乎对眼前场面不感兴趣的人，他们在某种程度上吸引了我"，有时也会遇到向她求婚的追求者，包括议员兼大律师（以及后来的印度总督）乔治·伊登（George Eden）。然而，她并不看重他们，曾在谈到一位有意于她的男子时说："我笑一笑就能鼓动他，但我并不愿多看他一眼。"

相反，她花很多时间写诗，并最终通过卡罗琳·兰姆收获了拜伦这位读者；她的姑妈墨尔本夫人就是卡罗琳的婆婆。1812 年 5 月，拜伦会告诉卡罗琳，安娜贝拉的诗展现了"想象力、理解力"，"再稍加练习，就会具备表现力"。拜伦对这个"非常出色的女孩"产生了兴趣，并且纳闷"谁能想到那平和的面容下隐藏着强大的力量和丰富的思想?"然而，为了不引起卡罗琳的嫉妒，拜伦并不打算去探索这种"强大和丰富"，宣称"我没有进一步认识米尔班克小姐的愿望，一个堕落的人不应该也不希望结交她这样的好人，如果她不这么完美，我可能会更喜欢她"。不是只有他这样评价安娜贝拉的性格。一位受挫的追求者的母亲说，她是"一个奇怪的女孩：善良、友好、理智，却也冷漠、谨慎、工于心计"。

安娜贝拉的完美在她的第三个社交季受到了考验。1812 年，安娜贝拉的父亲病了，与她关系越来越紧张的母亲要求她留在家里。然而，她以探望病中好友为借口，在没有年长妇女陪伴的情况下去了伦敦，并第一次感受到社交的快乐。带着讽刺和惊喜，她在日记中写了她去参加了一个舞会，一直待到天明。也许是这场小小的解放起了作用，她开始有了时髦女性的样子，不再是一个看戏的局外人。她请开始崭露头角的年轻画家乔治·海特为她画了一幅肖像（花了 20 几尼，"钱再少就找不到像样的画师了"），穿华丽的裙子，以展现贵族小姐的风范。虽然安娜贝拉不是大美人，但她娇小可爱，有一头柔软发亮的棕发和淡然的风度——给人以温和或慵懒的印象。4 月的时候，她写信给她的父亲，以半讽刺半愉悦的口吻说："我今年是大红人，男士们向我鞠躬，女士们都把我当大人物。"但并非所有女人都对她有好感。德文郡公爵夫人曾在信中写道："她真是个冰柱子。"

真正被她迷住的是骑兵军官爱德华·帕克南（Edward Pakenham）少将，他是威灵顿的妻弟，是他那一代人中的优秀军人。安娜贝拉知道爱德华·帕克南受到了她身边所有人的赞赏，威灵顿的副官赫维-巴瑟斯特（Hervey-Bathurst）上校认为他"作为一个军人和一个男人，都值得被认可"，因此她不能毫不领情地拒绝他。在写给她母亲的一封信中，安娜贝拉说她不想"让他因为在不自觉中怀揣一点希望而越病越重……在他的事情上，我对自己的表现是很满意的。我是为他好，相信事实已经证明了这一点"。传闻中帕克南家的精神疾病史无疑影响了安娜贝拉的决定。[①]

安娜贝拉在动荡的社交圈中遇到了卡罗琳，对她的评价是"浅薄"，似乎"精通一切超出常识范畴的事"，后来将她与拜伦的关系描述为"他表现得不愿和她扯上关系"。她对两人的婚外情有所耳闻，认为卡罗琳那位忍辱负重的丈夫是个"自足"的人，还敏锐地觉察到霍兰夫人的表情"泄露了坚定的恶意"。尽管如此，她还是受邀参加了卡罗琳在 1812 年 3 月 25 日举办的晨间聚会，并见到了拜伦——"备受关注的人物"。两人初次见面是在

---

① 不幸的帕克南最终在 1815 年 1 月那场几乎已被遗忘的新奥尔良战役中阵亡，这是 1812 年战争中美英军队最后一次交火。

"为了展现人的荒谬而精心策划"的场合，与后来多次见面的情形相比，这样的开端还算不错。

安娜贝拉在三月底读了《恰尔德·哈洛尔德游记》，和伦敦的大多数人一样，被这部作品打动。她在挑剔拜伦的"矫饰主义"并指出"他需要改变表达方式"的同时，承认作品"包含许多诗风绝佳的段落"，"他最擅长描写深刻的感情以及对人性的思考"。在 3 月 25 日的日记中，她敏锐地指出，拜伦以他独有的方式对他的社会名望作出了反应：

> 他的嘴不断泄露他骨子里的尖刻。我认为他是真诚和独立的——至少在人群中，他尽力表现得真诚，同时掩饰强烈的轻蔑……在我看来，他在努力克制爱出言讽刺的天性和愤怒，以免得罪他人。但有时，他会不屑地噘嘴，或不耐烦地翻白眼。

她母亲的朋友赛利娜·盖里·奈特（Selina Gally Knight）说拜伦拥有"极其反常的感情"，这是令人感到刺激的传闻，同时也是一种警告。安娜贝拉于 3 月 27 日写信给她母亲，讲述她对"一个非常独立的人类观察家"的复杂感情。她承认："据说他是一个异教徒，从其思想的一般特征来看，我认为这是有可能的。"尽管如此，针对拜伦的道德问题，她为他辩解道："他的诗充分证明了，他能够让别人觉得他是一个高尚的人，但他不愿展现自己的美德。"她觉得拜伦十分英俊，"他的五官很精致"，却也注意到"他的上唇靠近鼻子，使他看起来总是一副厌烦的表情"。和卡罗琳一样，安娜贝拉第一次见到拜伦时，他正被"向他献媚"的女人包围，这意味着他们之间没有交流。虽然安娜贝拉试图回避这个男人（"我无法崇敬不具有爱人之心的人才，也不会迷恋不受上帝恩宠的天才"），但她受到的诱惑比她自认为的更深。她最后写道："我没有在恰尔德·哈洛尔德的神殿里献祭，但如果他走到我跟前，我也不会拒绝与他认识。"再一次，一个女子在陷阱周围徘徊。

她花了一个多月的时间来调查拜伦，听说了他的风流事迹，以及他对仆人和泛泛之交不计后果的慷慨，比如把大笔现金作为礼物欣然塞到需要钱的人的手中。就算知道了拜伦跟"幼稚的"卡罗琳的关系，她在 4 月份第二次见到拜伦后，仍写信告诉她的母亲："我有很多证据能够证明他的美德，"针对他所受的指责辩护道，"您知道的，最高尚的心也容易被恶意歪曲——也许高尚的心最容易被歪曲，因为它更容易受到不公正的侮辱。"

通过与拜伦谈论鞋匠诗人约瑟夫·布莱克特（Joseph Blackett），安娜贝拉第一次当面探索了这颗高尚之心的秘密；拜伦曾在《英格兰诗人和苏格兰评论家》中写到布莱克特，而她和她的母亲都曾是布莱克特的资助人。拜伦对 23 岁就早逝的布莱克特的评价一贯慷慨，对此，安娜贝拉说她"为他情感中的人性感到高兴"。不久之后，她开始称拜伦为"年度彗星"，在一次宴会上"他独有的光芒闪耀全场"，并表示"与拜伦相谈甚欢——至少我是这么认为的"。拜伦在安娜贝拉面前扮演有眼光的文人，故意贬低布莱克特的编辑塞缪尔·普拉特（Samuel Pratt）的人品，"他亲眼见识过普拉特的无赖嘴脸"。他把自己塑造成一个有智慧的、仁慈的顾问，而不是传言中的浪荡公子。

安娜贝拉的聪明使她不会对风险一无所知，但陶醉的心情使她谨慎不足。她告诉朱迪思："拜伦勋爵当然是个十分有趣的人，但他缺少唯一能够触动我心灵的仁慈。"然而，一连串赞赏泄露了她的热情，"他很英俊，举止高贵，是一个天生的绅士"。信写到一半，她去参加了卡罗琳的晨间聚会，回来之后"更确信拜伦在为他犯下的罪恶真诚悔过，尽管他（在没有帮助的情况下）还没有下决心改变行为和态度"。到了第二天，安娜贝拉的疑虑已经消失得无影无踪。她激动地宣告："在我认识的所有人中，不论老少，B 勋爵是最讨人喜欢的聊天对象。"又说他"有时因为善意的情感而变得温和"，是个"真正值得同情的人"。这些文字的含义似乎已经很清晰。善良的朱迪思乐于帮助不幸之人。此时她在女儿的引导下，注意到了一个男人，他曾经犯过错，但与他的罪过相比，他受到了过重的惩罚。安娜贝拉的信充满活力和兴致，这是她早前针对伦敦各类弊病发表戏谑之言时所没有的。人生第一次，她坠入了爱河。

不管安娜贝拉是否清楚拜伦与卡罗琳纠缠到了哪一步，以及他正试图摆脱卡罗琳的事实，她都把卡罗琳当朋友结交，共进晚餐，一起散步，并通过她接触当时的艺术界。安娜贝拉在另一篇日记中记录了一场激烈的辩论——关于诗人是否需要用真情实感去引起读者的共鸣。她写道："拜伦勋爵持反方观点。"朱迪思仍旧怀疑拜伦不是良配，安娜贝拉却为他辩护，"那些对他的所有了解都建立在偏见之上的人，确实在最大程度上困扰着他"，当人们"一味热烈地吹捧他"时，"以他的观察力，不可能没有意识到人们只考虑了他的才华，这些空口赞扬都是不带友情的"。几天后，拜伦在和她说话时，也运用了这种对心理和社交的观察力。她在日记里写道，拜伦斥责"几乎没有人敢于在回家之后审视自我"，还轻率地评论"你们女性反复无常的天性"。对于后者，安娜贝拉说："如果这是一个公认的事实，那我有太多理智去反驳它。"

拜伦在被安娜贝拉吸引后，把她写的诗寄给了卡罗琳。他很清楚这么做可能会在两个女人之间制造仇恨与不和，但他似乎并不在意，也可能以此为乐。卡罗琳却从布罗克特庄园给安娜贝拉写了一封长信，以姐妹之间的亲密口吻，维护自己在拜伦心中的首要地位。她建议安娜贝拉"别与那些有违你原则的人交朋友"，那些"或许比其他人更亲切、更有趣的人，会一步一步伤害你"。如果她能听进自己的建议，过去就不会冒险。正如她所说："如果我活得更长，苦痛无疑也将属于我。"尽管存在心照不宣的情敌关系，卡罗琳却仍话里有话地恭维道："在我看来……你比我有幸结交的其他人更高贵……这也让我分外惋惜遗憾，因为你来了伦敦，进入这座大城市的一切，都或多或少地会被污染。"至于下面这段话里的暗示，未被污染的安娜贝拉或许没读懂：

> 在看人时，有一条绝对错不了的准则……当你看到一个男人或一个女人，尤其是后者，像马一样飞奔过庭院……立刻将那位女士或先生划入蠢人之列。一百次中，有九十九次不会出错。

如果说这封信对安娜贝拉产生了影响，那应该是让她相信了卡罗琳是癫病患者；她在日记中说这封信"不同凡响"。就算之前并不清楚，到了这个时候，安娜贝拉也已经完全意识到，拜伦和卡罗琳的关系不单纯。可她并不打算放弃那位高贵的诗人。在接下来的几个月里，她不仅私下询问密友拜伦是否与她相配，还在盛大的沙龙和宴会上公开与他来往（尽管他拒绝跳华尔兹），并且一直试图弄清楚他是否会求婚。

卡罗琳几次三番地在公开场合与拜伦争吵，发脾气，使他确信安娜贝拉是更合适的结婚对象。他告诉墨尔本夫人："我对她知之甚少，也没有任何理由认为我是她喜欢的人，但我从未如此敬重一个女人。"他就像开玩笑一样摆出了与安娜贝拉结婚的理由：

> 我欣赏安娜贝拉，因为她是一个聪明的女人，一个和善的女人，有高贵的血统——在这最后一点上，我继承了一部分诺曼人和苏格兰人的偏见……至于*爱情*，那是在一周内就会消失的东西……况且，相比爱情，尊重和信任对婚姻更有益。她的美貌足以让她被丈夫疼爱，但不会给他招来太多情敌。

表面上，拜伦唯一的担忧——安娜贝拉可能想跟他跳华尔兹——很快得到缓解。10月8日，经墨尔本夫人——那位思想者的牵线人——转达，安娜贝拉被正式求婚。

她没有立刻答复，而是写了一篇文章，《拜伦勋爵的品性》（*Character of Lord Byron*），尝试对拜伦的优缺点进行客观陈述。她引用了《闲散的时光》中的一句，"我爱我不能认领的美德"，尝试分析拜伦的善变（或许是徒劳的）。她肯定了拜伦的骑士风度、慷慨以及低调，也试着解释偶尔发作的坏脾气、喜怒无常和前后矛盾。认识拜伦的其他人，很少会像安娜贝拉这样真诚地赞美"他对美德最纯粹的爱"，或者声称这一点"证明了其道德感的无瑕"。如果说安娜贝拉有时会暴露自己的天真，以及对男人的不了解，那么被求婚后的慎重思考则是一种弥补措施。最后，她做了决定。她拒绝成为拜伦的妻子，写信告诉墨尔本夫人："他永远不会成为那种强烈情感的对象，而这种情感能让我在家庭生活中感到幸福……我不想回应他的爱慕，但我更愿意将此归因于我的感情缺陷，而非他的性格缺陷。"如果拜伦接受她的拒绝，事情就到此结束了。然而，安娜贝拉会发现，拜伦不爱迁就别人的愿望。

拜伦被拒绝后起初表现得乐观而矜持。在切尔滕纳姆期间，他给墨尔本夫人——因中间人的地位而得意扬扬——回了信。他表示自己如释重负，同时希望与安娜贝拉保持朋友关系：

> 我相信我们会成为比以前更要好的朋友。既然我没有为这一切感到尴尬，那么我怎么也想不出她的难堪是从何而起——我保证，当然并无冒犯之意，这个话题绝不会以任何形式被重新提起……如果不是因为与 C 的关系陷入了困境，我宁愿保持原状。

然而，敏锐的人可能已经从他成熟的回复中发现了一个男孩赌气似的失望，事情的不顺利让他感到惊讶和愤怒。他戏称安娜贝拉为"公正的哲学家"，故意装作与她不相熟。尽管他说"逃避会降低她对我这件贵重物品的评价"，却仍因为被冷落而耿耿于怀。拜伦通过乐于助人的墨尔本夫人获取了安娜贝拉写的那篇有关他的"品性"的文章，读过之后，他在回信里挑衅地宣布"对过去的事情，我并不感到后悔"。现在，他更清楚地认识到安娜贝拉对他的态度近乎偶像崇拜，他若有所思地写道："虽然我的求婚没有被接受，但我丝毫不为爱慕这位可爱的数学家感到丢脸。"

此时，是否能与安娜贝拉结婚并不是拜伦最关心的事。他正想方设法摆脱卡罗琳，为从前的侍从罗伯特·拉什顿的幸福操心，[①]同时坚持向无比耐心的律师约翰·汉森索要他单方面认定的欠款。他还打算发表继《恰尔德·哈洛尔德游记》之后的另一部长诗，并讽刺性地将其命名为《华尔兹》(The Waltz)。然而，他并没有放下与"聪明的数学家"结婚的念头。

第二年，机会来了。1813 年 5 月 7 日，安娜贝拉在伦敦的一场宴会上再次见到拜伦，三天后又见到他，但没有交谈。尽管如此，拜伦仍旧在她心中占有一席之地。一次在宴会上，当有人提到这位才俊的名字时，她注意到塞缪尔·罗杰斯的嫉妒。她在日记中写道："我虽一直认为罗杰斯为人刻薄，却没想到他会在这种场合用如此卑劣的伎俩攻击对手的名誉。"虽然拜伦当时已经不是新锐作家——1 月 27 日奥斯汀的《傲慢与偏见》(Pride and Prejudice) 的出版分走了一部分热度——但是他仍然享有崇高的地位。他被上流社会誉为伟大的作家，受到追捧，尤其是在 6 月初出版了东方叙事诗《异教徒》之后。他的名气使他能够结交出身高贵的女性，其中最著名的莫过于卡罗琳的朋友牛津夫人。1813 年上半年，拜伦一直与牛津夫人

---

① 拉什顿当时是拜伦的朋友詹姆斯·韦伯斯特 (James Webster) 的贴身男仆。

保持情人关系，直到 6 月底后者离开英国，去了地中海地区。传闻还说拜伦对牛津夫人 13 岁的女儿夏洛特（Charlotte）有所图谋。

大约在这个时候，安娜贝拉和拜伦终于又见面了。安娜贝拉后来详细描述了这件事：她看到拜伦时"极为激动"，向他伸出手，"他握紧了，脸色发白"。他表现出来的情感深深地打动了她，她后来懊悔道："尽管我当时没有意识到，但这场婚姻或许是由我促成的。"此次见面的结果是拜伦重新开始追求她，这一次他变得更谨慎。安娜贝拉写信劝告他践行美德以及"不懈的善念"。拜伦在 8 月回信，尽释前嫌，他写道："上一次遇见能带给我理性的幸福感的女人，已经是多年以前了。"他甚至假称墨尔本夫人"代表我提出的求婚比我预想的更直接，在某种意义上违背了我的本意"。

拜伦为了"第一次也是最近一次走近那座祭坛"时的冒昧道歉，承认"M 夫人说的没有错，我喜欢你胜过所有其他人，过去是，现在仍然如此"，同时坚称"即使是你的拒绝，也让我感到自豪"，即便自嘲说"如果你听到关于我的坏话，或许并非不真，尽管有所夸大"。拜伦的语言也和他的眼神一样具有诱惑力，"为了我们的友谊，我必须与你坦白——对你的感觉让我无法相信自己——我怀疑自己会忍不住爱上你"。最后，他含糊地表达了出国的愿望（"可能去俄罗斯"），并再次向安娜贝拉求婚，希望她克服疑虑，接受他。

虽然安娜贝拉没有完全看到拜伦的诚意，但她一想到拜伦——那位拜伦勋爵！——在向她示爱，就很难不为所动。9 月初，安娜贝拉给拜伦回信，既注意了分寸（"最近的交往让我更确定你是可敬之人"），在她看来，也展示了胆量（"我们的通信不必再被约束，我已得到父母的一致许可"）。她请求他不要把墨尔本夫人牵扯到他们的恋情中，真诚而正直地引导他保持高尚天性和不朽灵魂，对此，她的姑妈不以为然；拜伦也一样。一次，他干脆利落地反驳："你不喜欢我以'不安稳'为信条。若你坚持，我会感到非常遗憾，但我不能停滞不前。"信奉纯洁和道德的安娜贝拉欣赏不了信中的风趣和讽刺。克莱蒙特夫人悉心灌输给她的处世之道，对拜伦毫无吸引力，他继续招惹其他女人，包括弗朗西斯·安妮斯利（Frances Annesley）小姐——他在享受詹姆斯·韦伯斯特的盛情款待时诱惑了他的妻子，还坦率地称这么做是为了"征服我心里的恶魔"。[①] 邪恶之人不太可能践行忠诚。

拜伦对安娜贝拉产生了兴趣和好奇心，他开始怀疑，她本人应该比她的长篇大论更有趣。拜伦说她"是同龄人当中最狡猾的或最单纯的"。在写信给墨尔本夫人时，他甚至故意用事不关己的语气说："真想知道她最后会跟谁在一起。"他与这位潜在的恋人保持通信，所写内容很快就有了固定模式。安娜贝拉敦促拜伦研究宗教和哲学，以便在更大程度上达成默契；拜伦则用玩笑和道歉来转移话题，同时妄自菲薄，说自己是一个"非常悲观的人""一个耍贫嘴的伙伴"。最终，连安娜贝拉也放弃了说教。她承认："我从你的诗歌中得到的快乐，比从欧几里得的所有证毕中得到的都多……尽管我认为数学非常有用，但它绝不是我最喜欢或最欣赏的东西，况且我的朋友中没有人比你更懂数学。"她终于抛开礼节，宣布："我期待明年春天在伦敦见到你，这将是我在伦敦期间会发生的最愉快的事。"

拜伦知道她马上就要投降了，尽管她到了伦敦之后没有立刻对他发出邀请。在等待期间，他继续追求其他备选对象，比如墨尔本夫人推荐的夏洛特·莱维森-高尔（Charlotte Leveson-Gower）小姐，拜伦曾说"无论她爱什么，我都忍不住喜欢"，如果未来的萨里伯爵亨利·霍华德（Henry Howard）没有向她求婚的话，拜伦很可能会为了她放弃安娜贝拉。尽管如此，安娜贝拉始终是拜伦最理想的选择，他最终决定"看样子，米尔班克

---

① 韦伯斯特本人绝非一位忠诚的丈夫，他曾在纽斯特德与"一位愚蠢的仙女"纠缠。

小姐就是那个对的人。我要写信给她"。经过一段时间的频繁通信，1814 年 4 月，拜伦被邀请前往锡厄姆，到安娜贝拉家中做客。最后，善变的拜伦拖延了拜访时间，并对墨尔本夫人抱怨："我不知道该如何评价她。"

犹豫再三，拜伦终于在 1814 年 9 月写信给安娜贝拉，问道："你间接提出的'异议'是不可动摇的吗？是否能够通过某种方法或者行为的改变来将其消除？"他并没有重述之前那套求婚的言论——"我不重复（我的观点），是为了避免或者至少不增加你的不快"——他认为这次没有被拒绝的危险，事实的确如此。安娜贝拉欣然接受求婚，往纽斯特德庄园和奥尔巴尼公寓都寄了信，写道："我早就暗自发誓，你的幸福是我人生的第一目标……我不敢相信我能实现它……事实上我的想法几乎没有变化。"

安娜贝拉终于和她的诗人确立了关系。拜伦告诉托马斯·梅德温："她初入社交圈时我正走红，不管是浪子的性格，还是光鲜的外表，都被年轻的小姐们喜爱。"然而，他断言安娜贝拉从来没有对他产生过爱情，她选择嫁给他，是出于虚荣心和让他洗心革面的愿望，他对她的动机不抱其他幻想。如果你以为这是在过度简化安娜贝拉与拜伦的关系，尤其是在拜伦嘲讽她只是"一个被宠坏的孩子，且天生嫉妒心强"时，那么不要忘了，拜伦是在近十年后对梅德温说的这番话，当时他们的婚姻已经彻底变质。

拜伦在纽斯特德收到安娜贝拉答应求婚的回信，那一刻已经预示了婚姻失败的结局。拜伦面向他的客人，既不高兴，也不激动，反而脸色苍白，仿佛要昏过去。他似乎非常焦虑，甚至感到恐惧，念叨着"祸不单行"；他以为她母亲的婚戒早已遗失，此时却出现在餐厅里，像一个坏得不能再坏的兆头。他的女伴得知他即将结婚，跟他一样难以平静。这位女士就是他的异母姐姐奥古丝达。她与拜伦的恋情已持续了一年多，在此期间她生了一个女儿。

人们认为那是拜伦的孩子。

8

"不幸的是，我们既不能和这些女人在一起，也不能没有她们。"

—— 拜伦，1813 年 8 月 22 日

从画上看，奥古丝达·利并不是一个能把拜伦推向乱伦的美人。其中最有名的两幅画分别是出自詹姆斯·福尔摩斯（James Holmes）的小画像和乔治·海特（George Hayter）所绘的素描。画中女性留着黑色长卷发，微突的下唇和大眼睛与她的异母弟弟有几分相似。她的眼神带着一丝谨慎，好像预料到了自己的丑闻。考虑到 1813 年和 1814 年发生的事情，也许她应该更谨慎一些。

拜伦年少时跟奥古丝达很亲密，然而信任危机的爆发使他们在 1806 年以后减少了接触，只交换一些正式信件，从 1809 年起，拜伦不再见奥古丝达，也没有给她写过信。因此，奥古丝达错过了拜伦的成名期，也错过了他对于成为文学名流的反应；不过，拜伦在第一版《英格兰诗人和苏格兰评论家》中对其导师卡莱尔伯爵的攻击，令她感到震惊。1807 年，她在拜伦不知情的情形下，嫁给了她的表哥乔治·利上校。尽管利上校在第十皇家骠骑兵团身居要职，而且有王室关系的支持——他曾是威尔士亲王的侍从官——但这段婚姻并不幸福。白金汉和钱多斯公爵（the duke of Buckingham and Chandos）在两人婚礼当天写下了一段话："我可怜她嫁进了这样一个家庭，嫁给了这样一个蠢货！不过，这只能怪她自己。"婚后两人定居在纽马科特（Newmarket）附近的锡克斯迈尔巴顿（Six Mile Bottom）。奥古丝达接连生了三个孩子，乔治亚娜、奥古丝达和乔治。利上校挥霍无度，尤其是在纽

马科特赛马场上，这给他们的婚姻蒙上了阴影。奥古丝达和她继母的一样，被一个毫无责任心的英俊男人欺骗，在最初的欢喜过后，她尝到了苦头。

虽然奥古丝达和拜伦在 1811 年就恢复了通信，但在 1813 年 7 月之前，两人没有见过面。她亲热地称拜伦为"我最亲爱的弟弟"，提议找机会见面，并调侃说"我每天都在期待拜伦夫人的消息"。扫兴的是，她不得不写信向拜伦借钱，而纽斯特德出售的不顺利使他无法施以援手。为了逃避来自家庭的压力，她打算在拜伦这位名人的陪同下享受伦敦的生活。起初，拜伦的态度是高傲中带着一些旧日的喜爱。前一年他给她寄了一本《恰尔德·哈洛尔德游记》，题词给"我最亲爱的姐姐和我最好的朋友，她过去对我的爱超过了我应得的"。他承诺"我会像你未出嫁时一般照顾你"，并且写信给墨尔本夫人，问她多要一张社交舞会〔圣詹姆斯的奥尔马克俱乐部化装舞会（Almack's Masque）〕的入场券，还说："我希望她没有结婚——她会是个很好的管家（虽然现在我没有房子需要打理）……可怜的人——因为她喜欢她的丈夫。"

奥古丝达来到伦敦，曾经的不快和她的婚姻并没有阻碍他们言归于好，即使她和其他人不一样，对他的诗不大感兴趣。同为一个古老家族最后的血脉，拜伦寻欢作乐的生活使他们之间始终存在的亲密关系变得更加牢固了。拜伦很喜欢自己的新角色：在伦敦的社交地狱中，奥古丝达是天真的但丁，他是经验丰富的维吉尔，泰然自若地带着她参加伦敦最顶级的舞会和宴会。多年来，拜伦第一次真正乐在其中，这主要是因为他正和他最关心的人——当然，除了他自己以外——在一起。

在伦敦重聚的最初几天，他们像破镜重圆的恋人一样相处。拜伦亲切地叫奥古丝达"格丝"（Guss），但这个爱称很快就被"古丝"（Goose）①

---

① 英语单词 goose 作名词时，意思为"鹅"。——编者注

取代，因为她一兴奋说话就很快，让人听不清。奥古丝达来伦敦一周后，拜伦写信给摩尔，称有她在身边是"一种极大的安慰"，因为"我们太久没在一起，自然而然对彼此更亲近"。正如他后来对爱尔兰作家布莱辛顿夫人说的，"奥古丝达知道我所有的缺点，但她有足够多的爱去忍受它们"。连卡罗琳的突袭，以及希思科特夫人的舞会上发生的事，也没有影响他当下的好心情。他后来谈到奥古丝达时说，她的绝技是逗他开心，尤其是通过完美的模仿；作为回报，他说"我可以让她对任何事情发笑"。

拜伦称赞了奥古丝达小题大做的能力，称"她太会绕弯子"。共度三个星期之后，奥古丝达不得不回归家庭。恋恋不舍的拜伦陪她回到锡克斯迈尔巴顿，扮演起舅舅和资助人的角色。然而，那里发生的事情——不管是什么——促使拜伦和奥古丝达几乎立刻回到了伦敦。墨尔本夫人指责拜伦写信没有以前勤快了，他在回信中说"就目前由她丈夫造成的窘境而言，她只能这样做"，接着暗示了奥古丝达可能选择自我流放，"她似乎比我更愿意离开这个国家"。

奥古丝达最终回到了乡下，这令拜伦既感到失落，又为自己极端的感情感到疑惑。他们已在那年夏天成了一对恋人，拜伦自己也意识到，此事会令社会震怒，也是公然挑战道德标准（要是拜伦知道他父亲也有相似的经历，他可能会觉得有趣或可怕）。当他向摩尔吹嘘这种诱惑无关痛痒时，他也在掩饰自己的感情。他控制不住自己的情绪，也解释不清他对奥古丝达的感情，对他来说她"不单是姐姐"。在写给墨尔本夫人的一封信中，他故作轻松地说："如果我有一段时间不写信也不见您，那您可以肯定，我一点也不好。"他能够向这位贵夫人倾诉的事情是有限的，因为她只在极有限的情况下缺乏判断力。

拜伦写给摩尔的一封信语焉不详，却准确反映了他的真实感受。在考虑了是斯莱戈（Sligo）还是圣彼得堡（St Petersburg）更适合靠岸之后，他为此前写了一封"轻率又冷酷的信"道歉，但解释道："我现在的处境，比过去十二个月里的任何时候都更艰难，而且完全不一样，情况非常严重。"他用三个星号代表不能在信中公开的共犯的姓名，言明了他的困境——"不幸的是，我们既不能和这些女人在一起，也不能没有她们。"

最终，拜伦无法再对墨尔本夫人保守秘密，他计划离开英国，和奥古丝达私奔。在一封不幸（或故意）丢失的信中，墨尔本夫人劝他不要轻举妄动。然而，他不愿意或者说无法听从她的建议，回复道："我无法回应您的好意，除了您，不会有人需要为此费神，除了我，也没有人会遇到这种情况。"

拜伦试图通过与安娜贝拉通信来分散注意力，即便如此，他还是感到沮丧。他绝望地跟摩尔开玩笑说："我甚至希望自己也是已婚人士——可见情况有多糟糕。""朋友、前辈和后辈"都在请他给自己的孩子当教父，对此，他说："我相信这将是我成为一位父亲的唯一合法途径。"讽刺的是，安娜贝拉给墨尔本夫人寄了一份清单，上面罗列了她认为自己的丈夫应该具备的品质，墨尔本夫人为了帮助拜伦抵抗诱惑，把清单转寄给了他。拜伦漫不经心地回信说："我把安娜贝拉的择偶标准寄回，我无话可说，因为我不解其意。"这表明，他并没有认真考虑结婚。他当时的代表作——浪漫诗《异教徒》提供了一个出口，供他宣泄有关爱情的混乱和矛盾情绪；部分诗节带有自传色彩，描述了犯下甜蜜罪行后既快乐又内疚的复杂心情：

> 我承认我的爱不完美，
> 这些凡人把它的名字叫错；
> 便随你，就叫它邪恶，

但说吧，说啊，她的不是罪过！①

奥古丝达与拜伦想法一致。她认为，他们非同寻常的关系充其量不过是证明了，长期疏远的姐弟之间可能发生真挚的爱情；说到底，这是他们两人之间的事情，与其他人无关。据说她曾问："如果一个人的行为没给他人带来不幸，那又能造成什么后果呢？"

拜伦在9月初前往锡克斯迈尔巴顿，试图做出决断，甚至策划了一场私奔，但他没能说服奥古丝达离开她的丈夫和家人，跟他一起背负罪恶，过一种漂泊的生活。精神上的失落自然激发肉体的欲望，他去了剑桥，跟斯克罗普·戴维斯一起喝得烂醉。他在之后写给奥古丝达的信中懊悔，说他们不到三个小时就"吞下"了六瓶葡萄酒，"这让他浑身难受，我则十分焦躁"。他提到了他的"逃避之旅"——他在同一天写给默里的信中也谈到此事——但并没有说奥古丝达会同行。拜伦讨厌她的丈夫，说她开始了一段"恶劣的婚姻""嫁了一个蠢货，却愿意接受他"。这些看法既出于他的失望和任性，也出于他对一个男人由衷的蔑视——这个人让他不屑一顾，所以不配承受他的怒火。

面对实际问题和道德困境，拜伦仍坚持追求奥古丝达，为了见她不惜一切代价。他在约克郡的阿斯顿庄园（Aston Hall）做客期间，甚至让韦伯斯特一家对奥古丝达发出邀请。姐弟俩的父亲也曾在此处与他的情人卡马森侯爵夫人相会。拜伦似乎并不介意这段历史，以及两个情人同在一个屋檐下的尴尬，反而因为奥古丝达无法赴约而心烦。他一边对安娜贝拉反唇相讥，与弗朗西斯·安妮斯利朝云暮雨，一边却告诉墨尔本夫人，他无法

---

① 这首诗的自传性质在他写给墨尔本夫人的一封信中被证实，拜伦说她可能"感觉到了，我自己的心境在某种程度上与主人公是相同的"。

爱上任何人，"我曾经有一个非常合适且不令人失望的机会"——这里指他谨慎地向安娜贝拉求婚一事——但"感觉这努力又枉费了"。他把自己描述成一个厌世者，悲观地写道："我就是我——什么样，您是知道的。"

有时，拜伦会有意识地把信写得戏剧化，模糊他和诗歌主人公之间的界限。连安娜贝拉也在不明所以的情况下收到这样的信，他说："生活的伟大目标是感觉，即使承受痛苦，也要感觉我们的存在。正是这种'如饥似渴的空虚'将我们推向赌博——战斗——游历——各种各样过度却强烈的追求。"比她更幽默的女人如果收到这样的信，可能会对拜伦的自命不凡付之一笑。

因为奥古丝达拒绝到阿斯顿庄园作陪而燃起的怒火很快就熄灭了，拜伦甚至在 10 月份写给她的信中保证自己"一点也不生气"。大约在这个时候，拜伦更改了遗嘱，将奥古丝达与他的堂弟乔治·拜伦（George Byron）一同列为受益人。他甚至诙谐地提到了自己跟弗朗西斯的恋情，表示有"一千个理由"阻止他把信写得更详细，"你不知道，你的到来本可以消除多大的麻烦"。他对奥古丝达念念不忘，尽管在写日记时会谨慎地用星号代替她的名字：1813 年 11 月 16 日的日记提到他用四个晚上创作了一部诗歌，名为《阿比多斯的新娘》，"以避免梦到＊＊"；11 月 24 日，他写道"很多回信被我拖延了太久——除了写给＊＊的，给她写信时，我思潮汹涌"。①他借用了蒲柏的《艾洛伊斯致亚伯拉德》（*Eloisa to Abelard*）中的文字："亲爱的神圣的名字，没有被说出来过。"还提及自己的谨慎："就连在这里写下它，我的手也会颤抖。"

奥古丝达回应了拜伦的情感。1813 年 11 月 29 日，她在收到《阿比多

---

① 值得注意的是，这部诗的主人公塞利姆（Selim）和祖莱卡（Zuleika）原本是姐弟，拜伦后来谨慎地更改了这一细节。

133

斯的新娘》后给拜伦写了一封信，随附一缕头发。她写道："分享你的感受，只透过你的眼睛去看，只按你的建议行动，只为你活，这是我唯一的愿望、我的计划，是唯一令我幸福的天命。"① 她的爱和忠诚的宣言与拜伦的宣言一样大胆、明确。这封信里的纪念物被拜伦珍藏，他在信封上面写下"我至爱之人的头发"。热烈的爱激发了他的创作力。他于 11 月写了《海盗》，对其诞生背景一无所知的安娜贝拉说："在洞悉人心及其最隐秘的活动上，他无疑能与莎士比亚相媲美。"恋情被曝光并引发丑闻的可能性令他既害怕又期待。虽然乱伦不是死罪，而且据说英国地位最高的一些豪门贵胄也参与其中，但拜伦已经树敌过多，被曝光的后果将是灾难性的。

1814 年 1 月 17 日，姐弟二人逃到了纽斯特德。奥古丝达当时是名孕妇，这是她第一次来到父亲的祖宅。他们被大雪困住，在那里住了三周，度过了一段舒心的美好时光。此时拜伦与墨尔本夫人通信的频率越来越低，他在其中一封信中写道："我们从不打哈欠或吵架，笑得太多，以致破坏了这座宅邸的庄严气氛，而家族内共通的腼腆性格使我们成为彼此最有趣的伙伴。"拜伦对奥古丝达的"那种感觉"，墨尔本夫人是不以为然的，而是根据其中"混杂着可怕的东西"对其进行分类。拜伦坚定地为他的姐姐辩护道："您对她有很深的误解，一定是我的一些误述使您把责任完全推给了那个最无辜、最无力的人。"

当拜伦感到快乐时，过去一年里始终驱动着他的创作欲望暂时平息。他在写给默里的信中说："我被困住了（下雪又融雪），各种纸张、最脏的墨水、最钝的钢笔诱惑着我，而我甚至没有动过将它们搭配起来使用的念头。"然而，到了 2 月份，在祖宅里扮演夫妻的美梦不得不结束。那时奥

———————————

① 原文法语，奥古丝达写给拜伦的信件多数已经遗失，幸运的是，这封真情流露的信得以存世。

古丝达已经怀孕七个月，只要道路上的积雪消融，她就得回家待产。同时，拜伦的另一位"情妇"，即文学名望，再次向他招手；《海盗》已于2月1日出版，在首发当天就售出了惊人的一万册；默里兴高采烈地给他的明星作家写信，表示这是"史无前例的成功，更是令我感激的，因为再次见到的每一位购书者都带着满意和愉快的表情……街上的人无一不曾读过或听说过《海盗》"。①

拜伦受到了保守党媒体的攻击，特别是《信使报》（*The Courier*）和《晨报》（*The Morning Post*），因为他的《致一位哭泣的淑女》（*Lines to a Lady Weeping*）有蔑视摄政王之嫌。拜伦对这些攻击满不在乎，写信给墨尔本夫人，声称"在一个我没有提到的问题上，所有这些外在的东西跟内在的东西相比，根本算不了什么"；当然，除了她。对于在公众视野如此活跃的拜伦来说，与奥古丝达私通是件非常危险的事情。如果私通的对象是别人，那么顶多是个小小的丑闻，与他和奥古丝达的亲密关系被曝光的后果不能相提并论。

奥古丝达回到锡克斯迈尔巴顿后，拜伦于四月初去看望她。奥古丝达生下女儿伊丽莎白·梅多拉，日期是1814年4月15日，即她与拜伦重新建立密切联系九个月之后。这个女孩儿不寻常的中间名，可能取自《海盗》的女主人公，也可能取自前一年叶森橡树赛的冠军赛马。当然，或许同时暗指两者。

一直以来，奥古丝达和拜伦都相信这个女孩就是他们幽会的结晶。孩子出生后不久，拜伦给墨尔本夫人写了一封信，用了一种经过深思熟虑的超然态度：

---

① 到当月月底售出了25000本。

这是"值得的",我不能告诉您为什么。她**不是**人猿,如果是,那必定是我的错,但我会积极改进。不过您必须承认,我在别处不可能得到这么多的爱,而我这辈子都在努力让别人爱我。

中世纪的人相信,乱伦生出来的孩子长得丑陋怪异;拜伦想用一个无趣的玩笑来冲淡读信者的震惊。伊丽莎白在一个月后受洗,拜伦成为她的教父。利对奥古丝达和拜伦的亲密关系一无所知,或许是因为他整天沉迷于赌博和寻花问柳。

　　与此同时,拜伦在狂喜和内疚之间徘徊。他寄给摩尔的诗,在摩尔看来"给我带来的不仅仅是麻烦",几乎等同于袒露了他与奥古丝达的关系。这些诗句充满既自然又刻意的激情,拜伦仿佛在扮演他作品中的一个角色:

> 我不提起,我不寻找,我不低语你的名字,
> 声音中有悲伤,盛名下有罪恶:
> 但是我脸上燃烧的恐惧或许会透露,
> 藏于心中的深情。
> 我们的热烈太短暂,我们的沉默太悠长,
> 那些时光里——快乐或痛苦能否停息?
> 我们忏悔,我们放弃,我们挣开身上的锁链——
> 我们分离,我们飞向——再一次的团聚!
> 哦!快乐给你,罪责给我!
> 原谅我,亲爱的人!——放弃吧,你若愿意——
> 但你的心将纯洁地死去,
> 不管你做什么,人都不能伤害它。

考虑到拜伦炽热的感情和他的倾诉意愿，墨尔本夫人在得知他的所作所为后，仍然认为他是合适的侄女婿人选，这着实出人意料。她的干预对双方来说至关重要，否则两人最终可能断绝书信来往。墨尔本夫人支持联姻的动机是复杂的。虽然她把自己当成年轻侄女的良师，但她同时也是最上层社交圈中的一位红娘，会把她中意的人凑成一对，很少关心两人是否能和睦相处。聪明、清高、矜持的安娜贝拉和放荡、复杂的拜伦绝不是合适的一对。墨尔本夫人对前一年在拜伦身上发生的事情（特别是那些涉及奥古丝达的）是有所了解的，在这种情况下，她应该有意识地避免将两人凑在一起。不过，"蜘蛛"不是一个虚名，她正在编织一张阴谋之网，两个人——一个毫无戒心，另一个心不在焉——的结合将再次彰显她的权势。

尽管如此，我们却并不清楚拜伦为何在众多英格兰淑女中选择与安娜贝拉结婚。与奥古丝达恋爱之后，他写信告诉安娜贝拉："如果你听到了别人说我的坏话，他们也许并非胡编乱造，但可能夸大其词。"拜伦一边就自己的坏名声向安娜贝拉预警，一边含糊其词地暗示自己的行为，这是一种反常的乐趣。他对奥古丝达全心全意，但是追求其他女人既满足了他的虚荣心，也符合他荒诞不经的性格。伊丽莎白出生后，拜伦对奥古丝达加倍殷勤。他的行为似乎很明显地变得既谨慎又鲁莽。拜伦知道安娜贝拉代表着"明智的选择"，并开始厌恶她的身份。

这种情况让人很难不同情安娜贝拉。当她写信给拜伦，接受他仓促提出的求婚——"如果能让你幸福，我就没有别的顾虑了。"——她表现出了最大程度的真诚和宽容。当她说"无法满足你的期望是我现在唯一的担忧"时，她不知道除了奥古丝达，没有人能完成这项任务。然而，拜伦同父异母的姐姐不可能抛弃家庭，与他一起成为私奔丑闻的主角。6月和7月，拜伦和奥古丝达在黑斯廷斯（Hastings）、伦敦以及纽斯特德共度了一段时光，奥古丝达将这种状态称作"愉快的不安"；两人都很清楚，这种偷来的快乐永远不会变成持久的关系。拜伦向摩尔承认了这一点，他说："在某些方面，我感到幸福，但这幸福不能也不应该延续。"所以，拜伦是出于绝望求婚的，这是安娜贝拉的不幸。

拜伦收到了安娜贝拉接受求婚的消息，在最初的强烈情绪平息之后，他必须作出回应。讽刺的是，在收到安娜贝拉的回信之前，他一直很平静，罕见的平静；奥古丝达说，他收到回复之后表现出"衷心的、郑重的感激"，说"好吧，毕竟上帝已对我过于仁慈"。如果拜伦说的是安娜贝拉的回信而非奥古丝达的出现，那就表明奥古丝达认为拜伦的态度完全是"浪漫的"漠视命运的态度，与他后来对更深层感情的着迷形成了对比。

从表面上看，拜伦一开始写给安娜贝拉的信无疑是饱含情意的："你的来信给我的存在赋予了全新意义……这是出乎意料的，我不必说欣然接受，这个词不足以表达我现在的感觉。"拜伦称安娜贝拉为"一位人类先驱"，"一个很难不爱的人"。他发誓："如果我力所能及的事能为你的幸福做出贡献，那么我也得到了自己的幸福。"拜伦明确提到他期盼已久的流亡（"我正要没有希望也没有恐惧地离开英格兰"），去效仿他心目中的英雄——那一年被流放厄尔巴岛（Elba）的拿破仑。拜伦似乎信心不足地写道："我甚至现在还担心误解了你，担心自己高兴起来太放肆。"他试图定义两人一起生活的基础："至少我认为我们的追求并非不同……我相信我的习惯并非十分反对家庭。"他将自己形容成一个被爱治愈而回头的浪子，指出尽管他"长期孤独生活"，但"有一些情况可以证明，虽然我'有罪'，但我也'是一个受罪者'"。

拜伦与安娜贝拉的通信之所以受关注，更多的是因为那些没有说出的话。虽然拜伦明确表示希望安娜贝拉成为"我的向导、哲学家和朋友"，但他对婚姻的态度是冷静的，而不是衷心的喜悦。就连正式写信给墨尔本夫人，请求她同意这门婚事（这也许是他写过的最多余的一封信）时，他也表示："我决心脱胎换骨，成为'一个好人并且配得上'所有受人尊敬的称号——我是认真的。"后面的陈述没能消除与传统陈词滥调相伴的讽刺意味，"我将努力使您的侄女幸福，不是凭我的疑虑，而是凭我未来应得的东西"。必须强调的是，拜伦和安娜贝拉此时几乎互不相识，他们只见过寥寥数面，还都是在繁忙的社交场合；如果一方对另一方怀有真挚的感情，那么这种感情必定出自错误的浪漫主义想象。

关于奥古丝达对这一切的看法，我们只能做出一些猜测。虽然她相信安娜贝拉会让拜伦感到无趣，但她也希望娶一个正派女人能改变拜伦，而他们的关系将永远是一个秘密。话虽如此，她猜想自己的弟弟正在试图扮演一个角色，却连台词都不熟悉。对拜伦写给安娜贝拉的回信，奥古丝达评论："这封信写得非常漂亮，可惜它不该被寄出去。"拜伦似乎存心想让两个女人都感到苦恼，他宣布"那封信就非寄不可了"，于 9 月 10 日将信寄出。尽管如此，拜伦和奥古丝达离开纽斯特德前，在庄园后面的一棵榆树上刻下了两人的名字，以及 1814 年 9 月 20 日这个日期。[①] 这个小举动意义重大，因为没有哪一棵树会被刻上"拜伦和安娜贝拉"。

此后，奥古丝达回到锡克斯迈尔巴顿的家人身边，拜伦前往伦敦，仔细思考他的处境。之后的一段时间里，拜伦写给安娜贝拉的信都有公事公办、不追求浪漫的特点，多数时候都在为自己可能被发现的缺点找借口。即便在为把一封信写得"更像一个代理人的信"而道歉时，也让人觉得，给安娜贝拉写信不是一种乐趣，而是一种责任，以至于安娜贝拉回信说：

> 我知道你为什么不写信——你认为没有什么可说的，我也处
> 于同样的困境。但对待别人要像你希望别人对待你一样，希望我

---

① 遗憾的是，这棵树早已被砍倒，尽管还有一棵橡树据说是拜伦在 1798 年种下的。

的片纸只字能够带给你快乐，就像我能够从你的片纸只字中得到
快乐一样。

安娜贝拉注定要失望。

拜伦和安娜贝拉，表面上看起来是两个地位相当之人喜结连理。讽刺
的是，虽然奥古丝达对这门亲事是反感的，但她似乎是最乐于维持这种假
象的人。她主动联系安娜贝拉，给她写了一封风趣的信：

> 恐怕没有比这更好的做自我介绍的理由了：我再也无法接受
> 一个我很快就要与她姐妹相称的人、一个（请允许我加上这句）
> 我已经爱上的人，却还把我当成一个完完全全的陌生人。

奥古丝达说她的弟弟是"最幸运的人"，为自己迟迟没有写信而道歉，称她
原本打算托拜伦转交书信，但他被手头的事情耽搁了。安娜贝拉显得更沉
稳，"（她的信）如此亲切，我无法表达自己的感激之情……我已经回信了，
但写得并不让我自己满意"。拜伦对奥古丝达的介入感到高兴，向墨尔本夫
人称赞她是"世界上最不自私的人……您不了解她"，为她开脱道"她唯一
的过错完全是我的错，对此，我找不到任何借口——除了激情，这是毫无
理由的"。

拜伦不得不前往锡厄姆拜会他的未婚妻，这是订婚后第一次见面，他
却并不期待。他尽最大努力拖延时间，冷酷地告诉霍布豪斯："这种循规蹈
矩的求婚对我来说很不容易。"安娜贝拉意识到拜伦不愿登门，认为邀请奥
古丝达同去能够让事情变得简单一些。然而，奥古丝达以照顾孩子为由婉
言拒绝。她没有提到自己的尴尬身份，而是用"家族内共通的脑膜性格"
来解释她的弟弟为何迟迟不去锡厄姆。

尽管安娜贝拉一再暗示，期盼与拜伦见面，他还是不愿意去见她。奥古丝达甚至主动做起了中间人，反复向安娜贝拉保证拜伦爱她，并且想见她。然而，拜伦在伦敦一直待到10月29日才启程北上，在此之前，他先去了锡克斯迈尔巴顿。最终，拜伦于11月1日到达锡厄姆，安娜贝拉从两天前就开始翘首以盼。就像他此后和安娜贝拉的关系一样，这次会面并不愉快。

拜伦见到安娜贝拉说的第一句话是"好久不见"，态度十分客气，似乎不带丝毫浪漫的情感。安娜贝拉给她姑妈写信，说拜伦讲话时"充满活力，似乎情绪激动"，对他"表现出的自负……以及把玩粗表链的神态"印象深刻。许多年后，安娜贝拉写了一篇（公认有些偏见的）文章，讲述她对这次会面的印象：第一天晚上她就注意到，"上一次见面之后，他变得更粗俗、更肮脏了"，"某种神秘阴影"笼罩着他。

这"神秘阴影"就是奥古丝达。安娜贝拉后来试图弄清楚拜伦是否因为"一些无关紧要的过错"，跟她有过三年的不和。拜伦承认了事实，"显然为自己的行为深感自责"，说"你可能会听说比那更糟糕的事情"。尽管如此，拜伦还是为曾经关系的破裂感到懊悔，"从那之后我竭尽全力向她赔罪"。虽然安娜贝拉发誓会成为奥古丝达的"知心好友"，但对她"可能具有更大的影响力"感到不满。从拜伦"谈起她时带着一种悲伤的温柔"来看，安娜贝拉的想法也不足为奇，她还坦率地说："没有人能像奥古丝达一样拥有他如此多的信任和喜爱。"

到锡厄姆做客的拜伦令安娜贝拉感到失望，虽然她的描述是追溯性的，但拜伦的心思显然不在他的未婚妻身上。拜伦常暗示他犯过严重的错误，据安娜贝拉所说，拜伦在婚后重复说过一句话："如果你两年前嫁给我，我就不会做出那件让我自己永远无法原谅的事情。"对此，拜伦没有给出令人满意的解释。

面对以后为人丈夫的生活，拜伦表现出了担忧和恐慌。在写给墨尔本夫人的信中，他明确表示不喜欢米尔班克夫人，"我说不出为什么，我们没有过分歧，但事实就是如此"；安娜贝拉也让他不知所措，"（她）是我遇到过的最沉默的女人，这让我非常伤脑筋"。毫无疑问，尽管拜伦在锡厄姆期间没给奥古丝达写信，但爽朗健谈的古丝是他最想念的人。奥古丝达向朋友弗朗西斯·霍奇森抱怨："我已经有一段时间没有收到他的信，这让我感到不安。"不过她很快承认："我这么想是很自私的，因为我知道他很幸福，那还奢求什么呢。"

无论奥古丝达是否真心祝福拜伦和安娜贝拉，他们的婚姻注定要失败。在 11 月 6 日尝试说了一些场面话（"安娜贝拉和我相处得非常好"）之后，拜伦在次周很无奈地向墨尔本夫人吐露了更真实的感受："我很不确定现在是否仍要成婚，她的性格与我们的想象完全相反。"拜伦承认"她似乎很好，气色和食欲都不错，有活力、值得信任，简而言之，跟其他身心健康的人一样"，但发现她的性格既沉闷又暴躁，将她做的一场"戏"与卡罗琳的歇斯底里发作相比，拜伦还发现她很喜欢揣测他说的每句话的含义。拜伦暗示，在沮丧心情和欲望的双重推动下，他曾以某种形式向安娜贝拉求爱（"我最近已经诉诸行动的雄辩力"），但仍然认为她是一个"自我折磨、焦虑和不切实际"的人。安娜贝拉后来解释，拜伦在信中提到的"戏"，是在她温和地询问是否发生了令他害怕结婚的事情时他自己的反应。正如她说的，"良心的负担或过度的想象力是我能想到的唯一原因"。安娜贝拉的后知后觉可能再次令她的叙述听起来言过其实，但她说的这句话很对："我把自己嫁给了痛苦，如果不是悔恨的话。"取消婚礼对所有人来说都是更好的选择，但这种常识是不被社会礼俗所接受的。

结束了不愉快和紧张的两周，拜伦于 11 月 16 日从锡厄姆返回伦敦，然后又去锡克斯迈尔巴顿拜访了奥古丝达。安娜贝拉照本宣科似的向拜伦表达爱意，并希望他们能够成婚。她说："我本身绝不是你眼中那样严肃、喜欢说教的可悲之人。"但拜伦似乎决意解除婚约，他甚至写好了一封退婚信。奥古丝达劝他不要将信寄出，相反，她建议他使用更平静和深情的语气。拜伦在剑桥写道："希望决定我的幸福，爱把握我的快乐，直到我们相遇，我的心从此属于你。"这封信打消了安娜贝拉的疑虑，拜伦却没有当真，因为信中情感跟街上一便士一首的民谣同样廉价。当安娜贝拉以爱的宣言和对订婚的期待催促时，拜伦以贫穷为由试图推迟婚礼。

拜伦成功地让安娜贝拉意识到他对结婚不感兴趣。墨尔本夫人对安娜贝拉抱怨，说"我认为他离开你是不可避免的，否则我就要责怪你任由他离去"，说安娜贝拉仍旧置身于"浪漫的云彩中，凌驾于普通人乏味的情感之上"。拜伦则整个12月都在想办法摆脱婚姻的枷锁。一直以来扮演调解人的奥古丝达试图让安娜贝拉相信她对拜伦的印象并没有错——"读到你对他的看法，让我很高兴"——拜伦却以需要出售纽斯特德以及应付律师汉森为由，在伦敦停留了很长时间。安娜贝拉很快就失去了耐心，写信抱怨："不必要的拖延给我的父母增添了烦恼……我必须借用一句你的话——'我急于得到你的答复，必须了结此事'。"安娜贝拉随后的一封信虽显得友善——"想到将要成为你的人——你的妻子，我只感到快乐"——但她的意思十分明确：跟我结婚，否则后果自负。

拜伦终于意识到自己已经在劫难逃。他下定决心之后写信给安娜贝拉："让我们在下次见面时结婚吧……过去的经验表明，同在一个屋檐下却不是夫妻，那种情况是十分尴尬的。"拜伦不情不愿地从伦敦出发前往锡厄姆庄园，像一个被迫苦行的朝圣者。12月16日，他获得坎特伯雷大主教的特别许可，将在锡厄姆而不是教堂举办婚礼。这么做的目的是避免"劳师动众"，与他一贯对名气的痴迷格格不入。照旧，他中途改道去了锡克斯迈尔巴顿，请奥古丝达同去参加婚礼；她为了家庭责任和生病的丈夫，不情愿地拒绝了。霍布豪斯作为伴郎同行，在日记中提到"拜伦直到三点才抵达……没有哪个恋人比他更不慌不忙"。去锡厄姆的路上，拜伦"越来越不耐烦"。他们直到 12 月 30 日才到达锡厄姆，距离上一次拜访已经过去了六周。

霍布豪斯对抵达锡厄姆时的情况以及后来的婚礼进行了生动描述：新娘"看起来相当老气"，尽管"脚很漂亮"，"表情丰富却并不美观"，对拜伦的到来喜极而泣，而拜伦"为我们迟迟不动身找借口的样子很愚蠢"。12 月 31 日，他们（带着"些许欢乐"）签署了婚姻协议，当晚模拟了婚礼，正式婚礼确定在 1815 年 1 月 2 日举行。婚礼的前一天晚上，"我们不如昨天愉快"。拜伦对霍布豪斯说："好吧，霍布豪斯，这是属于我们的最后一晚，明天我将属于安娜贝拉——愿我说的不会成真!"这些话不是一个为大婚而兴奋不已的热情新郎会说的。

婚礼顺利进行。证婚人是安娜贝拉的叔叔托马斯·诺埃尔（Thomas Noel）牧师，新娘穿的是镶花边的麦斯林纱礼服和短上衣；霍布豪斯说，就一位贵族新娘与一位社会名人的婚礼而言，她的服装"非常朴素"。拜伦穿全套常礼服，戴着白手套，符合人们对他的期待，除了要说"我，乔治·戈登……"这句话的时候微微抽搐了一下；他似乎认为"我把我的一切都奉献给你"这句话有点好笑，这个一直不名一文的人看着霍布豪斯露出一丝笑容。安娜贝拉和她母亲都十分感动。安娜贝拉说："如果我不幸福，那是我自己的错。"但拜伦依旧保持冷静，表现得若无其事。霍布豪斯写道："我悲伤地离开我最亲爱的朋友……他不愿放开我的手，马车动起来的时候，我在车窗外握住他的手。"他说参加这场婚礼"就像埋葬了一个朋友"，这并不奇怪。

霍布豪斯并不是唯一有强烈不祥预感的人。奥古丝达后来说，当婚礼举行时，她就像大海遭遇了地震。她知道，如果这场婚姻不成功，她会和她的弟弟一样痛苦。

9

"我们一起被他爱着或恨着。"

——安娜贝拉，1815 年 11 月 9 日

拜伦和安娜贝拉的婚姻从一开始就陷入了不幸。在霍布豪斯面前，拜伦故作冷淡，在那之后，他却无法继续在妻子面前保持镇定。根据安娜贝拉的描述，拜伦从马车驶离锡厄姆的那一刻起就表现出"忧郁和抗拒"，他没有兴致勃勃地谈论婚后生活，而是"开始使劲唱歌，就像他平常生气时那样"。仆人按照惯例待在马车外面，给拜伦留出了私密空间，以发泄不满。在前往米尔班克家族的另一处宅邸——约克郡的哈纳比庄园（Halnaby Hall）——途中，拜伦向安娜贝拉坦言他（和墨尔本夫人）对她母亲的憎恶，以及为 1813 年初次求婚被拒一事进行报复的打算。作为给新婚妻子的另一份"礼物"，他愤愤地看着安娜贝拉，讥笑道："我不知道自己能把这个角色扮演到什么时候。"

痛苦和愤怒的拜伦将情绪发泄在安娜贝拉身上，这是不可避免的，即使也不可原谅。此前，拜伦在与其他女性（包括奥古丝达）交往时，也都是称心如意则魅力四射，事与愿违就大动肝火。虽说安娜贝拉因无趣和古板而被指责，但这不能成为她在结婚第一天就被如此恶劣对待的理由。尽管拜伦笔下生花，才智过人，但在一年左右的时间里，他对安娜贝拉的粗暴行为足以构成对他作为一个男人的严重控诉。

拜伦的暴行从婚后第一天就开始了。后来与安娜贝拉成为朋友的社会理论家先锋和女权主义者哈里特·马蒂诺（Harriet Martineau）说："在圣坛上时，她还不知道自己是一个祭品，但在那个冬日的太阳落下之前，她

明白了。"她的幸福被牺牲了，婚礼所预示的幸福只是假象。在可怕的旅程结束后，安娜贝拉尽力维持乐观开朗的样子，却并不能使所有人信服。马蒂诺记录了哈纳比庄园中一个管家的话：安娜贝拉"脸色和身体都带着痛苦和疲倦，恐惧和绝望显而易见"，"他渴望向这个年轻、孤独的人张开双臂，以示同情和保护"。

安娜贝拉需要这种保护。拜伦用粗暴的方式使婚姻关系圆满；据摩尔所言，拜伦曾炫耀说"晚饭前我在沙发上占有了拜伦夫人"，之后"带着厌恶的表情"问安娜贝拉是否想和他睡一张床——这件事让他憎恶——并声称"这个女人或那个女人，对他来说都一样"，只要她年轻。他的行为并不是出于理性思考。塞缪尔·罗杰斯称拜伦在回忆录中写道，某次半夜醒来看到房间里深红色的烛光，便大声喊"上帝啊，我一定是在地狱里!"。他一边遭受折磨，一边将痛苦强加给安娜贝拉。拜伦后来告诉霍布豪斯，新婚之夜，他的忧郁症发作。这种"忧郁"持续了整整一周。

第二天，拜伦不再发怒和施暴，但表现出的冷漠克制同样令人生畏。在图书室见到安娜贝拉时，他宣称"现在已经太迟了，事情已经发生，你应该早点想到的"；提到拜伦家族的疯病，他嘲笑道："你下过决心，不嫁给一个有家族精神病史的男人——你做得很好。"他也没有放过自己，说："我是个恶棍——用三个词就能让你相信这一点。"如果这句话与奥古丝达有关，那说明他对姐姐的想念没有停止过。奥古丝达在他们蜜月的第一天给拜伦写信，称他为"最亲爱、最重要、最好的人"，拜伦怀着"一种狂热和欣喜"向新婚妻子转述了信的内容。

正是这个时候，安娜贝拉开始意识到拜伦真正爱的人是谁。她写道"婚后两三天，我脑中确实产生了一些猜想"，形容这种想法"如闪电般转瞬即逝，同时令人震惊"。当安娜贝拉"天真地"暗示毫无防备的姐弟或兄妹之间可能存在无意识的乱伦关系时，"他表现出过度的恐惧和愤怒"和

"发狂似的心烦意乱",为了缓和这种情绪,他带着短剑出了门,就像詹姆斯一世时期即将犯下罪行的悲剧主角。即使在情绪激动时,拜伦仍在扮演自己笔下的人物,并"不停哀叹她不在身边,没有人像她那样爱他"。

尽管安娜贝拉怀疑拜伦和奥古丝达的真实关系,但奥古丝达的真诚令安娜贝拉继续与她保持友好通信。婚礼后不久,奥古丝达在给安娜贝拉的信中写道:"我无法表达我多么希望你和我最亲爱的拜伦都能幸福。"安娜贝拉收到信后,立刻邀请她到哈纳比做客,并成为她"唯一的朋友",好像奥古丝达会让蜜月变得没那么难熬似的。虽然奥古丝达以家庭事务为由,得体地拒绝了她的邀请,但她们后来的通信成了安娜贝拉的精神寄托,尤其是奥古丝达写道"我要训斥他"的那一封。奥古丝达称拜伦是"魔术师"和"小孩儿",劝安娜贝拉对待他不要太认真。

与此同时,拜伦会公开地假装幸福。他在写给墨尔本夫人的信中刻意称她为"最亲爱的姑妈",声称"贝尔和我相处得非常好",还在另一封信中一语双关地赞叹:"您会以为我们已经结婚 50 年了。"他谎称"我非常希望这场婚姻走向圆满的结局",但仍然热衷于保持和墨尔本夫人之间的同谋关系,说:"记得,我们要像之前一样保密并保持通信。"拜伦写给其他朋友和默里的信一如既往地保持愉快和诙谐,打消了一切关于家庭不幸的怀疑。即便生活中充斥着他的冷嘲热讽以及安娜贝拉可悲而笨拙的试探,但拜伦知道,不论是对他还是对安娜贝拉来说,维持假象都是十分重要的。

有时,他的一些行为带有黑色喜剧色彩,譬如宣称自己是堕落天使,被不可战胜的邪恶力量附体。从他的话中,安娜贝拉能够联想到的只有福音书,这就表明她是个与奥古丝达完全不同的务实之人。另外,拜伦拒绝在星期五做任何事情,从不允许安娜贝拉穿黑色礼服,诸如此类的极端迷信既是真实的谨慎也是一种挑衅。最后,随着拜伦的收敛,紧张关系逐渐缓和。当两人于 1 月 21 日返回锡厄姆时,他们已经找到了和平相处的方式。拜伦承认，如果避开某些话题，"我们或许可以继续走下去"。

拜伦虽然对乏味的生活感到厌倦，但也能放松下来，拿当前的"糖浆月"开玩笑，对摩尔说"我一觉醒来，发现自己已婚"。汉森焦急地就婚姻对经济的"期望"提出了一些问题，拜伦对此避而不谈。与此同时，在接下来的几周里，他和安娜贝拉在某种程度上达成谅解，有一次甚至随和地称安娜贝拉为"一个好皮普——一个温和的皮普"①，以及"世上最好的妻子"。这种感情虽然转瞬即逝，但在1815年的头几个月里，也就是他们前往伦敦定居前，起到了维系夫妻关系的作用。拜伦甚至允许她不过分地取笑自己的跛足，这对于其他人来说是一个禁忌话题。在此期间，拜伦创作了著名诗歌《西拿基立的覆灭》（The Destruction Of Sennacherib），作为诗集《希伯来歌曲》（Hebrew Melodies）的一部分；那些在该作品中寻找自传色彩的人可能会感到失望，除非他们读懂了拜伦的"惨白，拘挛，躺着那骑士"。

奥古丝达和安娜贝拉继续定期通信，尽管双方都有所克制。奥古丝达在2月2日的一封信中提到了她的"苦恼"，随即向安娜贝拉保证"我的'焦虑'与B的幸福无关"，而是指他需要出售纽斯特德来避免破产的"小灾难"。不到六个月前的记忆萦绕在奥古丝达的脑中。为了让拜伦和安娜贝拉都高兴起来，奥古丝达邀请他们去锡克斯迈尔巴顿做客；乔治·利外出，她渴望弟弟的陪伴。不知是出于惰性还是谨慎，拜伦没有答复奥古丝达，把安排行程的任务留给了安娜贝拉。得知假期计划时，拜伦却想单独前往；他说那里的房子不够大，无法同时容下他们和仆人，而且附近也没有适合他们居住的地方。安娜贝拉表现出固执的一面，拒绝独自留在锡厄姆或伦敦，坚持陪丈夫同去。他们在3月中旬启程。安娜贝拉很快就后悔了。

马车幽闭的空间和缓慢的速度令拜伦感到不适，从锡厄姆到锡克斯迈

---

① 原文 Pip，是 Pippin（一种苹果）的缩写，指安娜贝拉的脸颊让拜伦想到苹果。——编者注

尔巴顿的三天中，他再次表达强烈的不满，尤其是对安娜贝拉的父母进行了进一步的批判。安娜贝拉已经摸清了丈夫反复无常的脾气，她的忍耐让他变得愉快甚至温柔起来。然而，当马车接近锡克斯迈尔巴顿时，拜伦又陷入一贯的忧郁。他一开始坚持自己先进屋，叫安娜贝拉留在车厢里，以便"让古丝做好准备"。由于奥古丝达在楼上更衣，先进门的拜伦没能找到她。于是，安娜贝拉才陪着拜伦一起进屋，第一次见到了奥古丝达并跟她握了手。奥古丝达似乎有些害羞，却热情地接待了拜伦；拜伦则批评安娜贝拉对他姐姐不够热情，太过正式。[1]

在这之后，安娜贝拉留下拜伦和奥古丝达，便独自去睡觉了，因为看到相比自己，他更喜欢姐姐的陪伴。这种情况每晚都会发生。喝了白兰地的拜伦大声辱骂安娜贝拉，暗示他对奥古丝达产生了"罪恶的激情"，并声称"现在有了她，你会发现我没有你也行"；后来人们得知，奥古丝达拒绝与拜伦再次发生性行为，令他陷入了疯狂的沮丧状态。第二天早上，拜伦在两个女人面前说："好吧，古丝，我是一个已经改过自新的男人，不是吗？"正如安娜贝拉后来指出的，"由此可见，他此前的行为一定很糟糕"。

拜伦眉飞色舞地讲述过往的恋情，强迫奥古丝达展示那些热情洋溢的情书，同时表达了对订婚和结婚的蔑视："一直以来你都以为你是我梦寐以求的。"拜伦只在一些自我意识被唤醒的时刻才暂收敌意，比如当希望与他愉快对话的安娜贝拉说，她真喜欢他低头看伊丽莎白时脸上"温柔的表情"；安娜贝拉注意到，"这对他产生了不可思议的影响"。奥古丝达尽力安抚安娜贝拉的情绪，在午后长时间地陪她散步，向她保证拜伦对她的爱，拜伦却仍然乐此不疲地挑起争端。他定做了两枚金胸针，一枚饰有字母 A，

---

[1] 对这次灾难性的锡克斯迈尔巴顿之旅的描述出自安娜贝拉后来的证词，详见《拜伦勋爵的妻子》(*Lord Byron's Wife*)，第 291—297 页。尽管该书带有主观色彩和对拜伦的偏见，但作为对拜伦在这一特定时期的行为进行详尽描述的文献，仍具有非常高的价值。

另一枚饰有字母 B，两枚胸针上都有三个十字，两个字母是通信时用来指代对方的符号。拜伦拿到胸针后去找奥古丝达，以"蔑视无知和盲目"的口吻谈到了安娜贝拉，"她不知道这些意味着什么"。安娜贝拉却早已猜出。即便在拜伦称奥古丝达为"我唯一的朋友"和"我最好的朋友"时，良知仍让她"压抑着痛苦"回道："恐怕我是你最坏的朋友。"

奥古丝达的拒绝没能使拜伦放弃对肉体游戏的兴趣。安娜贝拉忍不住颤抖地说他打算"让我们都乐在其中"。拜伦不知羞耻地点评两人的内衣，策划惊心动魄的性游戏，躺在沙发上，享受妻子和姐姐的亲吻。据安娜贝拉观察，"他对她比对我更热情"。即使这些描述有夸张的成分，拜伦对待安娜贝拉的态度也是十分残忍和放肆的，致使她几乎陷入绝望。奥古丝达也是受害者，安娜贝拉写道："我想，他给她造成的不幸比我的更深重。"拜伦为了惩罚拒绝他的奥古丝达，以一个男人残忍的自信把她拽进自己的婚姻，认为乱伦的"三人同居"不是一种变态行为，而是他的权利。

可怕的两周过去了，拜伦和安娜贝拉于 3 月 28 日动身回伦敦。墨尔本夫人为他们在皮卡迪利大街 13 号（13 Piccadilly Terrace）找到了一套适合贵族居住的房子，租金为每年 700 英镑。离开时，拜伦热情地朝奥古丝达挥动手帕，用安娜贝拉的话说，"用目光追着"她，然后焦急地询问妻子，是否喜欢他的姐姐兼昔日情人。安娜贝拉谨慎地回答，说奥古丝达远比他描述的更聪明，拜伦显得很高兴，并为她们的友谊感到欣慰。即便拜伦和奥古丝达的不正当关系已昭然若揭，安娜贝拉也无力采取行动；在她看来，如果不将他们分开，便只能遵从道义保全他们的"清白"。正如她后来说的那样：

> 我的责任让我不得不成为这两人的守护者，他们似乎真的站
> 在了"悬崖边缘"——在仔细考虑他们的幸福时，我设法忘记自

己的痛苦处境，以及从世俗角度看来最屈辱的处境。

当安娜贝拉和拜伦到达伦敦时，奥古丝达正动身前往那里。她被任命为夏洛特王后（Queen Charlotte）的女侍臣，因此要住进圣詹姆斯宫（St James's Palace）；拜伦邀请她在就职之前到皮卡迪利大街 13 号暂住。奥古丝达高兴地写信给安娜贝拉，接受了邀请，并巧妙地用"风和风信鸡"比喻拜伦的喜怒无常。奥古丝达于 4 月 12 日抵达拜伦家。据人们后来所说，在伦敦生活的最初几天是拜伦勋爵和拜伦夫人最幸福的日子；前者享有社会声誉，结识了沃尔特·司各特（Walter Scott）和政治家道格拉斯·金奈尔德等人，并与墨尔本夫人恢复交往。毫无疑问，墨尔本夫人很高兴听别人说她的门生溺爱自己的妻子。在公众面前，拜伦是模范丈夫；他宠爱妻子，似乎对婚后生活很满意。只有在私下里，他才显得没那么愉快。

奥古丝达一出现，脆弱的和谐就破灭了。她的到来使拜伦产生了不祥的预感，在她即将抵达时选择了外出，对她表现出冷淡和不屑一顾，"面带阴沉的厌恶和憎恨"，尽管他无法对心爱的古丝始终保持敌意。安娜贝拉却没有感受到这种态度的软化，拜伦当着奥古丝达的面告诉她："你真傻，竟让她来了。你会发现这在各个方面都将对你产生巨大的影响。"连怀孕也没有改善安娜贝拉的处境。她的叔叔温特沃思勋爵（Lord Wentworth）的病逝更加深了她的痛苦。

奥古丝达最终在拜伦家中住了两个多月，开始在圣詹姆斯宫履职以后仍停留了一段时日。她留下来既是出于姐弟情，也是出于对安娜贝拉的关心；拜伦知道安娜贝拉怀孕后，对她的态度越发轻蔑。他每天晚上和奥古丝达一起喝酒、欢笑，一到睡觉时就判若两人，对妻子不屑一顾。他所施加的不是身体上的暴力，通常是敌意，偶尔转变成愤怒。即使安娜贝拉生病后有流产的可能性，他也没有表现出任何关心，反而对她更加不满，拿她跟多产的奥古丝达相比。

有时，拜伦的行为近乎荒谬。当他出于对戏剧的兴趣，加入德鲁里巷皇家剧院（Drury Lane Theatre Royal）管理委员会时，他说只是为了挑选女演员：这显然是一个粗俗的玩笑。① 这引起了安娜贝拉的不悦。此外，债主们把他盯得很紧，他有多反复无常，他们就有多持之以恒；他们认为租了豪宅、娶了一位女继承人的他应当有偿付能力。4 月末安娜贝拉父母的来访，却也无法驱散他们生活中的幽闭感。拜伦也许是考虑到安娜贝拉怀有身孕，没有对她施加身体上的暴力，但他情绪波动很大且频繁醉酒，让他身边的人惴惴不安。他在写给摩尔的一封信中说"我们这个季度很少外出"；事实上，比起他待在家里，安娜贝拉更希望他能外出。

不管奥古丝达是否直接促成了这种可怕局面，安娜贝拉都认为她"似乎助长了拜伦的坏脾气"，于是请她在 6 月下旬搬走。继姐姐（他相信也是他的盟友）的离开之后，1815 年 6 月 18 日拿破仑在滑铁卢的战败使拜伦更加悲伤；他对这个半神半魔的人的情感，和他对生命中其他事情的看法一样矛盾，但他对托利党人威灵顿深恶痛绝，因此不能或者说不愿与众人分享喜悦。他对即将成为"合法"父亲一事似乎并不感兴趣。

奥古丝达回锡克斯迈尔巴顿照顾丈夫，后者在滑铁卢战役获胜后成了失业者。拜伦夫妇随之进入不稳定的休战状态。安娜贝拉认为霍布豪斯对拜伦造成了不良影响，致使他"追求所有恶习，这与其说是出于意愿……不如说是出于摧毁一切美好情感的原则"。霍布豪斯于 7 月 24 日返回伦敦，7 月 28 日陪同拜伦参加了在加拉威咖啡屋（Garraway's）举行的拍卖会，纽斯特德庄园最终以 9.5 万几尼的成交价售出：远低于拜伦在 1813 年定下的 14 万英镑。拜伦拿到钱之后，在当月立了一份新遗嘱，将他婚后的所有

---

① 拜伦确实在当年年末与一位叫作苏珊·博伊斯（Susan Boyce）的女演员有过一段恋情。

财产赠予奥古丝达。爱的宣言十分明确，就像他对安娜贝拉的刻意冷落一样。8月底去拜访奥古丝达时，他表现了在与妻子打交道时所缺乏的理解和善意。奥古丝达9月1日写信告诉安娜贝拉，拜伦"状态很好"，虽然"看不出来"，除了"我们因为白兰地发生了一些争执"，他从恶作剧中获得快乐，"几乎对所有下流的行为和言论供认不讳，似乎不知道我已经有所耳闻"。隐含的意思是，奥古丝达不是"有所耳闻"这么简单。

这次拜访结束得很不愉快，由于奥古丝达在拜伦夸张地声讨米尔班克家族时为他们辩解，拜伦怏怏不乐地回到了皮卡迪利大街。奥古丝达告诉安娜贝拉"你不在使他非常沮丧"，说拜伦给她写信时落款是"最爱你的人"，但拜伦与德鲁里巷皇家剧院的关系激化了夫妻矛盾。不管那些女演员是否配得上拜伦，安娜贝拉认为这份工作有失体面；她看不上"一份代理经理的工作"，并轻蔑地称拜伦为"那位经理"。这种对他为数不多的奉献行为的攻击，只会激化矛盾，安娜贝拉怀孕以及他们的经济困境起不到任何缓解作用。

安娜贝拉将在伦敦分娩，不回锡厄姆，他们考虑的不是产妇的舒适感，而是一旦离开伦敦，住宅管家就会没收他们的财产。不管怎样，这种担忧最终成了现实。11月8日，一名管家走进他们的住所，并驻守在那里。安娜贝拉写信给奥古丝达，抱怨道："我正因为B的心烦意乱而痛苦，这次的情况是最坏的……他对我讲话只是为了责备我在他不情愿时嫁给了他。"接着，她指责拜伦酗酒，在需要他的时候缺席。面对安娜贝拉的怀疑，拜伦甚至谎称不知管家为何出现在家中。前一周，她写了一篇文章，题为"在错觉下思考B勋爵的品格"，将他的邪恶归因于那些"诋毁他的高尚动机，诱使他按照错误动机行事"的人。她的"错觉"是在她誉写拜伦的诗歌《科林斯之围》（*The Siege*）和《帕里西娜》（*Parisina*）的清稿时产生的；她对丈夫的宽容与同情是值得赞颂的。

奥古丝达知道她的弟弟是个寸步不让的人，她已经成为安娜贝拉的重要盟友。当安娜贝拉绝望地说"我们一起被他爱着或恨着"的时候，她已预料到，意志消沉并且怀恨在心的拜伦即将在酒精作用下发疯。拜伦甚至拒绝了默里为避免他卖掉藏书而提供的资金，他自负地声称事情"尚未到紧要关头"。他对霍布豪斯更为坦诚，承认自己已经被财务困境逼得"半疯"，但是"如果没有结婚的话，就不会在意此类问题"。

事态很快恶化。拜伦当时几乎不跟安娜贝拉说话，"除非是以最粗暴和最不友善的方式"。在安娜贝拉的请求下，奥古丝达于 11 月 15 日第二次来到皮卡迪利大街，扮演调解人的角色。两个女人从陌生人变成对手，最后成为盟友，这是拜伦日益不受控制的行为造成的最不同寻常的结果。这些行为包括满心期待地问安娜贝拉，他的恶行是否已导致她流产。他后来告诉霍布豪斯，当时他"丧失了理智"，但酗酒并不是他在道德及欲望的泥潭中沉沦的合理原因。这种情况是安娜贝拉一个人应付不了的，所以奥古丝达的到来不仅受欢迎，也是必要的。

和之前一样，拜伦一开始对他的姐姐很不客气，但很快就变回了从前在她身边时的样子，尽管没有任何非分之想。他把心思放在了剧院情人苏珊·博伊斯身上。不管是房子的情况还是住在里面的人的状态，都让奥古丝达感到震惊，她不得不求助于他们的堂弟乔治·拜伦上校，请他制止拜伦的疯狂举动。这时期的诗人因为饮酒过多，几乎不知道自己在做什么，并且很少动笔写信；在仅存的几封信中，有一封是道歉信："因为被酒精冲昏了头脑"，得罪了演员亚历山大·雷（Alexander Rae），记忆"由于严重的头痛"而变得模糊。奥古丝达不得不给行为出格的弟弟当保姆，尽管他并不感激，反而大言不惭地说："我决心把痛苦撒向周围以及所有与我有关的人。"奥古丝达坚定而冷静，如安娜贝拉所说，"为了让我免受他的暴力和残忍的威胁，她似乎拥有了与怯懦天性相矛盾的勇气"。

如果他们认为孩子即将出生会让拜伦平静下来，那么结果正好相反。从他写给朋友詹姆斯·韦伯斯特的一封信中可以看出，9月份他还持乐观态度，写道："我当然希望是一个男孩，无论是在教育上还是在之后的生活中，他们在各方面都更让人省心。"12月9日，也就是孩子出生的前一天，安娜贝拉在皮卡迪利大街待产。拜伦抓住这个机会，"用最鄙夷的神态"问她是否愿意继续和自己生活，看到她流下眼泪，他心满意足地去剧院了。回家后面对奥古丝达的责备，他漫不经心地说："是的，我是个傻瓜——我总是不适时地提问。"然后他在楼下安娜贝拉的房间里制造噪声，激动地摔碎了苏打水瓶。为即将成为父亲而感到焦虑是人之常情，但他的行为似乎更像是在折磨他的妻子，而非出于内心的不安。

他的女儿奥古丝达·艾达（Augusta Ada）于1815年12月10日（星期日）下午1点出生，分娩过程还算顺利。她的中间名取自拜伦家族祖上一位夫人的名字，据霍布豪斯所说，"她在约翰王统治时期嫁入拜伦家族"。父亲的身份也没有带来平静。当拜伦第一次注视着艾达（大家后来都这么叫她）时，他笑了笑，随后就像着了魔似的，大喊："哦！你是多好的折磨人的工具啊！"奥古丝达给拜伦在剑桥的朋友弗朗西斯·霍奇森写信，说"B的气色非常好"，可他的疯态并未好转。有时，他的疯狂似乎有其道理。11月下旬，安娜贝拉刚分娩，他就向霍布豪斯表达了离开家人的必要性，以及出国的愿望。这增加了一种可能性，即他的行为既是无法控制的本我的表达，也是为了迫使不幸的妻子与自己分开。即便如此，拜伦为构建充满不安的家庭氛围所作的努力，似乎超过了任何处心积虑的计划。戈登一族的疯狂血液似乎确实在他身上流淌着。

据说拜伦在安娜贝拉生产后不久就企图暴力相向，被当时的仆人弗莱彻夫妇阻止。不管这些传言是真是假，虽然在朋友的精心打点之下，直到1816年年初，拜伦的名望在公众眼中仍然很高，但私下却已经开始破损。

拜伦威胁安娜贝拉，他要出国，还要带走艾达，或者把她交给奥古丝达这个同父异母的姐姐抚养，似乎没有什么是他做不出的。最终，在1816年1月6日，拜伦的情绪如潮水退去。他此前醉醺醺地向安娜贝拉坦言自己有罪，或者说他自认为有罪，她称之为"一种可怕的罪行，他每次听到或读到有关这一罪行的暗示时，都感到极度不安，且竭力压抑情绪"。无论这里的罪行指的是乱伦、鸡奸还是更恶劣的事情（人们一度提到谋杀），拜伦都觉得安娜贝拉知道得太多了，她继续留在家中会构成威胁。考虑到这一点，他写了一封强硬的信，要她带艾达离开。这封信的冷酷无情超过了以前的所有信件：

> 当你有意离开伦敦时，最好定下日期，如果可能的话，这个日期不要太远。你已经充分掌握我在那个问题上的看法，也知道导致这种看法，以及我未来的计划或者说打算的原因。

似乎别无他法，安娜贝拉感到气愤，却并不惊讶地同意了。她令人怜悯地说："虽然我预料到了，但还是忍不住有这种感觉——想到我活着就是为了被我丈夫怨恨。"她知道自己即将面临一场官司，于是去拜访了汉森，为指控拜伦做准备。这位律师认为她的担心不过是焦虑发作，称拜伦很快就会恢复健康。一番话让安娜贝拉暂时放下心来，她在1月8日写信给她的父亲，语气显得愉快，没有提到自己的困境，然而拜伦还是反复无常。当天，他到房间里找安娜贝拉，奥古丝达和乔治·拜伦也在场，他轻声低语地逗了逗艾达，接着就粗暴地采取了行动。奥古丝达说："他把安娜贝拉从房间里带走时，表情很吓人……以至于乔治和我在他回来之前一直提心吊胆，我们站在那里偷听，唯恐发生可怕的事情。"在简短的两人私谈的过程中，拜伦嘲笑安娜贝拉："我相信只要我不打你，你就会一直爱我。"

尽管拜伦没有打安娜贝拉，但她"到了 1 月 13 日，终于意识到自己有生命危险"。因此，安娜贝拉和艾达在 1 月 15 日清晨离开了皮卡迪利大街 13 号，前往莱斯特郡（Leicestershire）的柯比马洛里（Kirkby Mallory）——诺埃尔（Noel）家族庄园。安娜贝拉离开的前一夜见了丈夫最后一面。拜伦起初似乎试图补救，他说："如果你认为我不爱你，就大错特错了。"当安娜贝拉为此哭泣时，他尖刻地说："我只是想对你的眼泪进行哲学观察。"目睹过拜伦的疯狂行为，安娜贝拉表示："如果我真的愚蠢到回心转意，就绝不可能活着走出他的房子。"当拜伦轻描淡写地问"我们三个何时再见？"时，安娜贝拉合理地用轻蔑的口吻回答："我相信是在天堂。"

尽管如此，安娜贝拉离开伦敦后，双方似乎立刻达成了和解。她写给"最亲爱的宝贝""最亲爱的 B"的书信亲切、友好，建议他不要"沉溺于写诗这一可恶行当"，也不要沉溺于白兰地，以及任何不合法和不正当的事或人"。她一到锡厄姆就想到他，在信中写道"爸爸和妈妈都盼望全家团聚"，落款"永远最爱你的，皮平"。然而，信中的快乐和爱都是假象，后来成了拜伦用来为自己辩护的证据。安娜贝拉后来回忆："我……写得欢快又亲切，根本没有注意到这些信可能勾起病态的联想。"

安娜贝拉也与奥古丝达通信，后者仍陪伴着拜伦并提供其健康方面的最新消息。他们请了一位莱曼医生（Dr LeMann）为拜伦做身体或者精神上的检查，但他一味逞强，说话"直率、理性、幽默"，刻意回避"要点"和身体的虚弱；奥古丝达告诉安娜贝拉她被要求多留些日子。事实证明，那是一段艰难经历，拜伦一边抱怨肝痛，一边跟霍布豪斯一起毫无节制地饮酒。奥古丝达没好气地说："让人欣慰的是，H（霍布豪斯）看起来真的快死了——上帝原谅，我希望他被带去更好的世界。"莱曼医生诊断，拜伦的病由酗酒引起，而非精神问题；换句话说，他只是坏，不是疯。安娜贝拉得知这一结论时，她的最后一丝希望也破灭了。

安娜贝拉一直向父母隐瞒拜伦的劣行，如今意识到没有和解的可能性，她开始为前段时间的友善通信感到懊悔。她将真相告诉父母，只是忽略了乱伦细节，既是为了保护奥古丝达，也是为了不失体面。她知道，将实情全盘托出会激怒她的父母，事实的确如此；尽管她写道"看在上帝的份上，别让我的不义之举泄露出去"，却仍按母亲的指示，与年轻律师史蒂芬·卢辛顿一起整理出一份文件，记录了拜伦对她的所有伤害和侮辱。这些回忆成了当时和此后的人对拜伦进行批判的基础。从安娜贝拉的角度来看，不可否认的是，在经历了长达一年艰难而令人失望的婚姻之后，向不爱她的丈夫复仇与保住艾达的监护权一样具有诱惑力。

安娜贝拉的父亲在 1 月 29 日写信给拜伦，提出了关于离婚的初步建议。他写道"与拜伦夫人继续生活下去似乎不可能再给你带来幸福"，并建议他向"专业朋友"寻求指导，以便"讨论并敲定双方认同的分居条款"。奥古丝达需要决定支持哪一方——她写信给安娜贝拉："我生平第一次敢于按照自己的判断行事。"——她在与"我最亲爱的妹妹"的友谊、对至爱的弟弟的忠诚之间左右为难，也为自己对两人婚姻破裂应承担的责任感到内疚。

最后，奥古丝达行动起来，认为她可以在这种令人担忧的情况下充当中间人以及和事人。她请求安娜贝拉撤回离婚诉讼，指出她是受到了报复心的驱使，而不是为了自身和艾达的幸福，而且墨尔本夫人一旦完全掌握情况，就会代表他们采取行动。奥古丝达的意图肯定是好的，可即便她暗示"在坏人面前我是懦夫"，安娜贝拉和拜伦之间也已经不存在和解的可能性。如果由安娜贝拉一个人说了算，她可能会被说服，但她父母的介入意味着战斗的号角已经吹响。

拜伦在给岳父的回信中一边假装对诉讼感到惊讶（"我不知该如何回复"），一边否认了部分指控。他承认自己在过去一年里不得不与"外忧和内疾"斗争，却仍声称从来没有虐待过安娜贝拉，并表示她的"行为、品质、脾气、天资和性情"比他遇到的任何人都更接近完美。拜伦表现出与生俱来的傲慢，质疑拉尔夫爵士是否有权代表他女儿做决定，甚至写道："在她明确认可您的行动之前，我将冒昧地怀疑您的干涉是否正当。"拜伦对安娜贝拉本意的怀疑，很快就在她寄给奥古丝达的一封短信中得到答案："你弟弟希望你问我，父亲提出分居是否得到我的同意。答案是肯定的。"

拜伦还直接对安娜贝拉说："我爱过你——且不会离开你，即便你亲自断然拒绝接受我或回到我身边。"他感到不快和抑郁。霍布豪斯发现拜伦"真的非常消沉"，所以明知道被安娜贝拉厌恶，还是代表朋友写信劝告她"不能做这么可怕的事情"，并将整件事归结为"误解"。虽然安娜贝拉有可能后悔——据女仆弗莱彻夫人所说，她收到拜伦的信后"悲痛不已"——但她父母的介入意味着她已经没有退路。

在 1816 年，一个女人要离婚基本上是不可能的，这种情况一直到了 1857 年《婚姻诉讼法》（*Matrimonial Causes Act*）出台才有所改变。在此之前，离婚是一个令人尴尬、费钱和漫长的过程，在教会法庭进行，需要通过议会法案实现，且以丈夫有离婚意愿为基础。因此，不管安娜贝拉和她的家人有什么想法，正式解除婚姻关系都是极度困难的。更可行的选择是订立合法分居协议，双方继续保持婚姻关系，但可以过各自的生活。分居是许多贵族家庭的首选，因为他们可以按心意继续维持婚外情，且不必为离婚带来的开支和污名苦恼。[1]

当拜伦意识到他无法与安娜贝拉达成任何形式的和解时，他的心态发生了变化，曾经的反抗精神又苏醒了。他拒绝了和平的"协议分居"，转而

---

[1] 丈夫有通奸行为不能单独成为批准一个妇女离婚的理由，她还需要证明丈夫犯有虐待、乱伦或强奸罪行。拜伦有可能被指控犯了以上三种罪行。

求助于长期以来饱受折磨的汉森；这是一个错误的选择，汉森已经年近60岁，与能力远胜于他的卢辛顿相比，只能算二流律师。资金不足也让拜伦无法请到更好的辩护人。审判于 2 月 21 日开始，卢辛顿收集了大量指证材料，包括拜伦与卡罗琳私通、鸡奸传闻乃至恋童倾向①，唯一暂时未被提到的罪行是乱伦。

由于案件没有开庭审理，安娜贝拉和拜伦都没有出庭做证，而是提供了有关婚姻状况的书面证据；安娜贝拉列出的证据足以给拜伦定罪。与此同时，拜伦发现即使是他最亲密的朋友，比如霍布豪斯，也被大量证据所震动，特别是因为他曾否认有通奸和虐待配偶的行为。当被霍布豪斯质问时，拜伦就像一个谎言被揭穿的孩子，"极度激动——说他完了，要开枪自杀"。《晨报》等花边报刊已经开始登载他在妻子"神秘"离家期间，跟德鲁里巷剧院女演员出双入对的传言。他忠诚的朋友小心翼翼地试图反驳传闻或至少隐瞒事实。

在最后一次劝说安娜贝拉撤诉失败后（在信中难以令人信服地重申对她的爱，称他正"遭受种种最黑暗、最具伤害性的诽谤"），拜伦接受了现实，尽管他知道，正如奥古丝达对他的朋友弗朗西斯·霍奇森说的那样，"这场曝光不仅危及他的名誉，还危及他的生命"。奥古丝达知道鸡奸是一项死罪，会"给一个男人带来不可挽回的毁灭性打击"，她请求安娜贝拉回到她丈夫身边，说"你的回归可能是对他的救赎"。然而，安娜贝拉要和拜伦分居的决心和拜伦的反对一样坚定。2 月 21 日，她与卢辛顿在米瓦特酒店（Mivart's Hotel）② 碰面，提供了最重要的证词——有关拜伦与奥古丝达的乱伦关系。起初，卢辛顿感到惊骇，并认为这项指控无法证实，但他

---

① 以他与牛津夫人 13 岁的女儿之间的关系为例。

② 现在的克拉里奇酒店（Claridge's）。

很快就决定将其保留，以防拜伦试图夺取艾达的监护权。米尔班克家族提出，如果拜伦同意分居，可每年支付他 500 英镑。一个自尊心受到威胁的人是绝不会被金钱左右的。拜伦愤怒地拒绝了提议，怒气冲冲地写信给安娜贝拉："在我看来，这种金钱诱惑对利欲熏心之人才有效。"

在这场斗争中，奥古丝达和安娜贝拉仍保持通信，3 月 5 日，她们甚至还在米瓦特酒店见了面。据奥古丝达描述，见面时的气氛异常沉重，安娜贝拉"瘦成了一副骨架，面如死灰，声音低沉空洞，冷静得不可思议"。当拜伦认为安娜贝拉的前家庭教师克莱蒙特夫人和其他一些人在影响她时，奥古丝达则看到她的弟弟八方受敌，无论他怎么辩解——他还考虑过起诉安娜贝拉并要求赔偿——都不能与越来越多不利于他的证据抗衡，包括被妻子指控存在婚内鸡奸行为。不管是否属实，这个令人震惊的细节描述导致他辩护失败。拜伦被迫接受了由副检察长起草的分居协议，该协议在所有财务问题上都对安娜贝拉有利。3 月 17 日，这段短暂而不幸的婚姻走到了尽头。

吃了败仗的拜伦开始计划离开英国。虽然法律没有驱逐他，但他知道许多人憎恨他，可能会设计对付他。这是一次轰动性的失败。忍受耻辱的其中一个后果是，停笔几个月后，他又开始写诗了。分居后他立刻给安娜贝拉寄去一首《再会》（*Fare Thee Well*），用理想化的语言描绘了婚姻的终结。这时而感人、时而荒谬的诗，反映了拜伦从生活中挖掘素材的创作特点。一部分诗句，特别是第一节的"虽然不原谅，但我的心/也绝不反抗你"，与艰难、悲哀、动荡的婚姻几乎无关，其他部分则表明拜伦在进行痛苦的反思：

> 虽然这世界为此赞扬你，
>
> 虽然它对重击微笑，
>
> 可赞颂亦会冒犯你，

在别人的悲哀之上：

虽然我过错累累，

但除了曾拥抱过我的，

就找不到另外一只手，

来造成不治的创伤吗？

如果目的是与安娜贝拉和解，缓和公众舆论，那么他的做法并不成功。他偶尔会写几句，表达更真实的想法，比如《对分居协议的认可》（*Endorsement to the Deed of Separation*）：

一年前，你发誓，喜欢她！

"爱，尊重"之类，

是你对我的承诺，

而这协议正是它的价值。

拜伦没有为挽回声誉作出努力，他写了一首尖刻的诗抨击克莱蒙特夫人；在这首《私生活素描》（*A Sketch from Private Life*）中，她被比作一条"在你家中行窃"的蛇，有"一副戈耳工也会否认的丑恶面具"。[①] 不出所料，安娜贝拉说这首诗"无赖到让人难以置信"。拜伦在英格兰的最后几周主要在家中度过。他喝酒取乐，跟剩下的朋友争吵，随意调情。拜伦后来说，当时的杂志把他与亨利八世、黑利阿加巴卢斯（Heliogabalus）、卡利

---

① 戈耳工（the Gorgon）是希腊神话中长有尖牙，头生毒蛇的女性怪物，一般是斯忒诺、欧律阿勒和美杜莎三姊妹。——译者注

古拉（Caligula）、伊壁鸠鲁（Epicurus）、阿皮修斯（Apicius）、尼禄（Nero）这些历史上出名的罪犯与疯子相提并论；无一是奉承。

在少有的公共场合，他被大多数曾经的朋友疏远，尽管有些女性觉得他比以前更具吸引力，因为他身上有一种恶魔的气质。他与17岁的爱慕者克莱尔·克莱蒙特之间会有更多故事，但现阶段他只想沉醉于调情的欢乐，以此逃避现实的痛苦。4月14日是复活节，奥古丝达到皮卡迪利大街与他告别，到这时，他才如梦初醒；奥古丝达处于怀孕晚期，正要返回锡克斯迈尔巴顿，拜伦则在等分居文件送达，随后便要永远离开英国。分别让他们悲痛，错误的婚姻对他们的名誉造成的严重打击已不可挽回。奥古丝达送了拜伦一本《圣经》作为临别礼物，他想到自己失去的东西，无助地流下了眼泪。他之后立即写信给安娜贝拉，毫不留情地提醒已经与他分居的妻子，她在他心中有多卑微：

> 我刚和奥古丝达分别，拜你所赐，她大概是最后一个我可以与之告别的人，我生命中唯一没断的纽带。无论我走到哪里——我将走得很远——你我此生再也不会相见，来世也不会，就此知足，权当赎罪吧。

尽管如此，安娜贝拉还是为拜伦的离开伤心，变得无精打采。她写了一首题为"被你抛弃"（By thee Forsaken）的诗，试图向丈夫的行为妥协，徒劳地认为他"自我崇拜式的骄傲将低下头"，"一种苍白无力的和平/对无法衡量的罪恶的宽恕"将会浮现。如果这是安娜贝拉的真实看法，那么她是要失望的。

未竟之事已经不多，拜伦于4月21日签署分居协议，并说："这是克莱蒙特夫人的契约。"他把信交给汉森保管，于4月23日和斯克罗普·戴维斯一起前往多佛（Dover）。拜伦一离开，管家立即把他留在皮卡迪利大街的一切都没收了，包括他的书籍和宠物鹦鹉。① 4 月 25 日，当拜伦在狂风暴雨中起航时，霍布豪斯和作家、医生约翰·威廉·波里道利至码头送行。他挥着手，直到看不见拜伦，诗人则脱下帽子，向英格兰的方向打着手势。有生之年，他不会回到这里，也不会再见他的妻子和艾达。

拜伦仍旧爱着奥古丝达，并为自身行为给她造成的痛苦感到内疚。以她为灵感，他创作了几首诗歌，第一首是在离国前完成的《写给奥古丝达》，他要求默里在他离开后才能公开。作为永恒之爱的宣言，这首诗也评论了诗人经历的磨难，至今读来仍令人心酸：

> 当厄运临头，爱情远飏，
> 憎恨的利箭万弩齐发：
> 你是我独一无二的星光，
> 高悬在夜空，永不坠下。
>
> 赞美你长明不晦的光焰！
> 像天使明眸，将我守护，
> 峙立在我和暗夜之间，
> 亲近，温婉，清辉永驻。②

拜伦和奥古丝达再也没有见过面，但她仍是一个至关重要的人物，持续给他信心和建议。即使有其他人吸引了拜伦的注意，可爱、善良的"古丝"

---

① 他的藏书卖了 72312 先令 6 便士。
② 杨德豫译。——编者注

仍是他的最爱。拜伦最有名的诗句似乎最适合奥古丝达，而不是安妮·威尔莫特（Anne Wilmot）：

> 她走在美的光彩中，像夜晚
> 皎洁无云而且繁星满天；
> 明与暗的最美妙的色泽
> 在她的仪容和秋波里呈现：
> 耀目的白天只嫌光太强，
> 它比那光亮柔和而幽暗。
>
> 增加或减少一分明与暗
> 就会损害这难言的美，
> 美波动在她乌黑的发上，
> 或者散布淡淡的光辉
> 在那脸庞，恬静的思绪
> 指明它的来处纯洁而珍贵。
>
> 呵，那额际，那鲜艳的面颊，
> 如此温和、平静，而又脉脉含情，
> 那迷人的微笑，那容颜的光彩，
> 都在说明一个善良的生命：
> 她的头脑安于世间的一切，
> 她的心充溢着真纯的爱情！①

---

① 《她走在美的光彩中》，查良铮译。——编者注

第四部分

克莱尔和玛丽

10

"一个完全陌生的人冒昧来信。"

——克莱尔·克莱蒙特，1816 年 3 月

1816 年 5 月，拜伦和雪莱在日内瓦湖边初次见面。就如此重要的时刻而言，当时的情形显得平淡无奇。拜伦想租一幢度假别墅，却无功而返，当时与波里道利同行；雪莱和情妇玛丽·戈德温（Mary Godwin）在一起，他们于当月早些时候来到瑞士。波里道利后来在他的日记中写道："雪莱来了。他腼腆、害羞，是肺痨病人，二十六岁，跟妻子分居。"短暂的相遇令拜伦感到不自在，但他仍邀请雪莱共进晚餐，然后向其女伴们轻蔑地点头告别。拜伦的不自在还有另一个原因。一行人中，玛丽的继妹克莱尔·克莱蒙特是最近被拜伦俘虏的人，一个坚持不懈的追求者。

克莱尔是私生女，虽然她对外声称的出生日期是 1798 年 4 月 27 日，但没有确凿的证据证明这一点，也没有出生地记录。克莱尔曾暗示她有瑞士血统，但这更多的是基于浪漫的乐观主义，而非任何事实。[①] 她受洗时的名字是简，从小和寡母玛丽及哥哥查尔斯（Charles）一起生活在伦敦的苏默斯小镇（Somers Town）。哲学家、小说家威廉·戈德温是他们的邻居，据说玛丽初次见到这位著名作家的时候，在阳台上大喊："莫非我见到了不朽的戈德温？"戈德温则在 1801 年 5 月 5 日的日记中拘谨地写道："认识了克莱蒙特夫人。"

[①] 近年有人提出，她的父亲是约翰·莱斯布里奇爵士（Sir John Lethbridge），萨默塞特郡迈恩黑德（Minehead，Somerset）的议员以及前萨默塞特郡郡长；出生在布里斯托尔（Bristol）附近的布里斯灵顿（Brislington）。

不管怎样，戈德温的名望和玛丽的直率不可避免地互相吸引，当年年底，两人在肖尔迪奇区（Shoreditch）附近的圣莱奥纳教堂（St Leonard's church）结婚。戈德温的朋友们对此持怀疑态度，温文尔雅的作家查尔斯·"教授"·兰姆（Charles "the Professor" Lamb）说玛丽是"一个令人厌恶的女人"，"那个该死的坏女人"。然而，戈德温希望在他的第一任妻子，即女权主义作家玛丽·沃斯通克拉夫特去世后迅速再婚。戈德温在《〈女权辩护〉作者传》（*Memoirs of the Author of a Vindication of the Rights of Woman*）中公开了前妻的婚外情及自杀行为，引发了流言蜚语，致使夫妻两人被外界丑化。[1] 戈德温也急于为四岁的女儿玛丽·戈德温和继女范妮·伊姆利找个继母；重组家庭的四个孩子至少有三个父亲的情况自然非同寻常，更何况 1803 年又添了一个孩子——威廉。年近 50 岁的戈德温在日记中悲哀地写道："供养家庭和维持生计的代价很沉重，尽管我十分勤奋，却从来没能……完全达成这个目标。"

戈德温通过编书养活一家人，他用假名编写的儿童书籍包括 1805 年的《古今寓言》（*Fables, Ancient and Modern*），灵感来源于《伊索寓言》和《拉封丹寓言》。简是在自由思想而不是宗教教育的濡染下长大的；虽然家庭不富裕，但她后来描述：

> 我们最感兴趣的是当时的重大社会议题——常见话题、流言和丑闻在我们这群人里得不到关注。我们受戈德温先生的教诲，认为渴求世俗的享乐、奢侈生活或金钱是最不幸的事情；最大的幸福莫过于赞赏身边的人，帮助他们或让他们感到愉快。

---

[1] 一个典型的例子是，《反雅各宾派评论》（*Anti-Jacobin Review and Magazine*）讥笑了"这种有远见的理论和有害的主义"，并且将沃斯通克拉夫特称作"姘妇"。

然而，这家人的幸福并不多。戈德温除了面临经济困境，他的女儿玛丽和范妮都有"安静、谦逊、含蓄的性格"，在今天可能被定义为抑郁。尽管如此，两个女孩都出落得姿容秀美，被戈德温的朋友、时任美国副总统的阿伦·伯尔（Aaron Burr）称为"女神"。戈德温家的另一位访客克里斯蒂·巴克斯特（Christie Baxter）说简"活泼、机智，但可能难以管教"。她在家附近的一所淑女学堂学习法语、音乐，以及如何成为一位受人尊敬的年轻女士。不过，真正的教育是后来才开始的。

1812 年 10 月，诗人珀西·比希·雪莱第一次拜访戈德温。拜帖送到时，他的女儿们看着容貌英俊、才气过人的年轻人激动不已，"急不可耐地想认识他"，14 岁的简对他产生了强烈的好感。由于雪莱已婚（妻子哈丽特只比简大三岁），两人之间不存在更亲密的关系；友谊在最初的一年半时间里随着雪莱的到访加深。命中注定的相遇发生在 1814 年 3 月：此前在苏格兰上学的玛丽回家，第一次见到雪莱。玛丽当时 16 岁，容貌出众，继承了母亲的热情与聪慧，与温和、单纯的哈丽特截然不同。简在不知不觉间撮合了他们，她后来回忆："我们俩过去都常跟他在查特豪斯（Charterhouse）的原野上散步，也会走到玛丽·沃斯通克拉夫特的墓前。他们总让我走远一些，说他们想探讨哲学问题。"虽然简表示"我不知道他们说了些什么"，但谜底很快就被揭晓。6 月 26 日，玛丽在她母亲的墓旁向雪莱表白，令他激动不已。雪莱后来描述："她承认爱上我的那一刻，令人赞叹，令人欣喜若狂，凡人是无法想象的。"

当他的门生表明喜欢他的女儿时，凡人戈德温的想象力没有被激发，这或许是意料之中的。玛丽是在自由与开放多过压抑和守旧的氛围中长大的，因此戈德温此时再向她灌输礼仪，是注定要失败的。更糟糕的是，雪莱疯狂地提到了殉情，让简"满屋子尖叫"。由于没有其他明确的解决办法，玛丽和雪莱决定私奔，于 7 月 29 日渡过英吉利海峡。他们还带走了简，组成了一种三人家庭，哪怕她的母亲追到了加来（Calais），也没能阻止他们的法国之旅。简和雪莱之间不存在恋爱关系，当被问到是否为爱出逃时，她回答："噢！绝不是的，我是来说法语的。"她的法语水平远超玛丽和雪莱，所以她的存在是非常重要的。但和玛丽一样，这场旅行也是简的自我解放。曾经仅仅读过或谈论过的广阔世界第一次出现在简面前，每一处奇观都让她孩子气地宣布"够漂亮的了——让我们住在这里吧"。

他们在 8 月到了瑞士，那里的湖光山色让简相信它是"祖先的土地"。她也很喜欢她的旅伴，说雪莱"就像刚从天堂降临人间"，尽管他们有时会因为囊中羞涩而争吵，或嫉妒另两人的关系更亲密。到 8 月底，因为玛丽怀孕，田园诗般的生活不能继续。短暂的荷兰之行结束后，雪莱、玛丽和简于 9 月中旬回到英国，不得不面对自身行为的后果。

雪莱一见到妻子就残忍地和她划清界限；他遇到了伟大的爱情，他们的婚姻不过是友谊。戈德温不欢迎也不认可雪莱，11 月，简、玛丽和雪莱在伦敦的黑衣修士区（Blackfriars）租房住下。简和雪莱的关系不如从前稳定，夏天压抑的紧张感变得更明显，贫困和无法回避的亲密关系使情况变得更棘手。没有了旅行和穿越国界带来的刺激，三人尝到简所说的"失望的苦涩"，就算简写道"争吵多么可恨，说一千句狠话，没有一句是真心"，她也已经对他们的生活产生怀疑。前一刻，她还在恬然思索他们所喜爱的"充满哲学味道的生活方式"，"睡觉和说话——为什么这么无所事事"；下一刻就开始争吵，致使雪莱哀叹"简对友情的麻木"。在特别不愉快的一周过去后，简于 11 月 13 日回到了母亲和继父的家中，由于父母都反对玛丽和雪莱在一起，她又沮丧地回到了流亡情侣身边。就是这时，她改名为"克莱尔"——在卢梭的《新爱洛伊丝》（*Julie, ou la nouvelle Héloïse*）中，同名人物是主人公的妹妹兼知己。

玛丽怀孕期间，雪莱和克莱尔待在一起的时间更多，玛丽有时会成为一个沮丧的旁观者。没有证据表明他们之间发生过性关系，不过雪莱喜欢扮演高明的导师和顾问，而且比戈德温更有魄力。与此同时，克莱尔接触了涉及女性角色和独立性的新思想。虽然克莱尔不认识玛丽·沃斯通克拉夫特，但她的信仰和文字影响了雪莱和她的女儿，如今也影响了克莱尔——聪明好学，却缺少其他人的世故。

不幸的是，玛丽于 1815 年 2 月 22 日早产，婴儿不久后便夭折了。她罹患我们现在所说的产后抑郁症，按照雪莱的描述，"健康和精神状况欠佳"。她的情人照常和继妹共处，这一点让她非常不满。她在日记中写道"非常不舒服……雪莱和克莱尔像往常一样出门，去了许多地方"。玛丽开始称克莱尔为"这位小姐"或雪莱的"朋友"，最终要求她离开他们的住处。5 月 13 日，克莱尔去了德文郡的小村庄林茅斯（Lynmouth）——很难想象她会回到父母身边。玛丽把她的离开视为祝福，写道："事情了结了……我从我们的重生开始写一本新日记。"雪莱则为克莱尔的离开感到遗憾，他成为克莱尔的资助人，确保她有足够的资金去过一种陌生、孤独的生活。虽然克莱尔尽量享受这种生活，写信告诉继姐范妮"我住在一座小屋中，窗上缀满茉莉和忍冬"，但对于一个 17 岁的少女来说，那是一种悲惨的孤寂生活。她后来说："我日复一日形单影只地坐在人迹罕至的海岸上，在心中感叹，十六年的人生对我来说已经显得漫长。"

1816 年年初，克莱尔的乡村生活结束了。玛丽流产不久后再度怀孕，于 1 月 26 日生下了一个男孩，取名威廉。克莱尔回到位于斯金纳街（Skinner Street）的家中，在这之后，她与母亲及戈德温的关系似乎有所改善。然而，鉴于她前些年的大胆行为，家庭关系已不可能恢复如初。克莱尔想，既然玛丽能俘获一个才华横溢、入时、英俊的诗人，那她何不追求一个更受好评、更有名的男人呢，即使也背负骂名。有一个男人似乎配得上她，他可以说是当时社会上被谈论得最多的人物，主要是因为一些不好的事。

1816 年 3 月下旬，拜伦正在闷闷不乐地准备流亡欧洲。这期间，一封从"马里波恩区，弗利广场 21 号，东特雷弗斯"（E Trefusis, 21 Folex Place, Manylebone）寄来的信暂时转移了他的注意力，主要是因为开头几句话大胆、直接，惹人喜爱：

> 一个完全陌生的人冒昧来信。诚恳地请求您原谅我的打扰，暂时忘记您的身份，用友善的耳朵倾听。一时的激情，或骄傲的冲动，往往毁掉我们自身和他人的幸福。此时，您的拒绝虽不会对您自己造成影响，但您不知道它会带给别人多大的伤害。我不是在请求施舍，因为我并不需要：我的意思是，您应当友好、温和地看待这封信，如果我显得无礼，您可以暂时宽恕我，并耐心地等待，直到我凭借您给的勇气，揭晓自己的身份。

克莱尔的做法与四年前卡罗琳给拜伦写匿名信相似，不同之处在于，卡罗琳刻意赞美了《恰尔德·哈洛尔德游记》的作者，克莱尔则直接宣告"这似乎是一个奇怪的决定，但我把自己的幸福交到您手上，这一点是确凿无疑的"。克莱尔强调了写信时带着"令人害怕的不安"，当她谈到"造物主不应摧毁他的创造物"时，不经意间预言了《弗兰肯斯坦》的内容。对于自己的情况，克莱尔透露得很少，只是自称是"一个名节尚未受损的人……不受监护人或丈夫的掌控"，也表达了"深深的爱和无限忠诚"。她的坦率恰好迎合了拜伦的虚荣心，将自己与那些阿谀奉承之人区分开了。

老练的女人可能懂得进退有度，但克莱尔所具有的是缺乏经验的直率以及天真的热情。她几乎马上又用化名"GCB"写信给拜伦："请拜伦勋爵回答，今晚七点是否方便接待一位女士，商谈一件特别重要的事情。她希望单独会面，不受任何打扰。"拜伦用冷漠中带着愉悦的口吻回信："B勋爵对任何人需要与他面谈的任何'重要'事情毫无头绪，更何况他似乎并未有幸结识那个人。不过，在那个时间点，他是在家的。"

那个星期天，克莱尔去德鲁里巷皇家剧院拜访了拜伦。这次会面令双方都感到愉快，尽管拜伦更感兴趣的，是她与政治上很激进的戈德温及雪莱的关系，他不久前刚收到雪莱寄的诗作《麦布女王》（*Queen Mab*）。拜伦看不出他与克莱尔的友谊有什么未来，尤其是他离开英国的日子就在眼前，因此每当克莱尔来拜访，拜伦都不在家中接待她。然而，克莱尔不会放弃，尤其是在她的第一步已经成功时。她先给拜伦寄了自己写的文章，一篇标题为《愚蠢者》（*The Ideot*）的散文；随后，她以让人脸红的坦率，直接提议在外过夜，并最终如愿：

> 您对下面的计划有异议吗？星期四晚上，我们一起乘驿车或邮车离开伦敦，走十英里或十二英里。到了地方，我们就自由了，没人会认得我们；第二天一早就回来。我把一切都安排好了，不会引起丝毫怀疑。请带着您的随从。

抛开这位追求者的无知不谈（"随从"这个词用在散漫的仆人以及逗留在他家的管家身上是有些夸张的），拜伦喜欢她的大胆。她派人给拜伦送信，在汉密尔顿广场（Hamilton Place）等回信。拜伦游刃有余地回答："当然可以，请不要走开，在此期间可阅读《晨报》上引人发笑的谨慎提案。"克莱尔在他的回信上写下："上帝保佑你——我从没这么高兴过！"

1816年4月20日，克莱尔失身于拜伦。在两天前写给他的一封信中，她的兴奋和紧张以一种有趣而令人同情的方式交织在一起，"您当然不想把自己或我出卖给仆人们"。就拜伦而言，他的回复可能是：在过去几年里仆人早已见怪不怪；在分居丑闻之后，几乎没有什么能再度震惊整个社会。克莱尔称自己是"最可怜、最焦虑的人"，期待"几分钟就能变得博学多才"，即使拜伦认为她"邪恶、堕落"。拜伦开玩笑地称克莱尔为"小恶魔"，说她的穷追不舍和独创性确实与恶魔无异。

克莱尔后来说他们的第一次幽会是"完美的"。她写道："我永远不会忘记你。我永远记得你的彬彬有礼和你难得一见的面容。"拜伦的想法却与她大相径庭。第二年，在与克莱尔有了更多接触之后，他向朋友道格拉斯·金奈尔德讲述了这段风流事的开端。他说"一个古怪的女孩，在我离开英国前不久向我自荐……我从没假装爱她，但男人就是男人，一个十八岁的女孩总是在你面前晃来晃去，结果只有一个"。

克莱尔和拜伦都知道露水情缘不长久。拜伦4月23日离开伦敦，两天之前，克莱尔打算给他写最后一封信，她在信中说"你再也找不到一个人比我更认真地爱你、更温柔地待你"，结尾写道"亲爱的好朋友，最真诚地爱着你"。克莱尔还提到拜伦跟她和玛丽的一次会面，"如我所料，玛丽很高兴见到你。她私下求我打听你在国外的住址。如果可能的话，我们能再见到你。玛丽不断惊呼'他多和善！多温柔啊！与我想象的大不相同'"。也许这是拜伦一直以来的意图，毕竟就才华而言，威廉·戈德温的女儿比她的继妹更有趣。[①]

对拜伦来说，克莱尔让他暂时忘了与奥古丝达和安娜贝拉的情感纠葛只是用来解闷的对象，会像以前所有的女演员、女仆或谄媚的淑女一样，被他抛诸脑后。克莱尔恳求他在离开前"给我写信，哪怕只有几行字"，"在我看来，这座人声鼎沸的城市将成为最荒凉和最可恨的地方"，即使他出国的日期近在眼前。被他放弃的消遣对象做了一个决定：回到她的第二

①　如果当时的肖像画可信，玛丽也是两姐妹中更漂亮的一个。

故乡瑞士，在那里与拜伦重逢。虽然她在信中写道："我向你保证，只要你不同意，就没有什么能诱使我自己去日内瓦，因为不得不说，这样做是非常不得体的。"但她还是决定"一找到肯定不会让你感到不悦的庇护者，就会前去冒险"。克莱尔恋爱了。她不知道的是，短暂的交往之后，她已经怀孕了。

克莱尔又一次成了玛丽和雪莱的旅伴。他们带着刚出生的威廉，于1816年5月3日启程前往瑞士。雪莱夫妇认为他们与拜伦是"同道中人"，虽然他们的丑闻远不如拜伦的轰动，但他们已经与自己的家人对立。雪莱在一封信中说他们"也许会永远"留在欧洲，既是出于对英国价值观的排斥，也是重拾了在1814年的旅行中感受到的乐观情绪。至于他们对克莱尔和拜伦的关系了解多少，仍无从得知；玛丽在前一次见拜伦时得知继妹爱慕这位有名的诗人，她也许从中看到了自己与雪莱的影子。然而，即使是最开明的自由派，也会对一头热的感情感到不安。

克莱尔于5月6日写信给拜伦，询问"现在你相信了吗？你去哪儿了？"她可能更应该问"你在乎吗？"她对证据视而不见，自言自语道："每天我都问自己这个问题，你看到新奇事物时，是否会想起我？但是我不抱有期望。我确信，你认为我的感情是虚假的。"她对拜伦的同性恋倾向有所察觉，甚至可以说了然于胸，以至于曾暗示："很多时候，我宁愿做你的男性朋友，而不是你的情人。"

克莱尔对这个让她以身相许的男人知之甚少。她抱怨自己的不幸，羡慕玛丽作为一个"崇拜你的人……一定会让你爱上她；她很漂亮、很温和"，声称"你很讨厌写信，而我也没什么可对你说的"。可见，克莱尔几乎是在坐井观天。部分原因是她还年轻，相信她的招术对拜伦管用。比如她希望拜伦"写一张短笺，称呼我为克莱维尔夫人（Madame Clairville）

……你说过你喜欢'克莱',却因为那个丑女人①而不能忍受'蒙特'"。最后,她强调了少女爱情的纯洁("人在十八岁的时候总是爱得真切"),以及"我要读完你写的诗"。

对于与克莱尔重逢,拜伦几乎毫无兴趣。继她之后,拜伦有了新的消遣对象;波里道利说他恢复了一贯的风流,在奥斯坦德(Ostend)一家旅馆里,他"让扫地女工心惊肉跳"。然而,在旅居瑞士的英国人的小圈子里,拜伦跟克莱尔碰面是不可避免的,他们在 5 月 25 日再次相遇。拜伦和波里道利入住日内瓦塞什隆(Sécheron)郊区的德安勒特尔酒店(Hôtel d'Angleterre),旅途劳累使他在登记年龄时写了一百岁。克莱尔也住在该酒店,并且领会了拜伦的风趣。为了引起拜伦的注意,克莱尔立刻给他写了一张便条,"很遗憾你已经这么老了,其实从你缓慢的旅行来看,我怀疑你已经两百岁了。我想以此高龄,你应该承受不了更快的旅行",以"我很高兴"结尾。她没有收到回复。拜伦和波里道利第二天就离开,去寻找更合适的住处了。恼怒的克莱尔再次给拜伦留言,抱怨道"你怎么如此不友好",并明确地安排了一场约会("今晚七点半,你可以直接来顶楼吗?我会等在楼梯口,然后带你参观房间……我肯定会等你的,没人会看到你上楼"),然而拜伦并没有出现。

不够坚强的女人(或女孩)可能会放弃令她难堪的追求,但克莱尔有一张王牌,那就是她和雪莱的交情。不管是出于偶然还是刻意的安排,第二天,拜伦就遇到了波里道利与三人组。他们的出现虽然不是皆大欢喜,但能为拜伦解闷。雪莱只比拜伦小四岁半,却似乎把他当作偶像。玛丽与拜伦的前一次见面是愉快和有趣的。至于克莱尔,如拜伦之前所说,完全起到了"连接"作用。拜伦之后向奥古丝达描述了他对克莱尔的复杂感情:

---

① 指安娜贝拉的家庭教师,那位令人讨厌的克莱蒙特夫人,这表明拜伦至少跟她谈过一些往事。

至于所谓的情人——上帝保佑——只有一个。不要骂我，我能怎么办呢？愚蠢的女孩，不管我说什么，做什么，她都会跟着我，更确切地说是走在我前面，因为她先到了这里。我已经竭尽全力劝她回去……我没有恋爱，也没有爱任何人的打算，但也无法在一个女人面前扮演斯多葛派人——她千里迢迢地来动摇我。况且，最近总吃两道菜的套餐，陷入了厌恶的荒漠（唉!），我很乐意享受一点新奇的爱（如果被逼迫的话）。

在初次见面之后，拜伦和雪莱的友谊迅速升温，连带克莱尔和玛丽组成了一个小团体。两位诗人每天一起吃早饭，然后花几个小时在日内瓦附近寻找宜居的房子。他们白天游玩，晚上一起用餐喝酒，长时间狂欢，拜伦带着自知之明谈起他以前在伦敦的事迹，与其他人讨论作家和诗歌。有时，他的行为出人意料。据玛丽描述，有一天晚上，他们在月光下泛舟，拜伦喊道："'我给你们唱一首阿尔巴尼亚的歌，带着感情，把所有注意力集中在我身上。'他发出了奇怪而野蛮的嚎叫；但他宣称，这完全是阿尔巴尼亚唱法。"表演在他的笑声中结束了。正如玛丽所言，这"让我们很失望，因为我们原本以为能听到一首热情的东方歌谣"，至于这是不是一个成功的恶作剧，我们不得而知。

很快，拜伦找到了心仪的住处——贝拉利芙别墅（Villa Belle Rive）。他和波里道利于 6 月 10 日入住，并将别墅名改为"迪奥达蒂"，因为它是迪奥达蒂家族的产业。拜伦和雪莱夫妇在这座幽静的别墅①里继续每晚的聚会，享受着旅居瑞士的自由，讨论稀奇古怪的自由和解放方式，以及诗歌。

---

① 他在 6 月 23 日写给霍布豪斯的一封信中说，这座别墅"非常漂亮……背靠阿尔卑斯山"。

这些话题都由男人们主导——开明的思想只走到这一步——但至少玛丽不会甘于沉默。在这期间，拜伦和她调情也是有可能的。这些年轻作家都拥有开放的思想和实验精神。雪莱在前一年还鼓励玛丽和他的朋友詹姆斯·霍格（James Hogg）发生关系，尽管她很可能并没有照做。拜伦知道，玛丽与其他女人的区别在于智力自信和对品格的优秀判断力。也就是说，拜伦尊重她，认为她与自己是平等的，在此之前，只有奥古丝达得到过这份宽容。

不过，可以肯定的是，拜伦和克莱尔的关系一如既往。雪莱一家住在蒙塔莱格雷（Montalègre）附近一处叫作查普伊斯之家（Maison Chappuis）的村舍里；从那里出发穿过一个葡萄园，就是拜伦的住处。两人便经常在晚上幽会。令拜伦感到愉快的是，经验越来越丰富的克莱尔能让他"放弃思考"，尽管她在其他事情上的天真让他感到沮丧和愤怒。玛丽后来回忆，"一个粗心的女孩"让他"半开玩笑似的发了火"，起因是她觉得他有苏格兰口音。"天哪，但愿不是这样的！"他喊道，"我确信我没有。我宁愿那个该死的国家沉入海底——我，苏格兰口音！"对拜伦来说，任何对他卑微出身的提醒都令他难堪，就像能在他面前提跛足的也只有他最亲近的人——这样的人极少。

尽管如此，幽会仍在继续，只是偶尔会被冒失的波里道利打断。克莱尔 6 月送出的一封信笺与之前的信有微妙的不同，恳求的语气消失了，说明至少她有的时候是能随心所欲的。她问拜伦："你能让波里道利先生再写一本字典①，或去见他所爱的女士吗？我不能在晚上过去还被他看到，这太可疑了。"信中提到了波里道利的情人，说明他们会共享信息：波里道利向拜伦吐露的秘密，又被透露给了雪莱和他的朋友。克莱尔信中说的，"我知

---

① 她错误地以为波里道利编过一本字典。事实上，编那本字典的人是他父亲盖太诺（Gaetano）。

道十点你已经回家，因为这是日内瓦的打烊时间。十点一刻我去找你，请记住"，也体现了这一点。

克莱尔不能一直隐瞒怀孕的事，她在发现自己怀孕的次月，即6月下旬，将此事告诉了雪莱。我们不清楚雪莱对这个消息，以及发现她与拜伦的关系之后的反应，但已知的是他在6月24日更改了遗嘱："赠予玛丽·简·克莱蒙特（戈德温小姐的妹妹）12000英镑，一半作为她自己以及她指定的任何其他人的年金，另一半由她自由支配。"换言之，他慷慨地承诺资助她和她的孩子；一些人由此认为，雪莱相信他是孩子的父亲。然而，鉴于克莱尔与拜伦的关系，这更可能是单纯的利他主义行为。当然，雪莱对克莱尔是很在意的；在他的诗《心之灵》（*Epipsychidion*）中，他把克莱尔比作"美丽炽烈的彗星，谁把这脆弱的宇宙之心，引向你"。

拜伦从雪莱口中得知克莱尔怀孕的消息。他写信给金奈尔德，说他的第一反应是问"孩子是我的吗？"然后才承认"我有理由这么认为，因为我非常清楚，在我们相识的时候，她并没有和雪莱住在一起，而她对此也心知肚明"。

作为克莱尔怀孕的结果，她和拜伦的恋情戛然而止。拜伦也让克莱尔做过他的誊写员，包括誊抄《恰尔德·哈洛尔德游记》的完成稿。克莱尔写的一封信表示她愿意尽量为拜伦提供服务——"如果你需要我，或者任何我的东西，我相信雪莱会接我过去，如果你拜托他的话……你能用誊抄做借口吗？……一切都很尴尬。我们很快就要走了……请过来见一面。"玛丽和雪莱计划去山区旅行，克莱尔答应同行；这也是应拜伦的要求，将克莱尔带走。三人于7月21日启程，拜伦没有跟他们道别。他得知卡罗琳·兰姆即将出版《格伦纳冯》，生怕被旅行的英国人议论，陷入了绝望。克莱尔离开前与他的最后一次见面不太愉快，她在信中抱怨"整天都这么尖刻，是不是太残忍了？""难道我再也不见你了吗？一次也不见吗？"她或许想得到未出生孩子的父亲的同情，等待她的只有失望。

事实上，拜伦和克莱尔的最后一次见面应该是在8月初，玛丽当时在日记中写道："S和C去了迪奥达蒂。我没去，因为B勋爵似乎不希望我在场。"在把抚养孩子的事情安排好之前，他们故意向玛丽隐瞒了克莱尔怀孕的事实。拜伦长期捉襟见肘，已经是艾达和伊丽莎白（不确定）的父亲，几乎没有提供经济支持的能力。他也不希望雪莱夫妇因为自己而惹上更多丑闻。这并非出于一贯的利己主义，而是简单的务实主义；他对克莱尔几乎一无所知，如果假装对她有更深的感情，那就有些不坦诚。尽管如此，拜伦知道有一件"正确的事情"可以做，这件事与奥古丝达有关。许多年后，克莱尔写信给拜伦的朋友，作家爱德华·约翰·特里劳尼：

> 他提议让利夫人来抚养孩子。我对此表示反对，理由是一个孩子总是需要父母的照顾，至少在七岁之前是这样……他让步了，说最好让孩子和他一起生活——他保证，在孩子满七岁以前，绝不把他（她）交给陌生人照管。孩子叫我姑妈，有了这个身份，我可以在不损害任何人名誉的情况下见他（她），照顾他（她）。

如果克莱尔的记忆是准确的，那么拜伦再次违背了他的家训，他并没有兑现承诺。在1816年6月的一个不同寻常的夜晚，拜伦参与了一场宣泄情绪的游戏。此后，与创造和母性相关的想法一直萦绕在他的脑海中。那个夜晚将永远改变当时在场的每个人的生活，并且孕育了一部伟大而富有想象力的文学作品。

11

"我做了一个梦，并非全是梦。"

——拜伦，《黑暗》（*DARKNESS*），1816 年

1816 年六、七月的天气异常湿冷，疾风暴雨不时降临。后来，这一年被称为"无夏之年"。这种现象部分是前一年坦博拉火山〔Mount Tamboro，位于现在印度尼西亚的小巽他群岛（Lesser Sunda Islands）〕喷发导致的；火山灰进入大气，导致农作物歉收，牲畜大量死亡，整个欧洲气温下降，巴涅山谷（Valdes Bagnes）的吉特罗冰川（Giétro Glacier）上甚至形成了一个冰坝。1814 年，当玛丽、雪莱和克莱尔刚抵达瑞士时，迎接他们的天气是晴朗宜人的，两年后的情况却完全不同。玛丽在写给范妮·伊姆利的一封信中描述，一场"几乎没有停过的雨把我们困在屋里"，"当太阳出来时，它的光辉和热度是在英格兰时从未见过的"，"雷暴比我们以前任何一次见到的都更壮观"，"有一天晚上，我们欣赏了一场令人叹为观止的风暴。湖面被点亮，汝拉山（Jura）上的松树清晰可见，所有的景色都在一瞬间被照亮，接着是一片漆黑，在黑暗中，可怕的雷声在我们头顶轰鸣"。

在那些六月的夜晚，聚集在迪奥达蒂的人物是不拘一格的：一个通奸的无神论者，被贵族家庭驱逐；天神论者的情妇，她母亲原就颇受争议的名声被她父亲书写的回忆录彻底摧毁；她未婚先孕的 18 岁继妹；一个容易陷入抑郁情绪的医生；以解闷为目的的拜伦勋爵。这些人在瑞士流亡期间的唯一共同点是远离社会，并谈论社会的失败。他们旅居的国家粮食匮乏，以至于政府最终不得不宣布进入紧急状态，但这种情况并没有影响他们的兴致。他们自己建造了一个伊甸园，从知识之树上获取食粮。

关于约翰·弥尔顿（John Milton）的记忆恰到好处地在迪奥达蒂萦回。一块纪念匾显示，他应该在 1638 年参观过这座别墅。然而，弥尔顿在 1638 到 1639 年间游历欧洲包括瑞士时，不可能去过拜伦所住的迪奥达蒂别墅，因为它直到 18 世纪初才建成。不过，弥尔顿小时候最亲密的朋友叫查尔斯·迪奥达蒂（Charles Diodati），他们都就读于圣保罗公学。1638 年迪奥达蒂去世时，弥尔顿说他们"从儿时起就是最亲密的朋友"。迪奥达蒂后来的主人与查尔斯·迪奥达蒂的叔叔即翻译家、神学家乔瓦尼（Giovanni）有亲属关系。乔瓦尼是将《圣经》从希伯来语译成意大利语的第一人；很难想象，他会如何看待这些无神论房客。

1816 年 6 月的一个晚上，迪奥达蒂别墅中的文学探讨活动发展为每人写一个恐怖故事。他们找到薄薄的德国恐怖故事集《幻影》（*Fantasmagoriana*），在其质量平庸的法译本的基础上，对那个时代的恐怖文学作品进行了抨击。诸如《负心郎的恋爱史》（*History of the Inconstant Lover*）这类乏味的小说，不太可能令读者感到恐惧和精神错乱，于是拜伦宣布"我们每人写一个鬼故事"，然后他对玛丽点点头，作为对其才华的赞许，说"你和我的故事将一起出版"。

参与者提出的创作形式各不相同。正如玛丽后来在 1831 年修订版《弗兰肯斯坦》的前言中所述：

> 大作家①开始写了一个故事，其中一个片段被放在了他的长诗《马捷帕》（*Mazeppa*）的末尾。雪莱更擅长在鲜明的意象中、在装点语言的最优美的诗句中表达思想和情感，所以他是根据早年经历着手创作。可怜的波里道利想出的故事很恐怖：一个女人因

---

① 当然指的是拜伦。

为从锁眼偷窥受到惩罚，变成了骷髅头——我忘记她看到了什么，必然是非常不可见人的事情；当她的下场比大名鼎鼎的考文垂的汤姆（Tom of Coventry）① 更凄惨时，波里道利就不知道该如何处置她了。

然而，玛丽开辟了另一条道路。她后来写道：

> 我忙于想出一个故事——一个能与那些激发我们开始这项任务的故事相匹敌的故事。一个能迎合我们本能的神秘恐惧、让人毛骨悚然的故事 一个让读者不敢环顾四周、血液凝固、心跳加速的故事。如果我没有实现这些设想，那我的鬼故事就名不副实。

但是，对创作下命令是无用的。"我搜肠刮肚，却一无所获。当我们苦苦求索而得不到回应，就会感受到创作能力的枯竭，这是写作者最大的痛苦"。

关于鬼故事的创作，当天晚上没有更多进展，话题转向人类是否有可能将死物激活。这个由自然哲学家伊拉斯谟斯·达尔文（Erasmus Darwin）提出的模糊命题，引起了三个人的兴趣：有医学背景的波里道利、从大学时代起就关注达尔文的雪莱，以及喜欢一切知识性探讨——尤其是一些离经叛道的想法——的拜伦。玛丽后来写道：

> 拜伦勋爵和雪莱多次进行长谈，而我只是个虔诚的听者，几

---

① 传说考文垂的伯爵答应他的妻子戈黛娃夫人，如果她敢赤身裸体骑马走上考文垂的大街且无人偷看，就给平民免税。最终，只有一个叫汤姆的人忍不住偷看，并因此受到天惩瞎了眼睛。——译者注

乎一言不发。有一次，他们探讨了各种哲学学说，其中包括生命原理的本质，以及这一本质是否会被人们讨论和交流。

接着他们又谈论了达尔文的实验，尤其是玛丽记录的这一项：

> 他把一根细面条放在一个玻璃容器里，直到它开始以一种非同寻常的方式自发运动。然而，生命毕竟不是这样产生的。也许一具尸体能够复活，电疗法已经证明了这种可能性；或许一个生物的组成部分可以被制造出来，拼凑在一起，被赋予生命的温度。

第二天晚上，文学讨论暂停，因为波里道利——这群人里的"小丑先生"——要表演他创作的一出戏剧。然而，当天早些时候，这位剧作家在葡萄园扭伤了脚踝，只能待在沙发上，限制了表演的成功；大家一致认为，作为一部戏剧作品，它"毫无价值"。前一晚的话题继续引发热烈讨论，玛丽写道："雪莱和我讨论了一些原则问题——人是否仅被当成一种工具。"

接连几天，玛丽一睡醒就被问"你想出故事来没有？"然后"不得不难堪的回答还没有"。她开始从另一个角度构思恐怖故事。其他人勾勒的都是幻想故事：有的（比如雪莱的故事）相对故事本身更长于用意象和语言来让人感到安慰；还有像波里道利这样的，在无意间提供了关于窥阴癖的心理视角，这种癖好可能会在世纪末被弗洛伊德关注；而拜伦的短故事"小说的片段"或简称"片段"则以土耳其为背景，改编自他和霍布豪斯一起旅行时发生的一件事——他的朋友饱受性病和腹泻的折磨。在拜伦的改编故事中，霍布豪斯成了奥古斯都·达维尔（Augustus Darvell），一位垂死的贵族，死后躯体迅速腐烂。这个故事只是一则轶事，尽管波里道利说，如果写完的话，拜伦打算让达维尔作为吸血鬼复生。[①] 后来，波里道利接手这个未完成的故事，完成了自己的小说《吸血鬼》（*The Vampyre*），于1819年首次出版；人们最初误以为作者是拜伦。

然而，对玛丽来说，最可怕的不是抽象的鬼怪，而是内心的某些东西。正如她所写，"发明……不是无中生有，而是在混乱中创造。首先，材料是必备的：它能赋予黑暗、无形的物质以形状，但不能形成物质本身"。一切创造可能都是如此："发明在于抓住一个对象的潜力的能力，以及将与该对象相关的设想塑造成型的能力。"

就玛丽而言，她可以对许多对象加以想象。最容易想到的，是前一年女儿早产、夭折所造成的创伤，她因此患上了抑郁症。正如她在日记中所言，"对母亲来说，失去一个孩子是极大的痛苦"，"无论何时，只要让她独自思考，不通过阅读分散注意力，思绪总是回到一件事上——我曾是一个母亲，但现在不是了"。阅读可以转移注意力，但也会造成焦虑和恐惧，以至她产生了逼真的幻想，尤其是在梦中，"我的小宝贝活过来了，她全身冰凉，我们在炉火前搓揉她的身体，她活了下来。梦醒之后，没见到孩子。我一整天都在想那个小生命"。日记最后，她将问题一笔带过，写道："精神不好。"

玛丽的生育力不如雪莱的妻子哈丽特，后者在1814年年底产子；1816年年初，玛丽的第二个孩子威廉出生，但第一个孩子突然死亡的阴影并未散去。为孩子忧心忡忡的还有拜伦。他成年后跟一个女仆生了私生子；后来他厌恶的妻子安娜贝拉生下一女，他被迫成为第二个孩子的父亲；或许他还有一个孩子，是他和奥古丝达乱伦的结果；此时他即将得知与克莱尔

① 拜伦的故事很可能启发了德古拉伯爵（Count Dracula）这一虚构角色，讽刺的是，他曾写道："我个人很讨厌吸血鬼，我与他们仅有的一点交情无法促使我揭露他们的秘密。"

的短暂恋情成了又一个孩子降生的序曲。他的孩子，没有一个具有正常婚姻这一"传统"出生背景，就跟玛丽夭折的女儿一样。或许玛丽认为，丧女是对她和雪莱的惩罚，因为他抛弃了哈丽特；或者，想得更远一些，是对整个戈德温—沃斯通克拉夫特家族的惩罚，因为他们否定了事物的自然秩序。尽管她不像雪莱和戈德温那样公开宣扬无神论，但说她缺乏宗教信仰是不为过的。

终于，在 6 月 16 日凌晨，各种元素以骇人而生动的形式组合起来。玛丽写道："我把头放在枕头上，没有睡着，也不能说我在思考。我的想象不请自来地支配着我，引导着我，脑海中不断闪现各种画面，其生动性远远超过寻常的幻想。"她"闭着眼，脑海中的视觉却十分敏锐"，她看到的是一个从细节到含意都令人毛骨悚然的场景：

> 我看见一个钻研邪术的肤色苍白的学生，跪在他拼凑起来的东西旁边。我看到一个狰狞的人形幻影伸展开，在一个强大引擎的作用下有了生命的迹象，手脚不协调地半死不活地扭动着。它一定很可怕，因为任何人类模仿造物主神奇手法的尝试，都会产生异常恐怖的效果。这位艺术家被自己的成功吓坏了，他惊恐万分地逃离了那件令人作呕的作品。他可能想，放着别管，那点生命微光会自行熄灭；接受了一点点生命力的东西会死去；他睡下时可能深信不疑，坟墓的寂静会永远消灭——曾被他视作生命摇篮的——丑陋尸体那短暂的存在。他睡着了，但又被唤醒。他睁开眼睛，看到那可怖的东西站在床边，拉开床帘，用一双湿漉漉的黄眼睛看着他，若有所思。

我们活着，在死亡之中。这一段对后来的作品《弗兰肯斯坦》的描述，其生动恐怖的程度不亚于亨利·富泽利（Henry Fuseli）18 世纪晚期的画作，如《噩梦》（*The Nightmare*）和《夜女巫拜访拉普兰女巫》（*The Night-Hag Visiting the Lapland Witches*）。描述体现了艺术家对细节的关注，和作家对戏剧性的注重。"一个钻研邪术的肤色苍白的学生"经常被人遗忘，跪姿似乎是玛丽在嘲笑他对神圣"造物主"的冒充。以上描述是该书前几章节的缩影，细节已经表明，艺术家会逃离他那件"令人作呕的作品"，不为成功而欢欣，反而"惊恐万分"。这个人物就是后来的维克多·弗兰肯斯坦（Victor Frankenstein）——悲剧性的反英雄和现代版的普罗米修斯，一部传奇小说的主人公。

多年后，玛丽在修订版序言中讲述了这本书诞生的故事，那时她的境况已与当初大不相同。雪莱、拜伦和波里道利都已不在人世，玛丽被丈夫的家人鄙弃，声名狼藉。因此，在使叙述更符合传统的同时，故事有被夸大的可能。尽管如此，对梦醒后细节的描述与她当时的日记相吻合。当她惊恐地睁开眼睛时，她写道，"那样的想法占据了我的心，我被一阵恐惧穿透，希望周围的现实能够与可怕的梦境完成交接"。但那个夏日的阴冷没能平复她的紧张情绪，"深色镶木地板，筛进月光的合上的百叶窗"历历在目，仿佛是一段存在多年的记忆，就像她怀抱死去的孩子时的回忆一样。

要克服恐惧以及它对想象的控制，最好的方法是分享。一个可怕的故事，与将它关在内心黑暗的角落里相比，大声说出来后立刻就变得没那么可怕了。因此，玛丽的做法是完全可以理解的。当她在想"但愿我能构思出一个足以吓坏读者的鬼故事，就像那晚把我自己吓坏的那种"时，她已经掌握了分享痛苦与恐惧的方法，正如她自己所说，"能让我恐惧的东西也能让别人感到恐惧，我只需描绘出那个在我午夜梦中出没的幽灵"。拜伦对一本不吓人的老旧鬼故事书发起的挑战，最后给玛丽带来了双重机会。她不仅可以通过在创作中疏解情绪，治疗一部分创伤；而且她将凭借一部别具匠心的作品，证明她不再是男人们喝着白兰地、在智慧和学识上较劲时只能缩在角落里的人，证明了她的才智与他们相当，甚至可能更胜一筹。

因此，第二天早上，玛丽向正在吃早餐的拜伦和雪莱宣布："我想到了一个故事。"然后，她坐下来，开始写故事，头一句是"在十一月一个沉闷的夜晚"，不过很快就被她舍弃。至于这本书的"正式"开头，有人认为是"我出生于日内瓦"，也有人觉得是故事开讲前的第一封信——"对于我的冒险活动，你曾有过不祥的预感。然而出发至今我并未遭遇任何灾祸，听到这个消息，你一定十分高兴"，而后者几乎是对拜伦以及故事创作环境的一种讽刺。

如果说《弗兰肯斯坦》并非全然虚构，那么很明显，玛丽和雪莱、克莱尔、拜伦——甚至波里道利——在瑞士共度的时光对它的诞生至关重要，不论是 1816 年夏天，还是两年前她跟情人及继妹一起旅行的那次。在玛丽1814 年的日记中，她对"航行中遇到的那些讨人厌、假惺惺的嘴脸"嗤之以鼻，写道"对上帝来说，创造新人类比净化这些怪物要容易得多"。来到迪奥达蒂别墅的"新人类"虽都有怪物的一面，但他们也在努力追求真理。这种理想主义与经验的并列，或光明与黑暗的并列，渗透了《弗兰肯斯坦》。

雪莱和玛丽都敬仰弥尔顿，拜伦也不例外，他对托马斯·梅德温说："能够以任何形式与弥尔顿产生交集都让我欢欣鼓舞，要是他们发现我和他之间有什么可比较的地方，那就太好了。"雪莱说诗人弥尔顿是"第三位光明之子"，前两位是但丁和莎士比亚；他和大多数浪漫主义诗人一样，把弥尔顿看作一个即使身处重重黑暗之中，也不停止追求真理的人。弥尔顿的共和主义观点被他的追随者们欣然接受，就像他的作品能激发他们的灵感一样。与此同时，玛丽从小到大接受父亲的教养，认为弥尔顿和莎士比亚写出了英国最伟大的诗歌，他同培根创作了英国最伟大的散文；她无法不受周围环境以及弥尔顿对周围人造成的影响的启发。《弗兰肯斯坦》的题词就引自《失乐园》（*Paradise Lost*），从一开始便说明作者受了弥尔顿的恩惠：

> 造物主啊，
> 难道我曾要求您用泥土把我造成人吗？
> 难道我曾恳求您把我从黑暗中救出？[①]

与《失乐园》形成明显对比的是，弗兰肯斯坦是一个存在缺陷的上帝，怪物则因为阅读了禁书，从无罪的亚当化为饱受折磨的撒旦。怪物最终读到的这个片段，清晰地展现了弥尔顿对玛丽的影响：

> 而《失乐园》却唤醒了不同的、深沉得多的情感。我把它……当做真实的历史来阅读。它激发了我全部的惊奇和敬畏，一个全能上帝与其创造物交战的画面令人激动不已。我经常发现书里面人物的处境与我的境况很相似。像亚当一样，我显然和其他一切生命没有任何关系；但在其他方面，他的情况与我大不一样。他出自上帝之手，是一个完美的人。他快乐幸福，被他的造物主精心照料，还能与优秀的生灵们交谈，获取知识。我却这么凄惨、孤独无助。很多时候，我认为撒旦更能代表我的处境，因为我经常像他一样，看到我的保护者快乐的样子，心中就涌起痛苦的妒意。

虽然一些有身份的已婚妇女议论纷纷，但玛丽·戈德温并不是撒旦。尽管

---

① 此处译文出自朱维之所译的《失乐园》。——编者注

如此，"痛苦的妒意"是什么滋味，她是十分清楚的；不仅因为在日内瓦，男士们谈学问时习惯于把她排除在外，还因为雪莱在哈丽特产子后喜上眉梢。玛丽无法分享他的欢乐，她在日记中写道："雪莱为这件事写了许多通函，最好有钟声相伴，因为他的妻子生了儿子。"

虽然玛丽对浪漫主义作家们混乱的私生活不感兴趣，但她知道，与他们之间的联系不管从创作上还是从名气上来说，都是极其重要的。当然，拜伦是一个"名人"——尽管在过去一年中丑闻缠身，他仍有很好的商业前景——但还有其他人物对她产生了影响。玛丽的创作过程受益于柯尔律治（Coleridge）的著名描述——在鸦片酊的作用下，他"沉睡了三个小时……在此期间，他相信自己能创作不少于两三百行的诗"。玛丽对梦境有清晰的印象，柯尔律治的情况与她不同。众所周知，一个"来自波洛克的人"打破了他的梦境，这意味着《忽必烈汗》（Kubla Khan）只是一个碎片。不过，这部作品得以面世也要感谢拜伦；当年早些时候，拜伦被柯尔律治的朗诵触动，请约翰·默里在几周之内安排了这部作品的再版。所以，《忽必烈汗》不曾在迪奥达蒂别墅里被讨论过似乎是不可能的，或者说《弗兰肯斯坦》在 1831 年再版之前，玛丽不可能没听说过《忽必烈汗》背后的故事。

然而，在柯尔律治的作品中，对《弗兰肯斯坦》影响最大的并不是《忽必烈汗》。柯尔律治 1816 年出版的诗集还收录了哥特式幻想诗《克里斯特贝尔》（Christabel），每涉及母性问题，文字就透出一种恐惧感，尤其是与克里斯特贝尔的母亲有关时，"不幸啊！/我的生时是她的死时"。这完全与玛丽·沃斯通克拉夫特在女儿出生后不久就去世一事形成了呼应。跟《克里斯特贝尔》一样，《弗兰肯斯坦》也充满对母性和创造的思考，暗示了多年间文学上的交叉影响。

在创作风格方面，玛丽也受了前人和同时代人的影响。她借鉴了普鲁塔克（Plutarch）的《希腊罗马名人传》（*Lives*）的文体，她父亲的作品及政治哲学思想也产生了很大的影响。作品中的怪物说"我听说了财产分配，巨大的财富和卑贱的贫穷；还听说了等级、门第和高贵的血统"，这绝非巧合。戈德温1794年的小说《凯莱布·威廉斯传奇》（*Caleb Williams*）探讨了追捕和逃亡，这恰恰是《弗兰肯斯坦》后半部分的主题，而其激进的政治同情也与被社会躲避和轻视的怪物的命运相呼应。同样，小说《圣莱昂》（*St Leon*）以主人公追寻长生不老的秘密为主题，与弗兰肯斯坦普罗米修斯式的野心相呼应。拜伦对《圣莱昂》的欣赏也并不让人意外。当戈德温谨慎地说再写一本小说会要了他的命时，拜伦告诉他："那又有什么关系？这样我们就会有另一个圣莱昂。"

　　玛丽也听父亲读过柯尔律治的《古舟子咏》（*Rime of the Ancient Mariner*）①，在《弗兰肯斯坦》中，这部作品的影子随处可见，特别是写到弗兰肯斯坦逃离怪物时，书中引用的几行诗：

> 就像一个人，在野径上
> 心惊胆战地行走，
> 回望了一次，
> 从此向前，不敢回头；
> 因为他知道，有一个魔鬼
> 紧紧跟在身后。

这里的"魔鬼"可能是书中的怪物，他甚至准确地评价了自己——"我本

---

① 《古舟子咏》中的婚礼宾客和《弗兰肯斯坦》中的沃尔顿船长（Captain Walton）有明显的相似之处；沃尔顿甚至明确写道："我绝不杀信天翁……我会像'古代的舟子'一样疲惫、悲伤地回到你身边。"

仁慈、善良；痛苦让我变成魔鬼"；不过也完全可以说是社会的暴力——无情地围堵反抗它的人。迪奥达蒂小团体的遭遇与柯尔律治的水手、弗兰肯斯蒂及怪物十分相似。虽然拜伦、雪莱、玛丽等人不算是被迫害的对象，但好奇和不满的旁观者总是高声议论"邪恶的拜伦勋爵和他的团伙"，阴魂不散。拜伦抱怨："我被湖对岸的人举着眼镜盯着看，那些镜片必定是扭曲的……我相信他们把我看作一个人形怪物，比开路侍从还不如。"①

　　1831 年再版的《弗兰肯斯坦》相较 1818 年的首版有很多改动，其中最引人注目的是对弗兰肯斯坦的情人伊丽莎白的介绍。在修订版中，伊丽莎白是一个被领养的"可爱孤儿""一个比画中小天使更漂亮的孩子"；弗兰肯斯坦说"我把伊丽莎白看作我的人，由我来保护、爱和珍惜"。唯有她"不只是妹妹"这一暗示与原版有关联性；在原版中，伊丽莎白是"维克托父亲已故妹妹的独女"，而在这个多病的家庭中，乱伦几乎是一种常态；"出于尽可能让亲情更紧密的愿望，母亲将伊丽莎白视作我未来的妻子"。有一种可能是，在迪奥达蒂别墅中，一群人曾坦率地谈论拜伦与奥古丝达的关系，因为伊丽莎白的外貌和性格与她如出一辙：

　　　　她既温顺可人，又像夏天的虫儿一样欢乐顽皮。虽然她活泼好动，但她的感情强烈、深沉，对人十分温柔可亲。没有人比她更会享受自由，也没有人能比她更优雅地服从于约束和变故。她想象力丰富，却又很脚踏实地。她的模样就是她心灵的样子；淡褐色的眼睛虽然像鸟儿一样灵动，却有一种迷人的温柔。她体态轻盈，虽然能忍受极度的劳累，看起来却是世界上最脆弱的生物。

━━━━━━━━━━━━━━━━

① "开路侍从"是跑在马车前清路的仆人，换句话说，是最低等的人。

在修订版中，伊丽莎白变成了一个金发碧眼的女孩，对她的性格几乎没有描述。总的来说，这样的改动让人物失色不少，在拜伦离世八年之后，玛丽可能认为让人们忘记他的乱伦传闻是正确的做法。不管怎样，无论是在初版还是再版中，维克托和伊丽莎白都没有偷食禁果；如果拜伦对奥古丝达的爱也停留在这个阶段，那么致使他身败名裂的最大原因可能不会出现。在《弗兰肯斯坦》中，父母的角色也呈现反常的一面；这可能是受拜伦的影响，因为拜伦与母亲关系不和，与父亲的关系根本不存在，对他自己为人父亲的身份也怀着矛盾心情；此外，也受了玛丽与威廉·戈德温的关系以及她母亲的影响。

最后，在《弗兰肯斯坦》引发的所有对人物关系的联想中，最让人无法抵抗的一种是拜伦即弗兰肯斯坦。拜伦一直是这本书的支持者，他在1819年写给默里的一封信中称"对于一个十九岁女孩来说，这是一部了不起的作品"，但他从未在自己与主人公之间作过任何比较；那是后人要做的事情。虽然与玛丽1826年发表的小说《最后一人》（The Last Man）相比，拜伦与弗兰肯斯坦之间的联系没有他与莱蒙勋爵（Lord Raymond）[①] 之间的联系明显，但克莱尔在1816年4月写信对拜伦说的话值得注意："我也许十分愚蠢，但造物主不应摧毁他的创造物。"不管克莱尔或拜伦是否向玛丽复述过这句话，整个1816年，拜伦确实在思考普罗米修斯式的愚行，甚至创作了诗歌《普罗米修斯》：

> 你神圣的罪恶是怀有仁心，
> 你要以你的教训
> 减轻人间的不幸，

---

① 一位致力于传扬自由和爱的贵族，代表希腊人与土耳其人作战。

并且振奋起人自立的精神。①

在《恰尔德·哈洛尔德游记》的第三章也能找到与此呼应的诗句，艺术、创造和生活紧密地结合在了一起：

> 为了创造并在创造中生活得更活泼，
> 我们把种种幻想变成具体的形象，
> 同时照着我们幻想的生活而生活，
> 简而言之，就像我如今写着诗行。②

玛丽于 1816 年 6 月誊抄过这些诗句，她知道拜伦的兴趣所在，并给自己的书取名为"当代的普罗米修斯"（The Modern Prometheus）。她也知道，维克托试图"让没有生命的东西获得生命"是受了神话的启发，对于拜伦的读者或者读过希腊神话的人来说，这是十分熟悉的情节。虽然拜伦无论如何都不是一个科学家，③ 但他站在世界对立面的态度与弗兰肯斯坦一样。如果说拜伦是一觉醒来发现自己出名了，那么维克多·弗兰肯斯坦就是在创造生命之后疲惫地醒来，发现自己臭名昭著。

　　对玛丽来说，《弗兰肯斯坦》的成书过程不比书中主人公需要面对的事件轻松。她 1816 年 7 月 24 日的短日记只有一句话："我在写我的故事。"自此以后，"写"成了标准日记内容。玛丽在持续创作故事的同时，继续与拜

---

① 查良铮译。——编者注
② 杨熙龄译。——编者注
③ 在这方面，拜伦与雪莱不同，雪莱在他的诗作《勃朗峰》（*Mont Blanc*）中赞颂了科学。

伦以及雪莱交流，8 月 18 日马修·"修道士"·刘易斯①来了以后讨论就更激烈了。玛丽记录了当天讨论的一个话题："我们谈论了鬼魂，拜伦勋爵和'修道士'·刘易斯似乎都不相信它们。他们都认为，在理性面前，没有人能相信鬼魂而不相信上帝。"她争辩道："我不认为所有自称不信鬼神显灵的人都是真的不相信，或者说，如果他们在白天确实不信，那是因为孤独和午夜还没来告诫他们，要更加尊重影子的世界。"

玛丽不是唯一想到影子的人。当她被可怕的幻象和清晰的梦境折磨时，拜伦正在度过他的"灾难之年"。拜伦试图达观地看待《格伦纳冯》的出版，但他清楚自己的名誉正进一步受创。8 月，他写信给奥古丝达，愤怒地谈到《格伦纳冯》的作者，说："谁会在乎卡罗琳这样的小人，相信一个被定罪七十次的骗子？"愤怒主导了那段时间拜伦所写的书信，尤其是谈到安娜贝拉的时候。他不仅要求奥古丝达"不要再提到她"，还叮嘱汉森"如果你看到我的女儿，告诉我她好不好，看起来怎么样，但不要直接或间接提及那个家族的其他任何人"。虽然拜伦暗示他可能在次年春天返回英国，但他依然心情沮丧，唯能从与雪莱夫妇的友谊中得到些安慰，而他和克莱尔之间的纠葛只会导致更深的抑郁。

拜伦对 1816 年阴冷夏天的回应是开始写《黑暗》，这首诗反映了聚集在瑞士的人所感受到的厄运和末世感，以及他个人的绝望。甚至有一位意大利科学家预言，世界将在 7 月 18 日陷入永恒的黑暗。在预言引起的恐慌中，拜伦对人类被自然挫败的这个问题作出了自己的诠释。与《弗兰肯斯坦》一样，《黑暗》也始于一个幻象：

---

① 他 1796 年出版的哥特式小说《修道士》（*The Monk*）获得了巨大成功，由此被称为"修道士"·刘易斯。

我做了个梦，不全是梦。

明亮的太阳熄灭，而星星

在永恒虚空的黑暗中徘徊，

无光，无路，冰冷的大地

在无月的天空下

茫然摇晃，变黑；

黎明来了又走——又来，没带来白昼，

人在对荒凉的恐惧里

忘记了他们的激情，所有的心

都冷却了，自私地祈求光明。

就像维克多·弗兰肯斯坦制造怪物，所有其他艺术性创作背后的动力都是
"自私地祈求光明"。此处人们很容易联想到《失乐园》的开篇，特别是
"像一个洪炉的烈火四射，但那火焰却不发光，只是灰蒙蒙的一片"①。对拜
伦、弥尔顿和玛丽来说，人性是软弱、易犯错的，是可以被操纵的。就像
"在绝望的光线下，人们的眉头露出怪异的样子"，拜伦没有在直率的陈述
中掩饰悲观情绪，"爱不复存在，遍地仅剩一念——唯有一死/迅速且不光
彩"。他注视着周遭，沉思着末日，没有显露特别的哀伤：

世界空荡荡，

曾经繁荣与强大的都化为一团，

没有季节，没有花草，没有树，没有人，没有生命——

一团死物——一堆混乱的硬泥。

---

① 朱维之译。——编者注

河流、湖泊和海洋都静止了，

它们的深处也毫无动静；

无舟子的船在海上腐朽，

桅杆破破烂烂地倒下来，它们下沉，

沉眠于没有浪涌的深渊——

浪已死；潮水都入了坟墓，

月亮，它们的女主人，已先一步去了；

风在滞定的空气里销声匿迹，

云也无影无踪。

维克多·弗兰肯斯坦试图给"无生命的东西"赋予生命，而对拜伦来说，人之终结不过代表着"一团死物"和"一堆混乱的硬泥"。除了少数人——其中包括"不光是姐姐"的奥古丝达——以外，大家都背弃和蔑视拜伦，即将再次成为父亲的事实，只会激起他怀疑一切的冷漠。不仅如此，《黑暗》中还暗藏一种怪异的情感宣泄。正如弗兰肯斯坦的怪物在最后"含着悲怆和庄重的激情"宣告"我将死去，现在的感受将不复存在……我的灵魂将安息；即便它还会思考，也肯定不会再像这样思考"，拜伦像打了胜仗一样兴奋地收束了《黑暗》，仿佛在暗示"这样坐着，协商，全副武装"，人类的终结是最受期待的圆满结局：

黑暗不需要

他们来拯救——她是整个宇宙

很快，黑暗以女性的姿态再次进入拜伦的生活。

12

"我将只爱你，直到生命的尽头。"

——克莱尔，1816 年 8 月 29 日

雪莱一家在瑞士的隐居生活被幻想怪物和窥探的眼睛入侵，难以维持。1816 年 8 月 29 日，雪莱、玛丽、克莱尔、雪莱的孩子、孩子的保姆一起离开日内瓦，于 9 月底抵达巴斯。克莱尔这时已经怀孕四个月，十分思念孩子的父亲。然而，拜伦却选择保持高傲的距离感，对她不是厌烦就是生气。她在离开瑞士前给拜伦写了封信，令人同情地说："如果能在离开之前再见你并吻你一次，我就会开心一些，但现在我们像分别的病友……我害怕你完全忘了我……我将只爱你，直到生命的尽头。"信中较为轻松的内容是她嘱咐拜伦"谨防过量饮酒"。

克莱尔回到英国，意识到了浪漫理想和冰冷现实之间的落差。她的处境极度艰难：未婚先孕，孩子的父亲臭名昭彰，无意支持她，甚至无视她；躲着自己的父母，害怕看到他们对又一桩丑闻的反应。雪莱温柔地帮助她，在写给拜伦的一封信中说："克莱尔让我带些话，但她的语言没能很好地表达她的想法。"由于担心克莱尔的精神状态，他请求拜伦，"如果你不想写信给 C，请在写给我的信里向她问好"。拜伦没有表达任何形式的关心，然而这与即将击垮雪莱一家的悲剧相比，显得微不足道。

克莱尔的继姐范妮·伊姆利于 10 月 9 日离开伦敦的家，前往布里斯托。人们以为她打算去巴斯找玛丽和克莱尔，她却给玛丽写了一封暗示自杀的信，引起了极大的恐慌，雪莱立即赶往布里斯托寻人，到了那里却得知她已经去了斯旺西（Swansea）。雪莱在麦克沃思·阿姆斯旅店

（Mackworth Arms）找到范妮的时候，她已经死于过量服用鸦片酊，只留下一句遗言，希望人们"忘记曾经存在这样一个人"。她的父亲照做了，除了通过当地的《坎布里安报》（Cambrian）公布了范妮的死讯以外，对她的悲剧结局几乎只字不提。当有人问起发生了什么时，戈德温会称她死于热病。

我们无法知道范妮自杀的原因，或许她遗传了母亲的抑郁症。还有一种可能是，与玛丽甚至克莱尔相比，她觉得自己不被欣赏和重视。对范妮的死，至少在最初的时候，克莱尔的反应与她平时发表的宣言一样夸张。"她的死如此令人悲伤……令人难以忘怀……我从未经历过如此痛苦的时刻。一切都那么悲凉，我常常希望自己是个死人。"如果令人悲痛的只有这一件事，那么他们或许会度过一个残酷的秋天，但更可怕的噩耗即将传来。

雪莱和玛丽私奔，抛弃了妻子哈丽特。他试图从哲学和才华的角度为自己辩护，但那些似是而非的观点没能说服哈丽特；或许连他自己也不相信。因此，当他在 11 月中旬向他的前出版人托马斯·胡克汉姆（Thomas Hookham）询问哈丽特的消息时，更多的是出于内疚，而不是真的关心。回信令他震惊，信上说哈丽特在 11 月 9 日失踪，她的尸体于 12 月 10 日在蛇形湖（Serpentine）中被发现。虽然尸检死因是"溺水而亡"，但还有一个残忍的细节，她"处于孕后期"。她的家人认为，她是一个被派往海外的陆军上尉的情人，因无法忍受作为私生子母亲的孤独和羞耻，决定自杀。

这时候的克莱尔即将分娩，她对这件事情的看法更公正，更有同情心。她既能理解雪莱的悲痛，也能理解哈丽特为何决定自杀。雪莱却怀着愤怒和内疚，开始不理智地怪罪哈丽特身边的人——而非他自己——说他们是"可憎而反常的家人""令人厌恶"。他尤其讨厌哈丽特的姐姐伊丽莎，称她为"凶残的毒蛇"。伊丽莎除了帮助哈丽特以外，并未做过什么，但雪莱没有心情关注细节或自我克制。他偏执地强迫玛丽嫁给他，错误地以为他们的婚礼能使他合法获得对儿子的监护权。他们于 12 月 30 日在伦敦城的圣米尔德里德教堂（St Mildred's）结婚。乐见其成的只有戈德温，他认为，从男爵之子能够成为自己的女婿是大有益处的。与此同时，玛丽·雪莱展现了她的新婚丈夫所描述的"真性情：做作、偏见、狠心的骄傲"。

雪莱将克莱尔视为独一无二的倾诉对象，这种信任建立在长期的亲密友谊之上。他在"过于仓促地结婚"后写信给克莱尔，承认哈丽特"在被抛弃之后变得孤独和消沉"，并明确说道"没有什么比发现这一切都不必要更令人恼火"。克莱尔后来告诉特里劳尼："哈丽特的自杀对雪莱产生了有益的影响——他的自信心大减，不像以前那么放荡了。"但这种积极的影响似乎并不能安慰他的新婚妻子，因为玛丽很清楚，他们结婚是出于需要而不是爱情。

克莱尔于 1817 年 1 月 12 日产女，拜伦的反应依旧冷漠。雪莱知道拜伦不会理睬克莱尔，于是当起了中间人。他告诉拜伦："我有好消息要告诉你……克莱尔平安生下了一个漂亮的女孩。"关于再次成为父亲这件事，拜伦只是在 12 月中旬写给奥古丝达的信中提到又一个"B 宝宝"要出生了，以及在翌年 5 月底的另一封信中轻蔑地提到克莱尔。他不以为意地说："看来我又有了一个女儿，就是我以前在信中说过的那位小姐生的。你应该能想起来，她回到英国，成了一个妈妈，愿上帝让她一直留在那里。"

克莱尔给拜伦写的信越来越复杂和愤怒，时而尖刻时而悲伤，[①] 拜伦始终沉默以对。他们的女儿有一双"深蓝色的漂亮眼睛"；克莱尔想给她取名"阿尔巴"，在西班牙语和意大利语中的意思是"黎明"，也是雪莱对拜伦的昵称。[②] 孩子出生后，生活归于平静，雪莱夫妇谎称孩子是"伦敦一个朋

---

① 她在一封信中要求："给我写封友好的信，告诉我你像我一样，很高兴有了一个小宝贝，而且会爱护她。"
② "阿尔巴"也是盖尔语中的苏格兰。

友"的，以此隐瞒她的身世。雪莱尝试让拜伦参与他女儿的生活，向他暗示"看到你写的信，克莱尔会是我们当中最欣喜的一个"，尽管明确解释道"我没告诉她我还在跟你通信"。他在信中强调拜伦的孩子漂亮聪明，尝试说服拜伦去英国看望他们，但没有成功。

虽然拜伦一直没有出现，但1817年对克莱尔来说是快乐的一年。她住在雪莱在马洛（Marlow）小镇租的阿尔比恩别墅（Albion House）里，一边照顾女儿，一边试着写诗（尽管没有显著成果），弹钢琴。唯一的难题，是让拜伦践行当初达成的关于抚养阿尔巴的协议，但这似乎遥遥无期，因为他对自己的女儿并不在意。然而，到了夏天，拜伦却派人去接女儿，并提出让阿尔巴和他一起生活。即将在9月生下另一个孩子的玛丽知道，这会让克莱尔感到不安。她写信对雪莱说："克莱尔虽然盲目地认为此事是必要的，但她并不想把女儿送走，并且会本能地制造各种障碍。"因此，雪莱夫妇左右为难，一边是19岁的继妹和她女儿，另一边是他们高傲的朋友。虽然他们不由自主地同情克莱尔，但不可否认，拜伦有权照顾他的女儿。此外，把孩子送出英国会降低引发丑闻的风险，要知道过去几个月里已经有不少闲言碎语。

最终决定是，第二年年初，克莱尔和雪莱夫妇将前往拜伦当时的旅居地意大利，把他的女儿交给他。因为拜伦要求给孩子取名"阿莱格拉"，而不是阿尔巴，所以在1818年3月9日，他的女儿接受了洗礼，取名克莱拉·阿莱格拉（Clara Allegra）。"克莱拉"是克莱尔选的名字。在去意大利前，女儿过一岁生日那天，克莱尔写信给拜伦，与他分享孩子的日常情况。字里行间的极端情感表明，她不太可能轻易放弃她的孩子：

> 我的感情不多，因此分外强烈——极度的孤独将它们集中在
> 一点，也就是我可爱的孩子身上。我整天愉快地观察她——她是

那么喜欢我，我把她抱在怀里，假装跌倒，这让她很开心。我们一起睡觉，你不知道当她依偎在我身边时，听着我们均匀的呼吸，我感到多么幸福，为了确保她安然无恙，我会不惜一切。

克莱尔视阿莱格拉为"心肝宝贝"。她不信任拜伦，这是合乎情理的。她说"我对你有各种各样的担心"，"是否把她交给你照顾，就是把她推向忽视和冷漠？"克莱尔后来又多次谈到拜伦的忽视，写道："当我不放心她和你生活在一起时……我是怕看见她生病，因为没被照顾好而瘦小虚弱，怕听到你对她不闻不问的消息。"

1818年3月11日，雪莱夫妇和克莱尔带着孩子们和保姆动身前往意大利。经过"空气清新"的加来和"最美丽"的里昂，他们于4月4日到达米兰。克莱尔在日记中愉快地讲述她的异国之旅，比如游览科莫湖（Lake Como），读莫里哀的作品，晚上和雪莱下棋。4月21日之前，她没有提到此行更重要的目的。与此同时，雪莱在跟拜伦就阿莱格拉的监护问题进行紧张的通信。他试图邀请拜伦到科莫湖游玩，说："我想不出还有什么地方比这儿更欢迎你，小阿莱格拉可以跟你一起回去。"拜伦4月17日的回信已经散佚，但从雪莱和克莱尔的回复中可以看出，他不容商量地要求他们立即将阿莱格拉送到威尼斯，既不想见到克莱尔，也不想与她有任何关系。

克莱尔可能在雪莱不知道的情况下，给拜伦写信，她表示："我不能离开我的孩子就再也不见她……答应我，你夏天会来见雪莱，或者让我到时去她身边——答应这一条，我会马上送她过去。"克莱尔利用拜伦与雪莱的友谊，恳求拜伦展现一些同情，以不切实际的乐观回应他显而易见的厌恶（"你说只要我在，你就不会来拜访他"），写道："为什么一个孩子的父亲和母亲都深爱着孩子，他们却不能像朋友一样见面？"很明显，在一切发生之后，她还是爱着他；她称他为"我最亲爱的朋友"，最后写道"我仍然为你的幸福和健康祈祷"。拜伦更关心逝去不久的人，他告诉默里："我会为逝者悲伤的时候已经过去了——或者说我该为墨尔本夫人之死感到悲伤，她是我所认识的最出色、最善良、最能干的女性。"

雪莱试图在拜伦和克莱尔之间说和，唤起拜伦的同情心；他认为自己对僵持局面负有某种责任，或者说"对有关各方都十分关心"。雪莱主张"宁可过于友善，也不要严厉"，表示"与一位母亲的诉求相比，地位、名誉和谨慎都不算什么"。在哲学上（"不管你如何为自己辩解，你现在的行为都是极残忍的"），和实际问题上（"你所说的费用在我们家是微不足道的……或许你可以行个好，不要计较此类事情，以免把我置于卑劣的境地"）①，他都没有放过这位诗人。

雪莱的边缘战术除了激怒拜伦之外毫无效果，于是他放弃了中间人的角色。这时，他已经把阿莱格拉和她的保姆送到了威尼斯，还试图平息她父亲的怒气，解释道"引起误解的信都是我写的，因为你拒绝与克莱尔通信"。他解除了自己的责任，表示："很抱歉我误读了你的信，我希望双方的误解都到此为止。"

雪莱说克莱尔"郁郁寡欢""我不知道怎样能让她平静下来"。而她本人感受到的痛苦却大得多。她被迫把女儿交给一个拒绝过她的男人，这将是她余生的痛苦之源。五十多年后，克莱尔仍在回忆："阿莱格拉是我唯一无法不爱的人——这个世上唯一属于我的东西：从她出生起我就没有离开过她，一刻都不曾分离。"1818 年 4 月 27 日，她又给拜伦写了一封没得到答复的信，恳求他"在她安全到达后写信告知，让我知道她很好"。时而卑微得可怜（"如果我有错，我所受的苦已经足以赎罪"），时而抒发绝望的热情（"我最亲爱的拜伦勋爵，你是最杰出的人，是我女儿的父亲，我无法

---

① 拜伦提出支付头一年的抚养费。

忘记你"），她已经沦落到凄惨的境地。

　　克莱尔天真地相信，拜伦对她会和以前的情人不一样。他的生活和创作与他对女性的傲慢是分不开的，就算有例外，也是极少数，一个天真无知的小姐不可能改变他长期的行为模式。冷漠是拜伦从小就有的性格特征。为了不受自身和他人行为的影响，他穿上了坚不可摧的盔甲，把沮丧和不安隐藏在放荡的生活和铁石心肠之下。克莱尔不过是女友名单中最新的一个名字，这些女性都在为他服务一段时间之后被他抛弃、遗忘。

　　不肯默默消失的克莱尔激怒了拜伦。他在威尼斯写信给霍布豪斯，抱怨："雪莱带着那个私生女和她母亲到了米兰，他们不打算把孩子送过来，除非我去见她的母亲。为了孩子我已经派去一个信使，但我不能离开住处。"5月2日，阿莱格拉到达威尼斯，拜伦只是在给霍布豪斯的另一封信中写道："我的私生女三天前来了，很像我，健康、吵闹、任性。"至少后两种性格是随她的父亲。与此同时，克莱尔不断给拜伦写信，乞求他允许她去看女儿，但她没有得到任何回音。

　　最终，为了见阿莱格拉，雪莱和克莱尔于8月17日动身前往威尼斯。拜伦当时和威尼斯最优秀的交际花们交往密切，并不在原来的住处，他把孩子交给了总领事霍普纳和他的妻子照看。雪莱告诉玛丽，阿莱格拉"长大很多，你几乎要认不出她了——她面色苍白，少了许多原有的活力，但依旧漂亮，只是比以前更温顺了"。雪莱认为应该对克莱尔和女儿的重聚保密，因为理查德·霍普纳告诉他："拜伦经常对她的到来表现得恐惧至极，认为有必要为此立刻离开威尼斯。"雪莱见到拜伦后，他提出的让阿莱格拉在佛罗伦萨待一阵子的请求被拒绝了，理由是"威尼斯人会以为他已经厌倦了她，抛弃了她，何况他已经有了善变的名声"。拜伦也相信，与克莱尔重逢将使阿莱格拉经历"再次亲密和再次分离"，这种想法或许是正确的。尽管他试图讲理，承认"毕竟，我无权掌控这个孩子"，但很明显，他更愿意与雪莱探讨文学，而雪莱对他"表达了深厚的友情和敬意"。

拜伦邀请雪莱、玛丽、克莱尔到离威尼斯不远的埃斯特镇（Este），在他租的别墅中度假。他自己不会待在那儿，克莱尔与他重聚的希望再次破灭。雪莱欣然接受了邀请，既是为了克莱尔也是为了玛丽，但灾难接踵而至。由于旅途艰辛、气候炎热，雪莱和玛丽的女儿克拉拉患了痢疾，几周之后不幸离世；在这期间，雪莱没有找到医生。他告诉克莱尔，玛丽正遭受"最可怕的痛苦"和"绝望"。第二次失去孩子让她陷入阴郁，她责怪雪莱和克莱尔，为了让克莱尔母女团聚害死了克拉拉。姐妹之间本就有裂痕的关系，因为孩子的死进一步恶化。

跟阿莱格拉在一起的喜悦减轻了克莱尔的悲伤，但拜伦认为她会带着孩子远走高飞，[①] 要求他们在10月底将阿莱格拉送回他身边。上一个月，拜伦写信给奥古丝达，对克莱尔暂时回到他的生活中表示不满："阿莱格拉（鬼见愁的）母亲为了看她，前几天大摇大摆地翻过了亚平宁山。"正如拜伦所说，这意料之外的发展"让我的威尼斯爱人们（都不是好惹的）火冒三丈"。他用黑色幽默的口吻提及再次会面可能带来的结果："我拒绝见她，因为担心再添家庭成员。"讲述完另一段恋情之后，他的信写完了，以一贯的抱怨口吻说："古丝你看——世界上没有安宁。"

阿莱格拉回到她多情的父亲身边后，雪莱夫妇和克莱尔继续在意大利旅行；年初的旅行是愉快的，此时却常伴着"沉默和眼泪"。疾病肆虐，雪莱遭受了"身体的巨痛"，一康复就草率地决定收养一个那不勒斯孤儿来安慰玛丽，但事与愿违。雪莱伪造了一份文件，证明玛丽在1818年12月生下了这个叫埃琳娜（Elena）的女孩，然后将孩子安置在一个寄养家庭中，最

---

① 很久以后，拜伦在写给特里劳尼的一封信里开玩笑地提到了阿莱格拉："她长大后会成为一个非常美丽的女人，我要让她做我的情人。"这使克莱尔开始考虑带走阿莱格拉，逃到澳大利亚，"我会在那里创办一所学校，维持生计"。

终打算让她成为家里的新成员。然而，这个办法不仅没有拉近玛丽和雪莱的关系，反而戳了玛丽的痛处。① 玛丽和克莱尔之间存在一个残酷的共同点，她们都在 1818 年失去了女儿，即使阿莱格拉还活着。

1819 年，玛丽仍未走出丧女的阴霾，尽管在 4 月份发现自己又怀孕后状态暂时改善。她在 11 月生下了一个男孩，取名珀西·佛罗伦萨。然而，这年年初，他们在罗马生活期间，悲剧再次发生，三岁的威廉染上疟疾，在他的家人被"可怕的焦虑"惩罚之后，于 6 月 7 日去世。在一年内失去两个孩子让玛丽陷入无助的焦虑、无力感和悲伤。死神似乎缠上了雪莱夫妇。讽刺的是，玛丽在两个月前还写信给她的朋友玛丽亚·吉斯伯恩（Maria Gisborne），分享了在罗马生活的快乐："除了疟疾，没有什么能让我们离开罗马好几个月。"如今，她绝望地告诉另一位朋友，即画家阿米莉亚·柯伦（Amelia Curran），说："我永远无法从那样的打击中恢复……我对世上的一切都失去了兴趣。"

克莱尔和玛丽一样失落。5 月，她写信给拜伦，询问他在阿莱格拉的教育问题上有何打算；这封信没有以往的浪漫色彩，取而代之的是怨恨（"我知道，对你来说，我关心自己的孩子是一件很不自然的事"）和讥讽（"我希望你在给我造成不幸的过程中找到了幸福"）。她最担心的是阿莱格拉，因为这个孩子不得不依靠她善变的父亲；信的结尾是一句命令："多去看看阿莱格拉。"

尽管拜伦时常不在女儿身边，但他是很喜欢她的。他在前一年曾说她"比她母亲更像拜伦夫人……这不奇怪吗？"9 月，他写信给奥古丝达，半开玩笑半骄傲地说：

---

① 雪莱还因为伪造文件被原来的仆人保罗·福吉（Paolo Foggi）敲诈，通过法律手段才使他闭嘴。

> 阿莱格拉和我在一起，很健康，非常可爱、漂亮，至少我这么认为。她是英国人，但只会说威尼斯语……她很滑稽，很像拜伦家的人——完全不会发 r 这个音，皱眉噘嘴的样子也像我们；一双蓝眼睛，浅色头发每天都在变深，脸颊上有个酒窝，眉头带着怒气。

他称赞她"特别喜欢音乐"，然后用得意的语气总结道："不全都是拜伦的特征吗？"

然而，快乐是有限的。在 11 月阿莱格拉生病之后，拜伦写信告诉霍布豪斯："可怜的孩子每天都在发烧……这病不危险，但非常令人厌烦。"拜伦为女儿的小病发愁，但也意识到，做自己的事与照顾小孩——尤其是一个顽皮任性的小孩——是无法兼顾的。他无视克莱尔 1820 年年初写给他的信——"我已经将近一年半没有见到阿莱格拉了""我现在的焦虑如此强烈、让人难以忍受，以至于我数着日子，直到见到她"——已经开始制订一个既切实可行又危险的计划。

当时住在比萨的克莱尔提出，让阿莱格拉去那里与她团聚。为了说服拜伦，克莱尔告诉他："我已经就这件事给霍普纳夫人写过信，她似乎觉得这么做很合适……或许你能行行好，立即给霍普纳先生一个回复。"拜伦确实给霍普纳写信了，但他的答复并不是克莱尔想要的。在提到"阿莱格拉正在长大，美貌和脾气都与日俱增"之后，他明确指出雪莱和克莱尔对她的安排是不妥当的，并写道："我完全不赞成那家人带孩子的方式——我会觉得这孩子像是进了一家医院。"拜伦承认阿莱格拉"有些自负和固执"，但她"总是干净而开朗的"，他决定"一两年后，我要么送她去英国，要么把她送到修道院接受教育"。"只要附近有方便的地方，她母亲可以一直陪着她。"他接着又说，"孩子不应再离开我，不然她会饿死或被没熟的果子毒死，或者被调教成一个无神论者。"即使以拜伦的标准来看，这番话也显得过于虚伪和残忍。

克莱尔在接下来几个月里写给拜伦的信，既表现了继续与女儿分离的沮丧，也展现了她看待不幸的成熟态度，表明她不是拜伦所说的疯女人。她总是称拜伦为"我亲爱的朋友"，作为一个温和的恳求者，强调"我一直极力避免给你造成不必要的麻烦"，但也声明："请别忘了，我是在得到你的保证，知道可以每隔一段时间去看孩子之后，才在米兰和她分别的。"

拜伦让霍普纳夫妇转告克莱尔，他不想让她去见女儿。她平静而痛苦地回信，强调阿莱格拉不会受到雪莱的无神论思想的影响，① 也指出"这封信是为了唤起你的公正心，你对我的善意似乎都消失了"。拜伦没有作出任何其他回应。他继续无视克莱尔的来信，似乎认为她不值得被平等对待。此外，这时他已经有了一位魅力十足的新情妇——特蕾莎·圭乔利，对克莱尔的兴趣早已不复存在。

当克莱尔从拜伦写给雪莱的一封信（现已散佚）中发现他对自己有多鄙夷时，愤怒取代了谦逊。她清楚地描述了她和拜伦的关系："我曾经说过，你可以摧毁我、折磨我，但你的力量无法根除我心中自然的情感，压迫和孤独让这些情感变得更强大。"当她被死亡和绝望包围时，阿莱格拉是她渴望已久的希望，拜伦不让她们见面对她来说是致命的伤害。她试图暗示"我对女儿的爱可以给你充分的安全感，它比任何承诺和约束都更有用"，但她知道，自己不过是在荒野里呐喊。

克莱尔认为她应该参与女儿的成长过程，这被拜伦视为傲慢和自以为是。9月，他写信给霍普纳，坦言收到了"最无礼的信"，哀叹道："看看一个照顾私生女的男人得到了什么！"他称克莱尔为"无神论母亲"，说她阻

---

① 但克莱尔确实曾称赞他："我必须永远对他的友善心存感激……每天都更加信服他的美德。"

碍了阿莱格拉的幸福，"如果克莱尔认为她能够干预孩子的品行和教育，那么她错了，她干涉不了，这个女孩将成为一个基督徒并结婚"。他冷酷地结束了这封信："委婉地说，我认为克莱尔小姐是个该死的贱人，你怎么看？"霍普纳的回信没有保存下来，但一个英国总领事不太可能用这种侮辱性的语言来评价一位女同胞。

克莱尔和雪莱夫妇都已经习惯了意大利的生活。玛丽写信告诉玛丽亚·吉斯伯恩："我们厌倦了漫游。"① 克莱尔也已经适应佛罗伦萨周边的生活。拜伦和雪莱共同的朋友托马斯·梅德温在 1820 年 11 月见到克莱尔后写道，"她可能会被认成意大利人，因为她是一个黑发女人，头发和眼睛的颜色都很深"，虽然"严格来说，她当时并不漂亮，因为她有许多难处"，但他仍然认为"她很迷人、讨人喜欢，拥有一种在我们的女同胞中罕见的社会精神"。然而，她表现出来的脆弱的平静在几个月后就被击碎了。

1821 年 1 月 19 日，拜伦在日记中写道他"情绪低落"，以及"为应该开始学习的女儿阿莱格拉想好了教育方案"。教育重点很快明确，他在次月告诉霍普纳："阿莱格拉是好孩子，但脾气不好，她的性格在某种程度上有些反常。"拜伦已经下定决心，要做一件他曾经想对卡罗琳和克莱尔做的事——他要把阿莱格拉送到女修道院接受教育。想法一出现，他就迅速采取了行动，于 3 月 1 日把阿莱格拉送进了拉韦纳省巴尼亚卡瓦洛镇（Bagnacavallo）的圣乔瓦尼·巴蒂斯塔（San Giovanni Battista）修道院。拜伦对自己的决定毫不怀疑，认为这对阿莱格拉和他自己都是最好的选择。他低估了克莱尔得知女儿被送走后的激烈反应。这一次他也没有直接告诉克莱尔，而是让雪莱转告这个坏消息。

克莱尔在 3 月 15 日的日记中提到，她得知阿莱格拉的情况后"度过了

———————————————

① 可能暗指拜伦 1817 年的诗《好吧，我们不再一起漫游》。

痛苦的一天"。她陷入愤怒和沮丧，写了一封尖刻的信给她"亲爱的朋友"。她抨击修道院宣扬"意大利女人的无知和放荡"，导致她们成为"恶妻和最反常的母亲"，并谴责拜伦把他们的女儿推向"无知和堕落的生活"。她为曾经迷恋拜伦感到后悔，轻蔑地写道："只有我，被爱误导，相信你善良，依赖你，现在尝到了苦果。"

她建议让阿莱格拉离开修道院，在英国接受教育。这与拜伦最初的想法很接近，但由于是她提出的，只这一点就足以使她被拒绝。与此同时，拜伦向已经疲于应付的霍普纳寻求道义上的支持，问他"我是否应当被这样指责？"声称"我没有办法，只能把阿莱格拉暂时安置在修道院……在那里，她至少可以获得知识，培养道德和宗教观念"。他希望她信奉天主教——"我认为这是最好的宗教，因为它确实是各分支中最古老的。"拜伦决意采取行动，即便违背自己以前的说法："我过去和现在都无意让一个私生女接受英式教育。"修道院——"我现在能找到的最好的地方"——不得不代劳。至于"在日内瓦做出的承诺"，即克莱尔能够继续参与女儿的成长，拜伦轻易地重写了历史，谎称"我不记得这件事——也无法想象我会让它发生"。他将自己塑造成一个慈爱、体贴的父亲，为他的孩子尽最大努力，而不是克莱尔眼中冷酷无情的怪物。这是一场出色的表演，但男主角有记不住台词的危险。

女儿被送走后，克莱尔在日记里写出了自己的痛苦。4月12日（星期四），得知拜伦拒绝让阿莱格拉去英国上学，她"一整天都非常不高兴"，这种心情一直延续到了月末，4月30日，她说自己"情绪很低落而且头痛"。她刚满23岁，但已经"很讨厌"过生日。和玛丽一样，她也患有严重的抑郁症，不快乐持续了几个月。在这期间，她的日记很简短，比如"情绪低落"或"我心情很差"。她很少提到拜伦，除了隐晦地写道："给唐璜的提示——一个人有多爱自己，就有多恨自己。"那时，拜伦的诗体小说

《唐璜》的前两章已经出版，后三章也将于当年8月出版；虽是匿名出版，但很少有人不知道作者的真实身份。

尽管霍普纳建议，阿莱格拉在瑞士上学可能会更快乐，但她的父亲并不打算为了她的幸福把她送走。事实上，他回复霍普纳"雪莱和他夫人都写过信，完全赞成我暂时把孩子交给修女们，这令人欣慰""除了友好的克莱尔以外，没有人反对这种合理的安排"。孩子母亲的不快乐并没有妨碍拜伦为自己的行为辩护："在我看来，意大利的道德缺陷并非源于修道院教育。在英国，人们崇敬美德的唯一表示就是虚伪。"他在当月晚些时候写给霍普纳的另一封信中肯定了自己的决定："阿莱格拉现在很快乐，或许最好让她在修道院里学完所有字母。"并含糊其辞地暗示："我将在年内采取一些决定性的措施。"

克莱尔通过雪莱了解了女儿的近况；同年8月，雪莱和拜伦在拉韦纳相聚时去看望了阿莱格拉。克莱尔的姐夫告诉她，女孩"在她的午龄显得又高又瘦"，尽管她"脸色更苍白了""面容有些变化"，但她"有一种深沉和严肃，加上尚未消失的过人活力，在一个孩子身上形成了特别的印象"。雪莱暗示，这是因为阿莱格拉要遵守"非常严格的纪律"，他痛斥天主教教育，对于一个这么"可爱的人"来说是"如此低劣"。到雪莱快离开的时候，阿莱格拉才开始奔跑和喊叫，展现活泼的一面。她问雪莱父亲什么时候去看她，让他和"妈妈"一起，这里指的是她所熟悉的特蕾莎·圭乔利，而不是她的生母。她的父亲始终不太尽职。雪莱来访后不久，阿莱格拉用意大利语给她"亲爱的爸爸"写了一封令人心酸的信："我非常希望爸爸来看我，因为我有很多愿望需要实现。您是否会给爱您的阿莱格里娜带来欢乐？"拜伦没有回应女儿和修道院院长，只在写给霍普纳的信中漫不经心地说，虽然他认为女儿"足够真诚"，但她希望见面的主要目的"是得到一些父亲送的姜饼"。谈到生活中的女性，他总是用不理解和蔑视的口吻。

尽管拜伦和克莱尔再也没有打过照面，但1821年11月，他们之间有过一次奇特的相逢。当时拜伦正从拉韦纳去比萨，不想待在他附近的克莱尔于11月1日动身去了佛罗伦萨。她在日记中写道："就在恩波利（Empoli）外面……我们与拜伦勋爵的车队擦肩而过。"在一瞬间，克莱尔又见到了她曾经的爱人、现在的仇敌。他的队伍很气派，有好几辆马车，装着家具、服饰，还有一群动物；雪莱曾描述，其中有马、狗、猴子、孔雀。克莱尔瞥见四轮大马车经过，心中泛起的不是旧爱或新仇，而是担心阿莱格拉已经被完全遗弃在修道院里，而拜伦又摆脱了另一个累赘。

克莱尔于1822年2月再次联系她曾经的爱人。她因为一直见不到女儿，宣布要离开意大利，继续过"不愉快和不稳定的生活"，但希望离开前再见阿莱格拉一面。克莱尔知道拜伦不会理会自己（"我知道这封信没有说服力"），她所能做的只是恳求她"亲爱的朋友"，不要"让世界变得黑暗，仿佛我的阿莱格拉已经死了"。克莱尔正确地预计了拜伦会无视她的信，像对待她的其他信一样，因此她考虑采取更极端的行动——把阿莱格拉从修道院带走。实施这一计划需要雪莱伪造一封拜伦的许可信，知道这个想法的雪莱愤怒地写信，批评她"轻率、粗暴"，指责该计划"充满不可挽回的罪恶"，拜伦发现之后可能会发起一场决斗。克莱尔大失所望。现在看起来，当时按计划行事会更好。

1822年的意大利对脆弱的孩子并不友好。玛丽两个孩子的早夭证明了疾病肆虐的程度，并且当地的医疗服务不完善，治疗效果常常不佳。儿童染上了任何一种在这个国家蔓延的疾病，不管他们的父母多么富有、多么有名气，存活几率都十分低。克莱尔知道阿莱格拉留在修道院的风险，但没有雪莱或其他人帮助，她是无能为力的。

4月初，伤寒病在巴尼亚卡瓦洛的修道院爆发。这种病通常由受污染的饮水或食物引发，致死率高。祈祷不足以抗击病魔。4月13日，阿莱格拉开始发烧，认为她患上肺痨的医生一再放血，她的精神再也没有恢复。4月14日称她已经脱离危险的报告是不准确的。五天后，年仅五岁的阿莱格拉死于"卡他性痉挛"，而当时她的父母都不在场。

短暂而多舛的生命突然终结，所有人都为之悲伤。三天后拜伦写信给默里，说她的死"出于多种原因，是一记沉重的打击，但时间会推移，我必须忍受"，并打算把她葬在哈罗。第二天，拜伦写信给雪莱，说阿莱格拉的死"令人震惊和出乎意料"，暗示他的真实感受必须隐藏在平静的外表下，"我尽我所能地忍受，到现在为止还算成功，我可以镇定地甚至比平时更沉着地处理日常事务"。尽管拒绝承担任何责任（"我不知道我的行为有什么可指责的"），他还是透露了内心的愧疚，写道："在这样的时刻，我们容易想，如果做了这件或那件事，这种事情可能就不会发生……我想时间会发挥它的作用——死神已经完成了他的工作。"

虽然这不是道歉，但拜伦近乎承认了他对阿莱格拉的粗心或冷漠。然而，当他写信给雪莱时，他可能没有意识到克莱尔对女儿的命运仍然一无所知。她在4月9日写信给玛丽："我真的很不安，距离上一次听到阿莱格拉的消息似乎已经很久了……我担心她病了。"雪莱和玛丽知道克莱尔得知真相后会多么伤心，一直拖到4月30日，才在一次偶然的谈话中透露了阿莱格拉的死讯。克莱尔最担心的事情发生了，她失去了一切。

1822年4月13日至9月6日，克莱尔没有写日记。但她这五个月不全是在悲伤中度过的，她后来写道："我发现内心有一种适时的萧瑟的平静。"这种"萧瑟的平静"十分有说服力，以至于雪莱在五月告诉拜伦，"克莱尔好多了，在遭到最初的打击之后，她以超乎我想象的刚毅，承受住了痛苦"。他只说对了一部分。克莱尔把痛苦和愤怒升华为一种可控的平静，这是她余生大部分时候的状态。她一生未婚，也没有其他孩子。

克莱尔也不知道拜伦为女儿选的安葬地在哪里，多年之后才发现她被葬在了哈罗教堂。① 与此同时，克莱尔只有女儿的一缕头发和一副小像。讽刺的是，这些小东西是她在阿莱格拉生前频频向拜伦索要，一直渴望得到的纪念物。

克莱尔比雪莱和拜伦长寿。她于 1879 年 3 月 18 日去世，享年 80 岁，从一个轻浮、浪漫的女孩变成了一个凄惨的老人，只要在她面前提起拜伦的名字，就会引起她的厌恶。她从未原谅拜伦对她和阿莱格拉的所作所为，在晚年谈到他时说"绝不、绝不，无论此生还是永远，我都不能也不会原谅他对我那无助的孩子造成的伤害"，女儿是"我唯一无法不爱的人——这世上唯一属于我的东西"。然而，用她自己的话说，她仍然"对每个人保持沉默，只字不提过往是非"，拒绝向拜伦的传记作家们提供与她相关的骇人听闻的情报。当利·亨特为完成《拜伦勋爵及同时代诸君》（*Lord Byron and his Contemporaries*），探听关于拜伦的回忆时，克莱尔谨慎而机智地回答：

> 我想如果我在您旁边，会乐于说服您不要再提克莱尔……即使是为了维护她，可怜的克莱尔已经完全被遗忘了，我确信。把她拉回现实，会使她非常痛苦，给她造成伤害。您能将这部分抹去吗？

然而，最近发现的一份文件证明，克莱尔似乎没有沉默到底。她晚年写的自传片段抨击了拜伦和雪莱，批评他们只不过是"谎言、卑劣、残忍和背信的怪物"。她对拜伦尤为鄙视，她说："B 勋爵是一只人皮虎，为了满足他的欲望，加害那些受到自由爱情影响，毫无抵抗力的……爱他的女人。"她

---

① 由于阿莱格拉是"私生女"，不能被葬在教堂里，她被安置在教堂入口附近一处无名坟墓里。

对拜伦的怨恨是可以理解的，但是对雪莱的评价似乎不符合他的性格；毕竟，他们的关系一直很亲密，显然十分融洽。这时，我们会想起来：克莱尔在得知阿莱格拉的死讯之后保持冷静，没有大吵大闹，这令雪莱松了口气。虽然雪莱倡导自由和解放，但他始终坚守着典型的英国人的社会礼仪观念。要是他没有拒绝帮克莱尔带走阿莱格拉，那个孩子或许能活下来。

当克莱尔在尽可能远离拜伦的朋友和家人时，玛丽采取了不同的策略。她继续与他们交往，在雪莱于 1822 年 7 月 8 日的事故中丧生后，与他们的友谊变得尤为重要；拜伦怀着与情人交往时几乎不曾有过的仁慈和善良，代替他的朋友为她尽可能提供一切帮助；他对托马斯·摩尔说，雪莱是"明净的火焰"，一个"世界对他存在恶意、无知、残忍的误解"的人。玛丽与拜伦生命中的许多人保持联络，以此报答他的慷慨，直到 1851 年 2 月 1 日去世。这些人中有一个女人，不仅在拜伦生命的最后几年里扮演重要角色，还将在拜伦去世后用行动维护他的英名。

第五部分

特蕾莎

13

"这将是我最后一次冒险。"

——拜伦，1819 年 7 月 3 日

通常，拜伦对待女性是很冷漠的，但人们给他找了许多借口。他被当成那个时代英国上流社会男人的代表，性格阴郁、性取向模糊。他的浪荡被认为是高贵的，甚至是英勇的：他的无情仅仅是贵族气质的投影。有人为他辩护，诗歌与生活是不可分割的。对他生命中的重要人物的人格谋杀由此开始——卡罗琳疯了；安娜贝拉是个冷淡的人；克莱尔，天真、偏执得可笑；他的母亲，控制欲强烈又酗酒。然而，抹黑他身边的人并不能将残忍甚至可怕的行为正当化。相反，我们必须要问的是，他是否以正常和得体的方式对待过任何人？传言他对仆人和陌生人慷慨大方，而奥古丝达则是神坛上的人物，可就连她也会受到他的情绪波动和操控欲的影响。墨尔本夫人，这位最高贵的贵妇人，地位同样很高，但她似乎更像一个游戏玩伴，而不是真正的朋友和导师。最后一位是拜伦的情妇特蕾莎·圭乔利，她扮演了"拜伦的真爱"。就像所有角色一样，面具背后的现实常常是复杂的。

1800 年①，特蕾莎出生在拉韦纳，是鲁杰罗·甘巴伯爵的二女儿。伯爵是一位富有的贵族，同时也是当时自由主义政治的坚定拥护者。他认为自己的女儿应当接受教育，于是将特蕾莎送往法恩扎（Faenza）的圣基娅

---

① 确切日期未知，一些编年史家推测为 1 月 1 日。麦卡锡（MacCarthy）认为她的实际出生年份为 1799 年，特蕾莎谎报了年龄。

拉（San Chiara）修道院学校。在那里，她有机智和意志坚定的美名。圣基娅拉的与众不同之处在于，它为女孩们提供的是一种人文教育，包括教授学生修辞和雄辩术，以及古典文学基础。19世纪20年代，这个先进的机构被天主教会关闭了，理由是对年轻女性来说，浅薄的学问是极危险的。

然而，特蕾莎的脑中早已装满了知识，这在后来被证明都是有用的。她父亲曾自豪地说，她"生来手里就拿着一本书"。她还有其他魅力，包括闪亮的蓝眼睛、飘逸的金发以及小巧的嘴，这些优势弥补了身材矮小和胸部过于丰满的缺点。这个自我意识已经觉醒的夏娃需要的是一个与她般配的亚当，而她的新郎却是亚历山德罗·圭乔利伯爵，比她大近40岁，已经结过两次婚。圭乔利是拉韦纳大家族的后代，据说"拥有过人的才华和敏锐的头脑"，此前跟年长他许多的女伯爵普莱西迪亚（Contessa Placidia）结婚，并因此积累了可观的财富。他参与过犯罪活动，1814年，被短暂地关押在罗马的圣天使堡（Castel Sant' Angelo）。幸运的是，本来要出面指认他的地主多梅尼科·曼佐尼（Domenico Manzoni）在案件受审之前被杀，使圭乔利获释。拜伦曾提到圭乔利，"他们在拉韦纳恣意挥刀，而骑士伯爵G已经被列为两起暗杀的嫌犯……这些都是传闻，或许是真的，或许不是"。

不管谋杀传言是否真实，在生儿育女方面，圭乔利可以成为意大利任何男人的对手。在第一段婚姻中，他长期引诱女仆，并将提出抗议的女伯爵打发到了一座偏僻的庄园；她在那里采取的重要行动，就是在适时离世之前起草一份有利于丈夫的遗嘱。取代女伯爵的是情人安吉丽卡·加利亚尼（Angelica Galliani），她为他生了六个孩子，当地的教皇副使曾不动声色地说她是"一个有魅力的年轻女子"。为了让这些孩子的身份合法化，他娶了安吉丽卡；1817年她去世时，圭乔利还在歌剧院。此时，他有七个婚生和私生子女，年龄都远没达到成年标准。

圭乔利需要第三个妻子，他（明显有些短浅）的目光落在了特蕾莎身上；1817 年年底，他第一次在她父母的家中见到她。她年轻、纯洁、美丽、"芳龄十七"，而他是个年纪大的罪犯。在甘巴宫（Palazzo Gamba），圭乔利"好似要买一件家具"，审视着特蕾莎，然后断定她能够满足他的需求。双方统一意见，嫁妆为 4500 斯库多——较少，相当于今天的 1 万英镑。1818年 1 月 20 日的婚前协议中声明"这位骑士向他的配偶即伯爵夫人承诺并保证，在她守寡的情况下——上帝保佑不会发生——圭乔利家族的财富会为她提供体面、舒适的生活，只要她寡居，她的嫁妆产生的利息仍归圭乔利家族所有"。与其说这是一种慷慨，不如说是另一种形式的控制。除此之外，这位不知疲倦的伯爵似乎打算永远活着。

婚后第一年的生活平平常常。圭乔利立即花光了特蕾莎的嫁妆，"似乎是为了达到城中其他名门望族的水平"。他还订立了一系列规则，要求特蕾莎服从，包括：她应当"对我来说永远是一种慰藉，而不是麻烦"；必须"满足于适度的娱乐和适当的供应"；必须"真实和坦率，对我没有任何秘密，让我总能看透她的内心"。最后一条——你可以想象他在写这条时得意的笑脸——"让她保持忠诚，警惕任何相反的表现"。没有任何规则要求圭乔利保持忠诚，也没有人期待他如此。

起初，特蕾莎似乎深深地爱上了伯爵。她在写给他的信中称他为"我可爱的丈夫和朋友"，说"你是我的灵魂，你是我在这世上最大的收获，没有你我就活不下去"。即便一个受过教育的女孩在写信给丈夫时语气会有些夸张，但她的描述的确带着真正的热情，"家人的爱对我来说已经无足轻重……我给你的吻与我给兄弟的吻是不同的，就像火与光是不同的"。她注重节俭和谨慎的美德，并且尽一切可能扮演贤惠、温柔的妻子角色。

这种生活并没有持续多久。很快，圭乔利的恃强凌弱和控制欲就显露了出来，特蕾莎信中的称谓很快就从亲密的"tu"变成了冷淡的"voi"，亲昵的话语以及爱的表达都被家庭琐事取代。她疲倦地说："没有你的指示，我不会冒险介入任何家庭事务……我确信我在与不在，对你来说是一样的。"圭乔利的孩子们令她恼火，因为他们把她当成一个仆人而不是母亲，而她的丈夫在这件事上没有提供任何帮助。她或许听到了更多有关圭乔利真实品性的传言，也可能亲眼目睹过。一份警方报告称他有"肮脏、吝啬的灵魂"，特蕾莎的信也提到"他的怪习惯"，以及所谓的"怪癖"。她开始感到压抑和懊恼，即使是孩子的出生也于事无补；那个男婴只存活了四天。她需要分散注意力，于是她找了一个情人——前军官，克里斯托弗·费里伯爵（Count Christofo Ferri）。此人可能是个冒牌贵族，特蕾莎后来称他是"放荡无耻的萨堤尔"，说他"不是伯爵，而是农民，不是绅士，而是个马车夫"。她需要一个更有魅力的情人，而这个人适时地出现了。

1818年，在阿尔布里齐伯爵夫人（Countess Albrizzi）的宅邸，拜伦和特蕾莎初次见面。然而，直到次年4月，他们才在玛丽亚·本佐尼伯爵夫人在威尼斯举办的沙龙上正式打招呼。特蕾莎跟随圭乔利于两天前来到这座城市，由于旅途劳累，她不太愿意出席聚会，更何况她还在悼念离世的母亲和姐姐。拜伦和他的朋友亚历山大·司各特（Alexander Scott）一起出席，同样情绪低落。特蕾莎后来写道："拜伦勋爵也不愿结交新朋友，不愿再受他们的影响。"拜伦曾向默里抱怨："我正处于极度疲惫中……我不得不改正我的'生活之道'，它正让我这片'黄叶'不慌不忙地落到地上。"①

拜伦在同一封信中称，他的"健康和道德"都有所改善。但是，当本佐尼伯爵夫人把他介绍给特蕾莎时，他的决心又受到了考验。尽管他最初拒绝，说"你很清楚，我不想结识女性；如果是丑女，丑就是原因，如果是美人，美就是原因"，但司各特说服了他。伯爵夫人介绍，他是"英国贵

---

① 此处原话引用了莎士比亚笔下角色麦克白的剧词（第五幕·第三场）：My way of life is fall'n into the sear, the yellow leaf.［我的生命已经日渐枯萎，像一张凋谢的黄叶。（朱生豪译）］——编者注

族和最伟大的诗人"。拜伦再次展现了谦逊的魅力、低垂的目光，以及特蕾莎后来说的"柯尔律治非常欣赏并称之为'天堂之门'的迷人微笑"。她着迷了，尤其为"他的英俊和动听的嗓音"，在他们谈论了文学、拉韦纳和威尼斯之后，她认为他是"天上的幻影，似乎以前曾经见过他、爱过他、幻想过他"。到离别时，她的疲惫和不快已经被一种新的情绪所取代，"她起身离开，仿佛身在梦中……这神秘的吸引力对于她的灵魂来说过于强大，甚至让她感到害怕"。特蕾莎和此前诸多女子一样，对拜伦一见钟情。

两人很快就走到了一起。他们正式见面的第二天，拜伦要求特蕾莎在她丈夫睡后出门，她同意了，尽管指出他应当尊重她已婚妇女的身份。这一次，她成功地守住了婚姻誓言。但翌日拜伦又与她见面，并在一条凤尾船上引诱了她。正如她后来对圭乔利"坦白"他们的恋情时说的那样，"我无力抵抗，因为 B 不是一个心软的人。迈出了第一步之后，在后来的日子里就没有任何阻碍了"。她所珍视的名誉被抛诸脑后，被意想不到的幸福所取代。

这一次，拜伦与人分享了这些感受。他漫不经心地向霍布豪斯夸耀道："我爱上了拉韦纳的一位伯爵夫人。她很漂亮，但不太老练，该小声说话的时候，她却高声应答。在这个美好的夜晚，她大声叫我'我的拜伦'，吓坏了本佐尼家的一群人。"尽管如此，他还是被她吸引，这使他进退两难。他反问："我该怎么办！我恋爱了，但我厌倦了混乱的姘居生活，我现在有安定下来的机会。"

特蕾莎和拜伦的关系比他和其他英国情人的关系更复杂。拜伦被默许成为侍从骑士（cavalier servente），实际上是已婚女性的忠实陪伴者以及公开的"友人"。虽然这个职务听起来体面、高尚，令贵族丈夫能够保住他的尊严，但所有人都知道骑士就是情人。另一种更俚语化的说法是"情夫"（cicisbeo）。拜伦甚至在他 1817 年的诗《贝珀》（*Beppo*）中讽刺地描述了这种习俗：

> 此外，在阿尔卑斯山，每个女人，
>
> （尽管，上帝知道，这是重罪）
>
> 恕我直言，都能拥有**两个**男人；
>
> 不知是谁开创了这个习俗，
>
> 但"侍从骑士"很常见，
>
> 对此没人留意或在乎；
>
> 我们可以称之为（即使不是最坏的）
>
> 败坏头婚的第二次婚姻。

就算圭乔利清楚自己的妻子跟骑士之间的关系，他也会凭世故之人的圆滑和自信来处理这件事，他是不会嫉妒的。有迹象表明，对于特蕾莎与拜伦的友谊，圭乔利并不感到高兴。拜伦注意到，当特蕾莎叫他"我的拜伦"时，这位伯爵"表情尴尬"。而且，在两人初次见面的几天后，圭乔利决定带特蕾莎离开威尼斯，前往拉韦纳附近的泽恩庄园（Cà Zen），这样的安排不太可能纯属巧合。心烦意乱的特蕾莎去了歌剧院，告诉拜伦她即将离开。讽刺的是，拜伦当时在欣赏的恰恰是罗西尼（Rossini）的《奥泰罗》（Otello）。圭乔利在几小时后出现在歌剧院，不是以"绿眼怪"的嘴脸，反而自信地问候拜伦，甚至在带特蕾莎回家之前还邀请拜伦去拉韦纳做客。这一次，伟大的引诱者被战胜了，如果不是惨败的话。

特蕾莎离开几天后，拜伦竭尽所能与她保持密切联系，即使分隔两地。在这件事情上，他得到了特蕾莎热心的前家庭女教师范妮·西尔维斯特里尼的帮助，她一直是女主人的知己和好友。有人可能会说她在讨好特蕾莎。即便如此，她也是一个极其有用的中间人，每当她需要把拜伦的任何消息转达给女主人时，就会狡猾地称他为"老爷"。她完全清楚拜伦对她那位女主人的感情，有一次，她对特蕾莎说："我要告诉你，他以最大的热情爱着你，这是最多情的心也能做到的。"拜伦曾说过："这不仅仅是一时冲动或者心血来潮，而是真正的感情，你给他留下了永远无法抹去的印象。"特蕾莎也同样热情，她让范妮告诉拜伦："痛苦的特蕾西娜离开这里时只求我做一件事——我要设法去见老爷……以便把她生动的样子带到他的记忆中。"

范妮得到了另外两个人的协助，他们是原拉韦纳神父斯皮内利（Padre Spinelli），以及拜伦的秘书兼总顾问莱加·赞贝利。一场恋爱有五个人参与，不可避免地会出现复杂情况。特蕾莎早期的许多信件都在埋怨情人音信全无，其中一封写道：

> 怎么回事……为什么不给我写信？难道没有机会……你的一封信能给我带来多少欢乐，而你的沉默又造成了多大痛苦，如果你能想象其中的千分之一，我相信你一定会因为怜悯我而讨厌自己，觉得自己太残忍！

这封信也许让你想起了卡罗琳的激情和夸张，拜伦也有同样的感受。他写信给金奈尔德，把特蕾莎比作"意大利的卡罗琳·兰姆，只不过她长得漂亮许多，也没那么野蛮"，并对他所在的这个国家冷嘲热讽了一番，"她……对舆论同样地蔑视——带着意大利在这种倾向之上形成的所有上层思想，在免受惩罚的情况下，他们可以不断冲破极限"。拜伦错认为特蕾莎和他的婚外情是"她结婚以来的第一次爆发"，不过那个粗俗的费里根本不能与这位英国男爵相提并论。在信的最后，拜伦异常坦率地承认："我爱上她了，但他们已经离开了，走了好几个月，除了希望，没有什么能让我真正活着。"

拜伦用意大利语写信给特蕾莎，口吻不像与其他人通信时那么诙谐。虽然他的语言能力足以让他达到目的，但他觉得必须为自己的过错道歉，声称"我写信的风格越粗野，就越像命中注定我会远离你"。他郑重宣布，"你，是我第一个也是唯一爱着的人，是我唯一的喜悦，是我生命的快乐……你走了，而我孤独地留在这里"。这番话并不完全属实，他在次月写给默里的一封信里，悲伤地谈到"与一个威尼斯女孩的约会"，姑娘名叫安吉丽娜（Angelina）。他掉进了威尼斯大运河，"不想因为换衣服耽搁约会"，被问到为什么不能和"擅长数学的妻子"安娜贝拉离婚，他回答："在英国，通奸行为不像在这里这么兴盛。"无礼的少女并不满意，又轻松地问："你不能摆脱她吗？"拜伦不可置信地问："你的意思不会是让我毒死她吧？"而她只是"沉默以对"。激情与暴毙密不可分，在圭乔利伯爵的地盘上，拜伦可能面临类似的生命之忧。

拜伦继续与特蕾莎通信，但在高调诉说爱和激情（"我全心全意吻你——千万次"）的同时，信中开始流露出不能随心所欲的不满。特蕾莎在 1819 年 5 月初流产，拜伦在给金奈尔德的弟弟查尔斯写信时说到此事，并没有表现出同情。他说："我本打算明天离开威尼斯……但这位女士流产了……没有可能见到她，我究竟该怎么办呢？"他打算在 5 月 20 日离开，"剩下的就听天由命吧"，通过虚张声势来掩饰心中的担忧。即便如此，他还是高调地结束了这封信："如果邮局的人拆开我们的来往信件，他们会有所收获，目前为止都是关于妓女和流氓的。"

尽管圭乔利已经邀请拜伦去拉韦纳，但无论是考虑到特蕾莎的婚姻状况，还是她的身体状况，抑或出于谨慎，拜伦出发前是有些犹豫的。曾经被他戴过绿帽的男人都不是小人物，最有名的是威廉·兰姆，但他们都被英国人的矜持约束着。然而，在意大利，下毒和暗杀被视作扫除障碍的常用手段。拜伦知道，在特蕾莎丈夫的屋檐下，继续与她私会是危险的。

在情绪的推动之下，拜伦写信给奥古丝达，自离开英国后，他第一次这么坦率。他说："除了我们的感情和关系之外，我们现在没有任何交集……我从未也无法停止感受那种完美和无限的依恋，它把你和我捆绑在一起，使我无法真正爱上其他人。在你之后，她们于我而言算什么呢?"①不管拜伦所写是否出于真心，都与他对特蕾莎、安吉丽娜及其他女子表达的感情相矛盾。在拜伦的生活中，长久的真情是十分少见的。

最终，在 1819 年 6 月初，拜伦动身前往拉韦纳。他还是不知道结果会怎样，对霍普纳说："我的心情并不好，因为圭乔利似乎打算制造一片掌声，或许一起事件……这位伯爵就像甘迪德（Candide）②，'杀死了两个人，其中一人是个主教'。"拜伦心情不佳是因为圭乔利的邀请使他沦为焦虑的情夫，而特蕾莎不常写信，还总是前后矛盾，让他无法确定去找她的动力是什么。他向霍布豪斯抱怨："木已成舟，我必须（不是比喻，而是字面意义）渡过卢比孔河（Rubicon）……为了一个喜欢的女人，不顾一切风险。"

这并不是他的最后一次冒险。

拜伦的情绪能够在气恼和诗意的热情之间切换，他开始为特蕾莎写爱情诗《波河之歌》（*Stanzas to the Po*）。他将波河视为两人之间的一条通道，将他们分隔同时又把他们连在一起。拜伦后来说这首诗"充满炽热真情"，展现了人生经历和文学技巧所赋予的浪漫感觉：

> 我看到的河水会抚摩她
>
> 故乡的城墙，流过她脚下，

---

① 奥古丝达把这封信转寄给安娜贝拉，说："他肯定会被当成疯子。"
② 伏尔泰小说《老实人》（*Candide*）的主人公。——译者注

她会看到你水中的晚霞，

呼吸的空气使炎夏净化。

她会像我一样凝视着你，

我心里这样想，从那时起，

无论是在梦里、口里、眼里，

河水总会引起我的叹息！①

拜伦在 6 月 2 日写下这首诗，同一天向霍普纳抱怨他"心情并不好"，这是他矛盾性格的一个表现。

拜伦最终在 6 月 10 日到达他跟特蕾莎的相约地点，拉韦纳剧院，令他失望的是，前来迎接的人不是她。接待他的是拉韦纳省秘书长，朱塞佩·阿尔博尔盖蒂伯爵，他还带来了一个错误的消息，说特蕾莎命悬一线。拜伦大为震惊，几乎要当场情绪失控，当他宣布"如果那位女士死了，我也不想活了"的时候，圭乔利的出现解救了他。他给妻子的婚外恋人带来了一个好消息：虽然特蕾莎还很虚弱，仍处于流产造成的痛苦之中，但性命无虞。然后，他护送拜伦前往城里唯一一家酒店——肮脏破旧的帝国酒店（Albergo Imperiale），并保证骑士很快就能去看望特蕾莎。圭乔利离开后，拜伦独自闷闷不乐，他知道，自离开英国以来，这是他第一次掌控不了自己的处境。

拜伦和特蕾莎终于在 6 月 11 日晚上相见，但当时的情况不太令人满意。考虑到特蕾莎仍在病中，圭乔利和她的其他亲戚也在场，两人无法私下交谈，感到既失望又痛苦。拜伦回到酒店，苦恼地给她写信："在这种折

---

① 许渊冲译。——编者注

磨下，我是不可能长寿的，我正哭着给你写信，而我不是个轻易哭泣的人。当我哭时，眼泪是从心里流出来的血。"不太流利的意大利语使他的文字少了平时的机智和世故。一直以来自信满满的诱惑者正处于焦虑之中，他哀怨地恳请特蕾莎"告诉我，在这种情况下我该怎么做，我不知道怎么做最好"。像往常一样，他最在乎的还是自己，一边说"我怕让你难堪"，一边控诉"你知道在你面前控制我自己要付出多少代价吗？"

一种令人忧伤的模式形成了。拜伦继续每天去看望特蕾莎两次，时刻受到监视和约束。即使当地名流前呼后拥，这位著名诗人却并不在乎世俗的恩宠。这种避免引人注目的反常遭到了朱洛·拉斯波尼伯爵（Conte Giulo Rasponi）的嘲讽："人们普遍认为，比起圆厅别墅（Rotonda）和狄奥多里克（Theodoric）遗迹，圭乔利宫（Palazzo Guiccioli）给他留下的印象更深刻。"拜伦既沮丧又烦闷，对旁人的议论毫不在意，向特蕾莎提议私奔。他写信说："如果出现麻烦，就只有一个合适的补救办法，那就是一起离开。做这件事需要伟大的爱情，和一些勇气。你有吗？"特蕾莎的拒绝是不可避免的，即使她把拜伦的提议称为"激情、爱和慷慨的典范"，却无法摆脱塔中公主这一角色的限制，而圭乔利就是她的看守。

第二天，特蕾莎的身体好了一些，可以跟拜伦一起乘马车去里米尼（Rimini），她说那里被"清晨露珠点缀得翠绿清新"。她觉得拜伦"既快乐又忧郁"，在她说完此情此景令她想起但丁《炼狱》（*Purgatorio*）的第八章后，他开始写《但丁预言》（*Prophecy of Dante*）。他们与保罗（Paolo）和弗朗切斯卡（Francesca），那对陷入爱情、永不分离的恋人，相似之处显得既诱人又荒唐可笑。虽然拜伦几乎每天都写信恳求，但他们似乎已经陷入了僵局。至于圭乔利，作为他们之间的最大障碍，他仍然是一个谜。拜伦写信告诉霍普纳："我完全看不懂他，"但他知道自己面临潜在的危险，阴沉地写道，"如果某个美好的下午，我离开时肚子上插着一把短剑，我是不会感到惊讶的。"

特蕾莎的身体没有明显好转的迹象，拜伦在 7 月初写给韦伯斯特的一封信中说："从她的症状来看可能是肺病，但我希望情况会好转。"他对霍普纳则说得更明确："她的症状是肺病引发的久咳不愈，偶尔发烧……从各方面来说，她都在勇敢承受，但我有时担心，我们每天见面会让她更虚弱……我无法形容她的病对我造成的影响。"尽管如此，她的病让他进入了一种处乱不惊的状态，他概述了自己的决定：

> 我永远不再有激情，这是我*最后*的爱情。至于放荡主义，已经自然而然地遭到我的厌恶；我从恶习中至少得到了这个好处。以更好的方式去*爱*，这将是我的最后一次冒险。

虽然他对克莱尔冷漠无情，但他发誓，从此以后特蕾莎将占据他的心。他知道他的健康已经被多年的放纵损耗。正如他对韦伯斯特说的，"我的体型无疑臃肿了许多……头发半白，虽然没有脱落，但似乎也快了，我的牙齿还礼貌地留在原位"。这么说虽然是夸大其词，但过去在伦敦的沙龙和闺房中流连的浪子已经过早地步入中年，每天两次一瘸一拐地去看望恋人。然而，见面通常发展为那种更私密的交往，拜伦向司各特炫耀："我们的爱情事业每天都很顺利，根本没有受到无关事情或肺病的威胁。"

其他人试图干预。特蕾莎的哥哥彼得罗向她暗示拜伦在英国的劣迹，尤其是他对待妻子的恶劣行径，她却愤怒地反驳："我有充分的证据能证明他的心是极善良的！"霍普纳担心拜伦自取其辱——或出现更坏的情况——劝他不要沉迷其中，说"当她收服你的时候"，他就会被抛弃。拜伦充耳不闻，仍一心一意地陪伴康复中的特蕾莎。在玛丽·查沃思之后，拜伦第一次对情敌生出了痛苦的嫉妒，写道："那个男人每天晚上都在你的包厢里待很久，他在做什么？"曾经的任性随之冒头，他宣称"别担心，明天晚上我会给他腾出位置"，还说"你让我成了自己眼中——也许很快也是别人眼中的——卑鄙小人"。事实上，没有他人的影响，他也能让自己看起来荒谬甚至卑鄙。特蕾莎则认为这封信"动人、热情、美妙，但非常不公正"。一个尚未从（据说危及生命的）重疾中康复的女人，不太可能为了折磨情人，当众与丈夫调情。

特蕾莎终于康复后，她和拜伦一起在乡间愉快地骑马，傍晚回到城里之后又一起去剧院或沙龙。他们也在圭乔利宫互表衷情。拜伦后来得意地回忆"那些时刻，甜美、危险，但从各种意义上说，都是快乐的……那些房间！那些敞开的门！"议论随之而起，有这么说的："爵爷的爱情越来越热烈，在小镇中引人注目。他的拜访时间尤其引人非议，总是与那位丈夫办公或午睡的时间重合，也是那位夫人最空闲的时候。"不过，圭乔利始终淡然处之。即使他得知坊间流传着一首对他不敬的十四行诗——嘲笑他是一只"老鸟"，"猎鹰妻子请来了一只杜鹃鸟"让他"头上长角"——他依旧保持冷静。圭乔利对流言的唯一回应，是和特蕾莎一起去了博洛尼亚的萨维奥利宫（Palazzo Savioli）；但他明确表示欢迎拜伦造访，后者欣然接受邀请，于8月10日抵达博洛尼亚，打算揭开这部情感大戏的下一幕。

拜伦和圭乔利的关系异常友好。圭乔利不太可能想不到，或没有注意到，这个年轻人是妻子的婚外恋人。相反，圭乔利像对待特蕾莎一样，坚定地把这位"爵爷"控制在自己的权力范围内，一边纵容他，一边显示自己在当地的权势。圭乔利向拜伦借钱，根据特蕾莎的不同说法，是否同意由金额大小决定。从拜伦写给默里的一封信可以看出圭乔利对他的影响；他在信中询问圭乔利是否有可能被任命为驻拉韦纳的英国领事或副领事；伯爵争取职位的动机是改善与教皇政府的关系。拜伦则称伯爵的动机是"在发生新的入侵时得到英国的保护"，他承认"我很少关注这些事情"，却竟然为情人的丈夫做到这一步。当拜伦表示他自己要出任拉韦纳的英国领事时，又恢复了玩世不恭的语气，说："这样我就可以让他做我的副领事。"

圭乔利慷慨地回报了拜伦，甚至邀请他在自己离家期间住进宅邸。然而，圭乔利却带着特蕾莎去巡视庄园，使特蕾莎所期待的慵懒地读书、骑马、做爱的"甜蜜生活"化为泡影。孤独的拜伦决定采取明确的行动，独占特蕾莎。他要回到威尼斯，带着特蕾莎。特蕾莎谎称要去见拜伦的医生，自己可能有子宫脱垂的危险，但没有人相信。拜伦想回到他定居的城市，让特蕾莎做他公开的情人。即便如此，圭乔利也同意了，两人在8月底离开了拉韦纳。

在接下来的完美旅程中，绕道去阿尔库阿（Arquà）的彼特拉克故居（Petrarch's house）是一个亮点；他们在访客簿上签名时，拜伦可能感受到了与奥古丝达在纽斯特德的树上刻下名字时的快乐。在帕多瓦（Padua），他们与老熟人本佐尼伯爵夫人不期而遇，只有这时，欢乐的心情才受到了影响。拜伦说，这位伯爵夫人和她的侍从骑士朱塞佩·阿尔博尔盖蒂伯爵"看起来尴尬而滑稽，似乎在想，应该责备我还是维护我"。伯爵夫人知道，拜伦在公开炫耀他的恋情时已经违反了规则，只是好奇这么做会有怎样的后果。

作为对闲言碎语象征性的回应，拜伦和特蕾莎在威尼斯各自找了住处。然而，很快圭乔利就被告知"由于旅途疲惫，（特蕾莎）会晚些日子再搬去安排好的住处，现住在拜伦男爵家中，他已经贴心地备好一个房间"。拜伦厌倦了瞻前顾后，要特蕾莎去参观他在米拉（Mira）附近租的别墅；她征得了圭乔利的许可。他们于9月下旬到米拉，很快就建立起幸福的生活模式：写作、弹琴、性。拜伦当时正创作《唐璜》的第三章，特蕾莎说对他而言"那不是一份职业，只是一种消遣"。他兴高采烈地对霍布豪斯说："我曾经是一个私通者、一个丈夫、一个嫖客，现在我是一个侍从骑士——

以神圣的名义！这种感觉真奇怪。"摩尔的来访也鼓舞了拜伦；他被特蕾莎的"智慧和亲切"打动了。连圭乔利将于10月末来威尼斯的消息，也没能破坏浪漫的气氛。特蕾莎在她的"人间天堂"若无其事地给丈夫写信，故意称赞拜伦，说"男爵对我的照顾无微不至"。这让圭乔利确信了拜伦的关心究竟意味着什么。特蕾莎的父亲甚至写了一封警告信，告诫她小心"这个诱惑女人的年轻人"，以及外界对其"高尚"意图的看法，但都无济于事。特蕾莎爱上了一个才华横溢、令她向往的男人。

然而，事情并不顺利。拜伦在信中向霍普纳发问："我想知道被杀死的是谁？——只有可怜的我——特洛伊战争以来，没有人比我遭受的蹂躏更多。"不过还有其他事令他忧虑，包括《唐璜》前几章不太理想的商业表现，以及圭乔利即将登门。10月28日，一场暴风雨将他淋透，两天后因为发烧开始卧床，而情敌恰好在11月1日驾到。圭乔利这次不光要带走他的妻子，还要规训她。他宣布了一系列作为妻子"必须遵守的规则"，包括"对丈夫言听计从""尽可能不见访客"以及"不要挑拨她的丈夫与她的父亲或其他人之间的关系"。这些规则都明确指向最近发生的事情，但被解放的特蕾莎拒绝被胁迫，用她的条款来"回复你的条款"，其中包括一条"不加区分地接待任何访客"。战斗的号角吹响了。

拜伦病愈后，圭乔利来找他说话，语气近乎哀求。拜伦感到很意外，他告诉霍布豪斯："他真的来找我，还为此哭泣，我对他说'如果你抛弃你的妻子，毫无疑问我会带走她……但是，如你所说，若你真的愿意像以前一样喜欢她、和她一起生活，我不仅不会继续打扰你的家庭，甚至可以再翻一次阿尔卑斯山'。"这其实是圭乔利聪明地使用了边缘政策。他不久前截获了甘巴伯爵写给他女儿的一封信，信中就如何安抚她的丈夫给出了一些建议。圭乔利不但没有激怒特蕾莎的情人，反而把他当成知己。最终，拜伦说服特蕾莎随丈夫回到拉韦纳。她离开后，拜伦也决定走，他对金奈尔德说:"我要离开意大利⋯⋯我已经完成了我的使命,而这个国家对我来说已经是个伤心地,在这里我感到孤独。"

1819年11月,让拜伦烦恼的不光是他的爱情,还有女儿阿莱格拉患热病一事,尽管病情不危及生命,但足以让他觉得"烦躁"。如果没有这些烦恼,他可能会回到英国,让特蕾莎做一个尽职的妻子,或者再找一个情夫。他告诉她:"一方面,我害怕回到拉韦纳会永远地损害你的名誉——以及由此带来的后果;另一方面,如果再也见不到你,我害怕失去你,失去我自己,以及我所知道或品尝过的一切幸福滋味。"显然,此时指引他的是责任而非快乐,他次周在信中告诉她:"为了救赎你,我要离开,我要离开这片没有你就叫人无法忍受的土地。"然而他并没有离开,尽管他连行装都已经收拾好,准备在12月9日离开威尼斯。他似乎在等待某种神谕,告诉他下一步该怎么走。

最后,他等到了。特蕾莎回到拉韦纳后旧病复发,高烧不退。这一次,她的父亲担心拜伦的缺席会令她丧失生存意志,于是在圭乔利的默许之下,恳求他去拉韦纳。拜伦给特蕾莎写信时难掩欢喜,"爱情胜利了⋯⋯我会回去,做你想让我做的事情,成为你想让我成为的人"。他在圣诞夜抵达拉韦纳,特蕾莎愉快地迎接他,她的丈夫和父亲也公开欢迎他。他似乎大获全胜。

后来发生的事情可能会让他怀疑,获胜的究竟是谁。

14

"演进与革命的前夜。"

——拜伦，1820 年 7 月 22 日

拜伦回到拉韦纳，就像回到自己的王国一样高傲，即便他的"封地"仍然只是帝国酒店。特蕾莎的叔叔卡瓦利侯爵在新年前夜举办的晚会，同时也是他正式进入上流社会的欢迎会。如果特蕾莎想炫耀她的情人，那么她如愿了。拜伦说："如果她为丑闻感到光荣，那我也不必感到羞耻。"他刚到这座城市时，只能偷偷摸摸、见缝插针地和情人幽会，如今却"能够在很短的时间里尽情充当情夫"。

拜伦被一个意大利女人驯服了，这对他的英国对头们来说是一则趣闻。他非常清楚自身处境的变化，告诉霍普纳："我还没有决定在拉韦纳待多久——可能是一天、一周、一年或者一辈子。"他也不太确定后面的事，"除了我告诉你的这些，对其余事情我毫无头绪。"他很快就厌倦了鄙俗的生活；他原先偏爱拉韦纳，相比之下，将威尼斯称为"海上索多玛"，但偏爱很快被烦闷所取代。特蕾莎也注意到了，"拜伦勋爵的确在愉快地扮演他的角色，但并非不对其进行嘲笑。人们很可能认为他是感到羞耻的"。英国的生活变得模糊、遥远。1820 年 1 月 29 日乔治三世去世，以前的拜伦可能会长篇大论地讽刺一番，此时却只是告诉默里"不能不感到遗憾"。他虽同情已故的国王，对朋友却不这样；当霍布豪斯因为匿名写了一本激进手册被监禁时，他耸耸肩说："他自找的。"

讽刺的是，打起友情牌、帮拜伦解决烦恼的人是圭乔利。这位伯爵表示，帝国酒店不是著名诗人该住的地方，提供圭乔利宫的二楼作为拜伦的

永久住所。如果这是一个陷阱，那也是诱人的陷阱。权衡利弊之后，拜伦带着女儿阿莱格拉、仆人、动物和各种物品，搬到了情敌的屋檐下。

那是一段不自在的时光。拜伦写给默里的信表现了他的焦躁："在拉韦纳，最受尊重的是丈夫们，在外面时，不仅夫人们，连她们的仆人都要遵守这条规则。"圭乔利宫是一座小建筑，与其气派的名称不相称，只有一段中央楼梯，所以拜伦和特蕾莎幽会时会被宅邸中一半的人注意到。变近的距离不仅没使感情升温，还使见面变得困难起来。就现存文字资料来看，双方对当时的情形都感到失望。圭乔利一直跟特蕾莎同床共枕，夫妻关系变得极为亲密。拜伦忧郁地写道："那个男人的亲近或许是无罪的，却不是正派的。"他似乎没有注意到其中的讽刺意味，作为情夫，却指责情人的丈夫有失体面。

拜伦的怒火很快烧向特蕾莎，开始觉得特蕾莎同样有欺骗之过，抱怨："如果你拿出诚意，谁走谁留都无关紧要。不幸的是，在意大利目前的道德环境中，这种诚意是不可能存在的。"就这样，几个星期过去了，拜伦把仅有的精力都倾注到《唐璜》的创作上。这部作品暗示了他心中的不满，比如第三章中的这段描述：

> 只在初恋时，女人爱她的恋人
> 这以后，她所爱的就只是爱情，
> 这成了她摔不脱的一种习惯，
> 像戴惯的手套，松松的很称心。①

尽管拜伦对刚出狱的霍布豪斯说，"我已经习惯了做个普通的骑士，并且觉

---

① 查良铮译。——译者注

得这种状态最幸福"，却仍与特蕾莎争吵。他写短笺给特蕾莎，气愤地抱怨被迫借钱给圭乔利一事，并为发生争执进行辩解。这位骑士说："永远记住，是你想断绝关系，而不是我，我从未在言语、行为或思想上冤枉过你。"在写给名妓哈里特·威尔逊（Harriette Wilson）的信中，他对自己的现状含糊其辞，承认"我并不痛苦，也许还比在英国时更平静"，但也说"你问我是否'快乐'，我想，或许任何人说自己快乐都显得愚蠢，尤其是一个要经历我所遇之事的人"。

最终，圭乔利宫为期两个月的和平结束了。不知是出于怀疑还是失望，圭乔利强行打开了特蕾莎的写字台抽屉，读了她和情人的往来信件。如果圭乔利更加年轻气盛一些，或是一个理想主义者，他可能会发起一场决斗，或者用马鞭抽打奸夫。事实并非如此。惊慌失措的特蕾莎对拜伦说："如果不能继续做你真正的朋友，我就一死了之！"不过她的牺牲是没有必要的。圭乔利的行为有失绅士风度，拜伦向特蕾莎表现了他的轻蔑（"在这件事之后，他再做出多么卑劣、多么不道德的事，我或者其他人都不会感到惊讶"），他确信自己作为骑士，与被戴绿帽的丈夫相比，占据了更高的道德地位，那个丈夫已经沦落到像小偷一样，在夜色的掩护下撬抽屉。

圭乔利决定采取行动，向拜伦表明，他与自己妻子的亲密关系令他"不愉快"，并要求拜伦不再见特蕾莎。拜伦表现平静，试图寻求和解，但同时也感到困惑。他对特蕾莎说："他在几个月前就知道，或者说应该知道真相了……难道他现在才怀疑你对他不忠吗？他以为我们是石头做的？还是我不只是或者不是一个男人？"拜伦或许打算用绅士的方式解决问题，让特蕾莎像之前那样修复与丈夫的关系，但他的无私带有利己色彩。拜伦给特蕾莎写了一封劝告信，坚称"从各方面来看，跟亚历山德罗在一起对你更有利"，自称为"你真正的、被牺牲的朋友"，"我在离开威尼斯之前就已经决定，你应该记得在那个不幸的地方，我是如何恳求你不要强迫我回到拉韦纳"。最后欢欢喜喜地说："看，这就是后果！"他以前也推卸责任，但针对这件事提出符合道义的观点则是一种新的伪善，似乎很适合骑士的角色。

然而，甘巴伯爵听了特蕾莎对女婿的控诉后勃然大怒，虽在旁人劝阻下放弃了与圭乔利决斗的想法，但他想利用自己对教皇庇护七世的影响力，促成他们的离婚。甘巴伯爵的诉求对圭乔利来说是极端的羞辱——不仅要求他归还嫁妆，每年支付1200斯库多的补贴，还将婚姻破裂完全归咎于他；另一方面，一旦特蕾莎和丈夫分开，她就可以自由地与拜伦交往，不必担心丑闻，她将获得自己想要的一切。

拜伦更加谨慎。他有时把特蕾莎当作事实伴侣，甚至暗示"如果情况允许"会成为她的丈夫，有时又表现出惯常的冷漠。特蕾莎与圭乔利亲密关系的持续，使拜伦感到十分嫉妒。他在一封信中愤怒地说她"屈服于圭乔利的甜言蜜语和爱抚"，不考虑特蕾莎在这件事上没有选择余地。尽管如此，卷入其中的他要担心的不只是名誉。他轻松地告诉默里："圭乔利伯爵夫人就要离婚了，因为我们在一起的事实——更糟的是，她没有否认这一点。"在一番尖刻评论之后（"他在六十岁的时候不想戴上绿帽，而其他人从一岁开始就不想"），他说到了重点：害怕圭乔利实施报复。想起地主曼佐尼被谋杀，虽然拜伦故作轻松（"别人警告我要保持警惕，因为他常雇用Sicarii[1]——这是拉丁语，也是意大利语……但我有武器……我想我可以朝他的手下开枪"），但他知道，被圭乔利报复的可能性很大。当他满不在乎地说"人终会以某种方式死亡"时，他知道自己的选择正在减少。忠诚和专一似乎从未出现在拜伦的字典里，现在却可能成为他的命运。

1820年7月12日，事情有了新进展。由于圭乔利的"特殊行为"，教

---

① 意为带短刀的人、刺客、暗杀者。

皇批准特蕾莎结束婚姻。拜伦欢天喜地地写信告诉摩尔，圭乔利"发誓，说他认为我们之间一直保持友好往来，我对他比对特蕾莎更好，直到悲伤的证词证明事实完全相反"。拜伦承认"当然，我处境尴尬"，他没有被授予特蕾莎的初夜权，反而不得不忍受特蕾莎回到她父亲的家中，与她见面要受到极大限制。法令明确规定，特蕾莎应该"以一种令人称道的方式、一种与丈夫分开的女士那体面而高贵的方式生活"。特蕾莎服从了教皇的判决，说："圣父的仁慈让我重获平静，并且赋予了我舒适的生活。"

在这种情况下，多数男人可能会接受失败的事实，回到英国，尝试在那里开启新生活。但拜伦并非他们中的一员。

特蕾莎作为已婚女性的最后一天和她的婚姻一样非同寻常。受挫的圭乔利想尽一切办法不让妻子——或者，在他看来，他的个人财产——离开，坚持声称幸福婚姻生活的唯一障碍是他对拜伦的嫉妒。劝说失败之后，他最终使出卑鄙手段，试图阻止特蕾莎于 7 月 15 日启程，下令不放一匹马出圭乔利宫。结果，喜剧性的一幕出现了：刚离婚的特蕾莎和圭乔利在仆人面前共进晚餐。其中一名仆人说"两人都十分讲礼，聊一些无关紧要的事情"。客气了几个小时之后，特蕾莎在忍无可忍之下带着自己的女侍和男仆，乘租来的马车偷偷离开，前往她父亲位于菲莱托（Filetto）的乡间别墅。

奇怪的是，拜伦还带着他的女儿、仆人以及动物住在圭乔利宫。圭乔利让拜伦离开时，他笑着拒绝了，也许是以折磨房子的主人为乐，也许只是懒得搬家。圭乔利并没有强行驱逐拜伦，而是接受了现状，没再要求他离开，或许观察拜伦的一举一动正符合他的目的。不管怎样，拜伦和特蕾莎尽管还保持着轻松的日常通信，但他们已经几个星期没有见面。拜伦不用再为了跟特蕾莎幽会而在她卧室附近徘徊，他抓住机会创作，陪伴阿莱格拉，在乡间漫步。

即便如此，拜伦并没有脱离困境。虽然他在写给特蕾莎的信中漫不经心地说"你不必害怕他对我施暴"，但被突袭的可能性仍让他惴惴不安。他用枪的时候一只手受了轻伤，对此，他安慰特蕾莎："我向你保证，在皮内塔（Pineta）开枪只是为了取乐，不是为了在遇刺时自卫。"不过当地的暴力活动确实猖獗。两天前，拜伦告诉默里，"上周在这里和法恩扎共发生了三起暗杀事件"。一位放荡的英国贵族诗人，尤其是一个与传得沸沸扬扬的离婚案有关联的人，他的死亡或许不会令人惊讶。

当拜伦在拉韦纳遇到特蕾莎的哥哥彼得罗·"皮耶里诺"·甘巴（Pietro "Pierino" Gamba）时，他终于松了一口气。从罗马回来之后，皮耶里诺警告他的妹妹，不要产生不光彩的感情，但他最终和她一样被拜伦吸引。拜伦或许也被皮耶里诺的风度所打动，尽管他只是谨慎地赞扬了后者的见解和勇气，而不是他的外貌；说他是一个"非常优秀、勇敢的人"，"疯狂地追求自由"。此时，拜伦的政治思想越来越鲜明，他在甘巴家族找到了知音，他们对革命组织烧炭党（Carbonari）事业的奉献激励了他。拜伦后来的行动没有辜负他们的信任，他甚至被吸收进了烧炭党的拉韦纳分部——美国猎人（Cacciatori Americani），并成为其领导者。他的英国朋友们若知道他基本上成了原始黑手党的首领，可能会不可置信地发笑，也可能毫不惊讶。拜伦自己感到十分满意，向默里炫耀"他们叫我头儿"，并且乐在其中。此外，他与反叛的黑社会的联系意味着圭乔利在铲除这个麻烦的诗人之前，需要想清楚后果。

尽管革命和反叛活动对拜伦来说很有吸引力，但令他自己惊讶的是，他对特蕾莎的感情并没有变淡。当他告诉她圭乔利"派人监视我"时，他强调了自己的爱和勇气——"我差点和一个人在松林里打起来……我失去了耐心，告诫他，如果他不走，下场会比我更惨。"在分开几周之后，他们从 8 月中旬开始，在特蕾莎父亲位于菲莱托的家中幽会。我们很难判断甘巴伯爵是否乐意让拜伦见他的女儿，但他与皮耶里诺的友谊让他很快成为甘巴府的座上宾。他的外貌和个人魅力使他看起来比圭乔利更配得上特蕾莎。

除了爱情问题之外，拜伦还有其他问题亟待处理。我们尚不清楚拜伦本人是否真的参加过革命活动。根据特蕾莎后来的描述，拜伦认为自己是一个温和的人，喜欢仔细论证，而不是草率的行动。然而，她只说对了一部分。拜伦把自己看作人类领袖，烧炭党起义的中心人物。他知道意大利秘密警察在分析他的信件，试图淡化参与感，却仍向默里宣称："现在是演进和革命的前夜……那不勒斯王国不值一提……但我想，意大利的其他地方会站起来。"拜伦参加了拉韦纳和菲莱托的准革命者会，但该组织缺乏团结思想和大胆行动的现状令他感到失望。

他喜欢与特蕾莎和她的家人待在一起，逐渐融入了甘巴家族。他向摩尔夸耀："我住在意大利最明净、受陌生人影响最少的地方，我住在他们家中，见证了他们的期望、恐惧和热情并参与其中，我几乎成了这个家庭的一员。"拜伦甚至给圭乔利写了一封放肆的信，责备这位伯爵误报他的年龄，嘲笑道："如果我来写你的生平记录，把你的真实年龄算大一些，把你写成一个七十岁的人，你肯定会不高兴，而我也绝对不会容忍这种不公。"遗憾的是，我们无法知道圭乔利对拜伦的傲慢作何回应。

特蕾莎依旧为拜伦时常不在左右而忧伤。期盼相见的她在一封信中说："这一希望，以及与你有关的所有期待，让我仍然能感受到快乐。"尽管她责备拜伦不应该送给自己一本低俗的书——本杰明·康斯坦特（Benjamin Constant）的《阿道夫》（*Adolphe*）。这部小说讲述了主人公和年长于他的女性之间注定失败的爱情。特蕾莎抱怨："这本书对我造成了深深的伤害……出于怜悯，拜伦，如果你还有类似的书，请不要寄给我！"当特蕾莎没有被暗示性的文学作品所迷惑时，她喜欢去附近的巴奇内蒂别墅（Villa

Bacinetti）陪阿莱格拉，也喜欢组织夏日宴会和野餐。其中一次活动恰逢日食，特蕾莎回忆，这一现象促使拜伦"用灵魂之眼看到了无垠宇宙中难以理解和描述的美"。不过拜伦很快又开心地玩起了草地滚球游戏，这或许说明他的哲学思考是有限的。

在这个时期，拜伦的主要活动是散心，没有把精力放在《唐璜》的创作上。特蕾莎开玩笑地提议去钓鱼，说："是的，我的爱人，我想成为一名渔妇，但前提是你必须是一名渔夫，或者至少你不会反对与一名渔妇相爱并共同生活。"拜伦的革命野心受挫，亦尚未取得新的文学成就，他正在寻找能分散注意力的新活动。拜伦对特蕾莎的可笑提议不置可否，"钓鱼和渔妇！总有新鲜事……"可见他对清静的垂钓生活兴趣寥寥。

特蕾莎逃离圭乔利宫之后，便与圭乔利断绝了联系，直到圭乔利的长子费迪南多（Ferdinando）在 9 月中旬死于中暑。特蕾莎坦言："我没有理由爱你的儿子，实际上，也许还有一些理由去恨他。"并暗示他可以化悲伤为斗志："将来，你会更轻松地为国家作出伟大贡献，因为束缚你的个人事务变少了，你能够把精神力量投入到更光辉的思想中……你会填补你现在无法填补的社会空缺。"特蕾莎和圭乔利恢复通信，这伤害了善妒的拜伦，尽管几周之后他就不在意此事了。他说"皮耶里诺可能夸大了我心情不好时说的话"，将反复无常的性情归咎于"忧郁症"，"我犯精神病的时候最好远离别人"。次日，拜伦进一步解释，把他的悲伤比作"一种不稳定的病，有时会让我害怕自己会发疯，在这种时候，我会远离所有人，不想让他人不愉快"。他并非在给将来的遗弃做铺垫，而是在为自己的行为作出解释，他一生中很少对其他人这么周到。

拜伦保持着对革命的热情，给那不勒斯人民写了一封"崇高的信"，表示愿意献出金钱和生命，"与一个勇敢的国家共同抵御所谓的神圣同盟，一个虚伪和暴政的结合体"①。无论是与英国保守思想作斗争，还是与俄国、奥地利和普鲁士的邪恶同盟相抗争，拜伦乐于抓住一切机会捍卫自由。这封信给特蕾莎留下了深刻的印象，她称赞了拜伦的"慷慨""谦逊"以及"灵魂的伟大"，"对于读过信之后无动于衷的人，我们只能表示怜悯，因为上帝会剥夺他的智慧和感情！"尽管如此，这封信并未公开发表，只有一份寄给特蕾莎的手稿留存；送信人朱塞佩·吉甘特（Giuseppe Gigante）在被奥地利警察逮捕时，将这份情感吞进了肚子里。拜伦的宏大愿望与乏味现实相碰撞，产生了平淡的结果。

特蕾莎敢于对拜伦提出批评。拜伦期望她毫无保留地称赞他的诗，但特蕾莎未被新作的法文译本触动。当拜伦对默里说译作是"拙劣的模仿"时，其中一些诗让特蕾莎感到担忧。她认为拜伦受安娜贝拉·米尔班克启发所写的《诀别词》给人"一个罪人在祈求怜悯的印象"，这一分析一针见血；她对《私生活素描》表现出同样的不屑，这首诗抨击了安娜贝拉的家庭教师克莱蒙特夫人。她认为这些诗展现了"某种性格上的弱点"，"不光有才华、温柔和爱；超出了对一个曾冒犯过你的女人应有的感情……尤其是你的'诀别'，丝毫不能展现你的独立人格"，落款是"你真正的朋友和永远的爱人"。拜伦的回信表现出罕见的温和态度，承认"也许你是对的，我们见面时再讨论一番"。

在参与革命和写诗之余，拜伦需要应付日常生活中的其他事情，比如敲诈勒索。特蕾莎的前家庭教师西尔维斯特里尼已经不再为这对恋人提供帮助，威胁说要把一切公之于众，除非拿到报酬。拜伦听说她的要求后，骂她"虚假、狡猾、傲慢、堕落、迂腐、谄媚，是个骗子"，希望她立刻下

---

① 烧炭党代表那不勒斯人民，正在与"神圣同盟"进行了一场原始游击战。他们的目的是建立自己的君主立宪制，而不是接受远国的统治。这场运动在1820年取得了一定的成功，却在翌年初彻底失败。

地狱，对她当初那些"违心的称赞"嗤之以鼻。① 然而，西尔维斯特里尼的威胁代表了他们面临的困难。既然特蕾莎跟圭乔利已经离婚，并且和她的骑士保持着某种公开的关系，那么根除其他丑闻或阴谋也许是一个明智的选择。然而，拜伦却不满足于平静的家庭生活。

当时警方的一份报告描述了拜伦在拉韦纳的影响力和地位。他走到哪儿都带着全副武装的仆人，这可能只是因为他害怕被圭乔利雇用的暴徒攻击，但这也令他被视为有地位的人物，一个与"拉帮结派的坏人"来往的人，以及"拉韦纳的第一个革命家"。据说拜伦"为了吸收追随者"掏钱，被认为是一个危险和颠覆分子。和在英国时一样，恶名与他如影随形。与以往最主要的区别是，他这时的恶名源于政治，而非女人。

在菲莱托，特蕾莎虽然支持拜伦的活动，却也感到不安。拜伦认为当权者有意将特蕾莎安置在修道院里，作为对她家人也是对他的一种打击。毕竟批准她离婚的条件之一，是她应该"体面地"住在父亲的家中。拜伦称赞她"够英勇、够固执"，还说"我看了六个偏执者关于这个问题的来信，我认为他们只是想间接打击她的部分亲属和我"。尽管如此，拜伦很清楚他的敌人很强大，"我当然宁愿选择认输，也不能让她被监禁，因为前者才是他们真正的目的"。他安慰特蕾莎："因为一个男人的错误行为而攻击一个女人是不公平的……他们想把我从这个教皇国赶走。"

由于过度劳累，拜伦的健康状况在 11 月初恶化，他写给特蕾莎的一系列简短的道歉信暗示了他的力不从心。随着革命热情的冷却，他继续创作《唐璜》，并说服特蕾莎的家人相信他们的关系是体面的兄妹之情——尽管拜伦与奥古丝达的关系已经开了一个不幸的先例。实际上，此时没有什么能让他感兴趣；他在一封信中为之前没有回信道歉，"因为没什么新鲜事可

---

① 拜伦的反应似乎过于强烈，他撕毁了这封信，或许是出于信件审查方面的考虑。

说"。拜伦反常的倦怠和沮丧影响了特蕾莎，使她大失所望。他认为有必要为自己的冷漠和疏远辩解："如果我不爱你，如果我想摆脱你且免受责怪……最好的办法就是去拜访你。"这种自知之明式的幽默令特蕾莎气恼，但她随后就在11月底离开菲莱托，前往她父亲位于拉韦纳的宅邸。在那里，她和拜伦终于能亲密地相处。拜伦继续住在圭乔利宫，这为这段爱情的延续增添了反常的色彩。

1821年年初，拜伦满脑子想的都是命运。当地一名军事指挥官在离他家只有几百步的地方惨死，使他清醒地认识到自己头上始终悬着一把刀，圭乔利和他的杀手从未走远。他因此给许多人写了信，其中包括奥古丝达、安娜贝拉以及默里。拜伦对妻子的憎恨已经消散，甚至开起了无趣的玩笑："在将近五年之后，这是一封伟大的和解信，形式和内容都亲切有礼……我们之间的交流就像'死者间的对话'或'今生与来世的通信'。"在三十三岁的生日到来前，他希望通过将现有回忆录寄给摩尔来巩固自己在公众心中的地位。他要求，回忆录只能在他离世后出版，并表明"我的首要目的是书写事实，即使要牺牲我自己"。拜伦想对自身进行另一种解读，希望自己的名声不止于放荡和厌世。他甚至重新写起了日记，上一次这么做还是在1816年，尽管最后只坚持了几个月。1月6日的日记明确表现了他的无聊感："为什么我一生中，或多或少总会感到无聊？"

他说自己虽然"焦虑不安"，但"情绪并不低落"。这种相对平静的不安，是因为1821年上半年他与特蕾莎的关系比较融洽。在最亲密的几个月里，他们每天见面，都很享受这种家人般的关系。特蕾莎住在"比过去的圭乔利宫更大、更舒适的房子里"，"感到幸福而且被所有家人爱护"。拜伦的幸福感"因为发现自己成了全城人尊敬和喜爱的对象而有所增强"。他曾以自己在伦敦和威尼斯的恶名自诩，如今找到了另一种立足地，被当地人所接受甚至爱戴。他考虑与特蕾莎结婚，并作出了几年前难以想象的承诺。

他也可以在特蕾莎的陪伴下放松，晚上听她用钢琴或竖琴弹奏"简单的流行曲调"，或者参加一些政治和社交活动。

　　家中并非一直风平浪静。在评论了拜伦的早期诗歌之后，特蕾莎又开始为拜伦在《唐璜》前两章出版后受到的攻击感到难过；他试图解释最近出版的三章（"写得较为温和"）没那么大的争议性，却未能说服她。她请求拜伦停止只会损害自身名誉的创作。无论是为了迁就她，还是觉得她言之有理，拜伦承诺："在你应允之前，我不再续写《唐璜》。"一开始可能只是迁就，但他最终决定坚守信念。7月，拜伦写信告诉默里："你就把这三章看作这首诗的终篇吧……对于一个肤浅的外国风俗观察者来说，一开始可能不太理解，但我这么做是出于所有女人都想颂扬爱情的愿望。"特蕾莎夸张地向他道谢："我无法说清自己有多欣慰，你的牺牲带给我的信赖感和喜悦是如此强烈。"

　　虽然拜伦会在家中探讨文学，享受平静的生活，但政治密谋仍然是拉韦纳街头的暗号。尽管传闻和谣言多于实际行动，但针对奥地利人的起义似乎一触即发。如果真的爆发了起义，毫无疑问拜伦希望亲自带领那不勒斯军队走上荣耀之路。不过，他的愿望没有实现。由于奥地利军队装备精良，那不勒斯人懒惰且纪律涣散，3月23日，叛乱刚开始就被镇压了，奥地利人占领了那不勒斯。虽然拜伦仍主张发动革命，但他已经志不在此。当特蕾莎表示"意大利人必须回归歌剧创作"时，他打趣道："歌剧和通心粉是他们的拿手好戏……他们只穿彩衣。"① 尽管"他们中间仍有些情绪高昂的人"，但拜伦知道，"高昂的情绪"很容易表现为街头暴力，就像表现为崇高的起义一样。他说："一个德国间谍……上周被刺身亡……当有消息称他到处欺凌弱小和吹牛的时候，不光是我，任何人都能轻易地预知，在

---

① 见莎士比亚《皆大欢喜》（*As you like it*）中对彩衣小丑（motley fool）的描述。——译者注

他身上会发生什么事情。"

在这种昏沉、疑惧的气氛中，除了对特蕾莎的爱之外，对拜伦而言，几乎没有什么是确信无疑的。然而，特蕾莎和她的家人似乎不可能逃脱嫌疑，7月10日，皮耶里诺被逮捕，尽管特蕾莎提前收到消息，已经销毁了房间里所有的涉罪文件。高人一等的甘巴家族如今成了国家的敌人，甘巴伯爵接到命令，必须在一天之内离开拉韦纳，生活在他保护之下的特蕾莎势必将一同前往一个不确定的目的地。如果这次流放是甘巴家族的敌人为驱逐拜伦而设的诡计，那这个计谋真是十分巧妙。拜伦要么选择跟特蕾莎分开，结束不光彩的恋情，要么陪着这家人背井离乡，如此便免去了当局直接对付他的必要性；拜伦是个受欢迎又高调的人物，杀死或者监禁他都有可能将其塑造成反叛人民心中的烈士。甚至还有一种可能，那就是圭乔利在背后推动了这场流放，由此彻底解决长期以来困扰他的问题。

拜伦的敌人照旧低估了他的韧性和固执。甘巴伯爵让特蕾莎和他一起离开，告诉她要"打起精神""鼓起勇气，为了你，也为了我们"，但这只是让特蕾莎痛苦起来，她恳求拜伦帮她，说他是"我唯一活下去的希望"。拜伦确实伸出了援手，既是出于对特蕾莎的爱，也是因为他认识到了这个动荡国家内在的危险。他写信给甘巴伯爵，成功地说服他暂缓对特蕾莎的安排，然后建议他的情人在前往更安全的佛罗伦萨之前，最好和她过去的导师科斯塔教授一起待在博洛尼亚。特蕾莎同意了，并在几天后动身，但她一想到要失去拜伦就惊慌失措。拜伦回信的时候似乎有些失望，告诉她"冷静下来，继续旅行，我们很快就会再见面"，同时强调"过度的悲伤"可能引发"真正的愚行"，返回拉韦纳的想法"真让我觉得你希望被关进修道院——就像被威胁的那样"。几天后拜伦又写信，责备她在博洛尼亚待得"不太安分"，再次提到她被幽禁的可能性，劝说她听从自己的建议。最终，她在8月初离开博洛尼亚，对当时的局势感到既恐惧又困惑。

拜伦泰然自若地留在拉韦纳，尽管他在给霍普纳的信中说他的朋友"要么被流放，要么被逮捕"。拜伦对自身安全有十足的把握，甚至考虑和特蕾莎一家一起移居日内瓦，声称他所希望的只是"安宁的避难生活和个人自由"。然而，他很快就放弃了这一想法，并告诉彼得罗："回到瑞士的想法是最不可取的，原因有很多，我们到了那里你就会很清楚，但那时就太迟了。"与克莱尔的交往还历历在目，更不用说当地居民的"精明和狡诈"，拜伦描述了他们对"金钱、欺诈和贪婪"的沉迷。与此同时，他在特蕾莎安全抵达目的地之后立刻寄了信过去，没有显露一丝恐慌。他平静地写道："我不见任何人，跟我的书和马儿待在一起。"向她保证"我爱你，一如既往"，"真爱无言"则暗示他的自满或无聊。但特蕾莎并不乐观，拜伦向皮耶里诺抱怨："特蕾莎写信时跟个疯子一样，好像我想放弃她似的……毫无疑问，如果我打算和一个女人分开的话，就不会给自己找这么多麻烦。"

这似乎是拜伦的真心话。如果他想和特蕾莎分开，曾经有很多机会制造不和。他受到冒犯后对她说的"我一直对你和你的家人忠心耿耿"是他能说出的肺腑之言。然而，他没考虑到特蕾莎的爱更加强烈；她向拜伦抱怨"我仿佛被扔在沙漠中，孤独，非常孤独"。她说自己被"最悲伤的想法，最可怕的幻象"折磨着，比如"看到葬礼，听到夜鸟的啼叫"。她没有说，在这些不祥预兆中，是否看到此后不到三年，有一个发烧的人憔悴地躺在病床上，远离她和意大利。

1821 年 8 月 6 日，雪莱的到访对拜伦来说是一大安慰。友谊迅速回温，雪莱觉得拜伦比以前更善良、更温顺，他将这一点归功于特蕾莎。他写信告诉玛丽："这位圭乔利夫人对他有不可估量的益处。"拜伦住在情人前夫的房子里，这种奇怪的情况并没有引起雪莱的注意；他称朋友的住所"极好"，当拜伦称圭乔利是该地区最高贵、最富有的那类人时，他信以为真。

他们骑马、散步和聊天，拜伦请雪莱出面，说服特蕾莎不要流亡瑞士。雪莱欣然应允，将他们 1816 年在瑞士遭受的"可怕"和"无耻"指控都告诉了她，并明确表示"夫人，您已经习惯了意大利的优雅，很难想象在不那么快乐的地方，社会仇恨有多强烈"。虽然鉴于特蕾莎的流亡状态，"优雅"有了不幸的含义，但雪莱的干预是成功的。他的帮助并不完全是利他行为。雪莱想在比萨建立一个社团，希望拜伦和特蕾莎能够成为其中的核心人物，相较他们在瑞士组成的松散社团，这个团体更为成熟。

虽然拜伦和雪莱之间的友谊依然存在，但也有细小裂痕。雪莱因为拜伦不愿意在任何他不感兴趣的事情上劳神而不满，他写信给玛丽，忿忿地说拜伦是"贵族之疮"。拜伦不关心的事情之一就是阿莱格拉的成长，雪莱失望地发现拜伦根本没有参与其中。他注意到阿莱格拉提到了的妈妈，指的是特蕾莎而不是克莱尔。特蕾莎给女孩的爱和关注比女孩父亲给的更多。最后，雪莱离开拉韦纳前往佛罗伦萨，8 月 21 日在那里第一次见到了特蕾莎。她写信告诉拜伦"你的朋友让我很高兴……从他的脸上可以感受到善良和才华"，但也担心"他的身体似乎很不好"，并问"亲爱的朋友，他怎么会这么瘦，这么疲惫？"

尽管拜伦对其他人漠不关心，但他确实关心雪莱和特蕾莎。然而，摆脱无聊生活、更大程度地参与革命政治的想法，似乎比任何情妇都更诱人。皮耶里诺年轻的热情和活力鼓舞了拜伦，他顺带向摩尔提到："我最近想去希腊……跟 T 的哥哥一起，他是个非常优秀、勇敢的人。"在这种情况下，他被"一个女人的眼泪……以及一个人内心的软弱"挫败，他说这两点"对于这些计划是至关重要的"。但参与革命的想法会在拜伦的余生中反复出现，最终产生致命影响。

15

"我知道我们不会再见面了。"

——特蕾莎·圭乔利，1823 年 5 月

拜伦的漫游癖在 1821 年年末再次发作。他确定留在圭乔利宫不再是一种理想状态，于 10 月 29 日离开拉韦纳，去了比萨。按照习惯，拜伦拖延了几日才出发，前往雪莱为他寻觅的住所——位于伦加诺（Lungarno）① 的兰弗兰奇之家（Casa Lanfranchi）。他留下了一些不想要的动物，其中包括"一只断腿的山羊，一只丑陋的农家犬和两只难看的猴子"。当然，阿莱格拉留在了巴尼亚卡瓦洛的修道院中。拉韦纳人为失去这位有名的住户而遗憾。特蕾莎后来告诉摩尔，"他的到来被那座城当作公共财富，而他的离开则被当作公共灾难"。在旅途中，拜伦抽时间写了一首诗，表达了对特蕾莎的爱——《写于佛罗伦萨至比萨途中》（*Stanzas Written on the Road between Florence and Pisa*）。最后两个诗节揭示了他在内心喜悦的同时关于声誉的矛盾心理：

> 呵，美名！如果我对你的赞扬也感到欣喜，
> 那不仅仅是为了你富丽堂皇的词句，
> 我是想看到亲爱的人儿睁大明亮的眼，
> 让她知道我这爱她的人儿也并非等闲。

---

① 比萨城内位于阿尔诺河畔的高档区域。

主要是因此我才追寻你，并且把你发现；

她的目光是笼罩着你的最美的光线；

如果听到我灿烂的故事她闪闪眼睛，

我就知道那是爱，我感到那才是光荣。①

拜伦去比萨时，与既没有得到爱也没有得到光荣的克莱尔·克莱蒙特擦肩而过，尽管他本人对此一无所知。更令他印象深刻的，是与同名的克莱尔勋爵的重逢，"一种全新的、难以名状的感觉，就像从坟墓里爬出来一样"。

拜伦的大名很快传遍比萨。一个名叫弗朗西斯科·多梅尼科·格拉齐（Francesco Domenico Guerrazzi）的大学生写道，有传言说"一个不同寻常的男人来到了比萨，人们讲着关于他的上百个不同的故事，所有故事相互矛盾，多数还十分荒谬"，提到他拥有"邪恶的天赋，但也有超越人类的智慧"，"据说他像约伯的撒旦②一样在世上游荡……我想见他，在我看来他就像梵蒂冈的阿波罗"。拜伦在几年里从声名狼藉的丑闻人物变得享有盛名，尽管他百无聊赖、身体欠佳，但他看起来不是一个普通人。

抵达比萨之后，拜伦和特蕾莎重新进入情人的角色。他们的处境第一次对调，虽然这里是特蕾莎的祖国，但在拜伦、雪莱夫妇和其他人的圈子中，她觉得自己像个局外人。用玛丽的话说，她是"一个漂亮的好姑娘，不自负、善良、亲切"。雪莱的评价则更尖锐，说她是"一个非常美丽、多愁善感、天真、肤浅的意大利人，为了拜伦勋爵作出了巨大牺牲；如果我对我的朋友、对她和人性算是有那么一点了解的话，那么我敢说，她以后

---

① 查良铮译。
② 约伯是一个正直、敬神之人，撒旦认为约伯不过是因为神的赐福才敬畏神的，所以在神的应许下以不伤害约伯性命为前提，对约伯进行各种试炼，以验证他是否真心敬神。——译者注

将有很多时间和机会为自己的鲁莽后悔"。特蕾莎则称雪莱是"一个了不起的人……无论是身体还是道德层面上，都是差异与协调的完美组合体"，但对他的妻子不太满意，称她为"高人一等的女士"。

不管怎样，特蕾莎与拜伦的相处变得更自在了。拜伦喜欢招待朋友，其中包括梅德温，后来他以拜伦的轶事和妙语为素材创作了《拜伦谈话录》(Conversations With Lord Byron)。特蕾莎后来嘲笑这本书"部分不准确，部分不真实"，比如写她有一头黑发，拜伦养的动物中有孔雀。此外，梅德温表现出的爱慕可能令她望而却步；他热情地宣称："看着她而不爱慕，听她说话而不被打动是不可能的……优雅似乎是她天性的组成部分。"梅德温对拜伦的描述或许激怒了她，因为他声称拜伦"非常依恋她，但不是真的爱她"。无论真假，这句话明显伤了特蕾莎，更不用说这还解释了拜伦在接下来一年半时间里的行为。

1822年年初，水手、冒险家爱德华·约翰·特里劳尼的到来使拜伦的社交圈变得完整了。拜伦愉快地告诉特蕾莎，"我今天见到了海盗的化身"，尽管当她表示想认识那位潇洒的酷似海盗的黑发男子时，他马上说"你不会喜欢他的"。也许这是害怕竞争的表现。许多女人都钦慕特里劳尼，包括玛丽，他后来向克莱尔求婚，克莱尔拒绝了他，却跟他保持了长久的友谊和通信关系。他和拜伦的其他访客一起举办了一系列讨论会，自由自在地谈论政治和诗歌，与拜伦跟皮耶里诺开展的严肃的革命活动形成鲜明对比。与此同时，特蕾莎在她与拜伦的关系中变得更顺从。她的第一个让步是允许拜伦继续创作《唐璜》，唯一条件是要求他停止"进一步的攻击，不要写得像在威尼斯的糟糕日子里诞生的前两章"。拜伦风雅地讽刺了这一许可，告诉（必然很欣慰的）默里："我得到了独裁者的许可，能够继续写了——前提是在继续写的过程中要比一开始更谨慎、更得体和更感性。"

拜伦、特蕾莎和他们周围的人仍被意大利秘密警察监视着，3月24日，一场小冲突爆发了。那天，拜伦和一大群朋友——包括雪莱、特蕾莎和皮耶里诺——外出打猎，在他们返回比萨的途中，一个名叫斯特凡诺·马西（Stefano Masi）的骑兵推搡了他们。受到冒犯的拜伦等人一回城就与马西激烈争吵，事情很快演变成一场恶性斗殴。最后，拜伦的一个仆人认为主人身处险境，用一把耙子重伤了马西。这件事引发了当地人的愤慨和关注，有人问："那些刺客是被逮捕了，还是仍旧在城里大摇大摆地走动？"特蕾莎被这场争斗引起的关注吓坏了，恳求拜伦保持低调，她说"其他人不会告诉你，首当其冲的是所有人中最宝贵的你的生命，我的拜伦"。

警方虽然进行了调查，但没有一个"有素质"的人被扣押，尽管他们的仆人接受了长时间的审问，特蕾莎的男仆马卢基耶利（Maluchielli）被短暂监禁。拜伦的朋友中没有一人受到指控，但一种负面情绪在他们中间蔓延，即便没有彻底破坏，也损伤了他们在过去几个月中建立起来的友谊。就在这种相互猜疑的气氛中，特蕾莎告诉了拜伦阿莱格拉的死讯。

女儿的死亡对拜伦产生了可怕的影响。他开始思考自己作为一个父亲的失败，对作家布莱辛顿夫人说：

> 所爱之人被死亡夺走了，他们遭受所有痛苦之后该如何复仇……（阿莱格拉）活着的时候，她的存在对我的幸福来说似乎不是必要的；然而一失去她，我就觉得好像没有她就活不下去。

死亡是认识自我的代价。拜伦回避特蕾莎的陪伴，拒绝她的同情，却仍在日记中写道："当我在浪漫和幻想的世界中翱翔时，特蕾莎在为我的冷漠或想象中的不忠哭泣。在这种可怕的认识下，特蕾莎的死将会带给我多大的痛苦啊！"拜伦将这归结为"天性的软弱"，再次陷入忧郁。偶尔一些事情会暂时分散拜伦的注意力——美国画家威廉·爱德华·韦斯特（William

Edward West）前来拜访，为他和特蕾莎画了肖像；他很享受与"最早也是最好的"朋友克莱尔勋爵的重逢——但都无法缓解他的沮丧情绪，韦斯特见他时常颤抖着吸气，说："无论什么年龄的人，我在他们身上观察到的这个动作总是源自悲伤。"

特蕾莎要想办法让拜伦振作起来，她说这种善意"让我的世界成为天堂"。但善意并没有在拜伦身上起到相同作用。相反，他决定离开意大利，写信告诉摩尔，他"在南美和希腊之间犹豫不决……要不是因为跟 G 伯爵夫人的关系，很久以前，我就已经去了其中一个地方。她会乐意前往，但我不想让她长途跋涉，也不想让她住在一个动荡的国家"。从 6 月底开始，拜伦跟特蕾莎的哥哥和父亲一起住在托斯卡纳的蒙特雷诺（Montereno），同住的还有他的朋友利·亨特及其妻子玛丽安。当地缺乏距离感的环境使居民之间的关系紧张起来，并被后来发生的一件事激化。据特蕾莎说，拜伦的一个仆人受主人的自由思想和革命言论影响，"开始公开抨击富人和贵族，大谈平等和博爱"，引发了混乱和一场打斗，皮耶里诺受了轻伤，当地警方也出动了。这件事造成的不可避免的结果是，甘巴家族被认为是罪魁祸首，被小镇驱逐，前往比萨。

到这时，特蕾莎和拜伦的关系使教廷撤销了圭乔利应向前者支付津贴的命令，他们还有可能因行为失当被捕。紧接着，更大的打击降临。1822 年 7 月 13 日，特蕾莎和女仆被突然出现的玛丽·雪莱惊醒，玛丽的脸色"像大理石一样白"，丈夫失踪令她几近发狂。五天前，雪莱和他的朋友爱德华·威廉斯（Edward Williams）乘新船"唐璜"号出海，在斯佩齐亚海湾（Gulf of Spezia）遭遇风暴，下落不明。7 月 18 日，他们面目全非的尸体在维亚雷吉奥市（Viareggio）的海岸上被发现。经过几个星期的争论，所有人达成一致：在找到他们的海滩上将遗体火化，骨灰带回比萨。因此，当时已被掩埋的遗体被挖了出来，根据当地检疫条例进行火化。火葬并不像他们想象的那样，会让人想到英雄和神话，而是可悲和可怕的。当时在场的特里劳尼说那是"令人感到卑微和厌恶的景象"；拜伦看着朋友燃烧的遗体问道："我们都会变成那样吗？为什么在我看来，那可能是一头羊的尸体？"火葬仪式结束后，拜伦跳进了水中，似乎想感受潮水的力量。旁观者都担心他根本不打算回到陆地上，最后是一名水手将他拖回了岸边。

雪莱死后，"英意集团"四分五裂，拜伦从特蕾莎那里得到了一些安慰。梅德温拜访他们时说："他们现在总是在一起，他喜欢待在家里。他叫她皮奇尼娜（Piccinina）①，用意大利语给她取了很多可爱的绰号。"拜伦不再冷漠无情，"他对圭乔利夫人的友善和关心是始终如一的"。拜伦的友善表现包括为甘巴家的人寻找住所，但与卢卡（Lucca）政府的交涉没有成果，这就意味着他们唯一可以寻求庇护的地方是热那亚（Genoa）。

在他们离开之前，霍布豪斯去比萨探望了拜伦。根据特蕾莎的叙述，拜伦说"如果他对我的情义不足以让他留在意大利，说一些让我的世界成为天堂的话，那该多好，如果我没有被失去那么多幸福的可能性所折磨该多好"，随后为这位朋友的到来激动不已，最后他是被按到座位上的。霍布豪斯惊讶地发现拜伦和特蕾莎显得有些正式，而且拜伦"变了很多，他的脸变胖了，表情忧伤"。得知拜伦准备跟特蕾莎像真正的夫妻一样生活，他尖刻说："这就是意大利的道德标准。"不管怎样，霍布豪斯的出现似乎让拜伦想起了他失去的一些东西。这位诗人在朋友离开时开玩笑说："你不应该来，来了就不该离开。"这句话暗示了未来令人绝望的不确定性。

他们于9月29日动身前往热那亚，不受欢迎的亨特夫妇也在一行人中。旅程漫长而艰辛，因为拜伦坚持把他的动物都装上船，其中包括三只嘎嘎叫的大鹅，他原本打算把鹅吃掉，但最终决定"留下它们验证长寿的

---

① 意为"小女孩"。——编者注

说法"。特蕾莎的描述将复杂的安排简化了，只说"需要大量的时间和耐心"。实际上花在上面的脑筋、力气和费用赶得上许多小型军事行动。途中，拜伦在莱里奇（Lerici）参加了一场游泳比赛，随后病倒，他自比普罗米修斯，"就像那个倒霉的、桀骜不驯的家伙，被锁在岩石上，秃鹫啄着我的腹部和我的重要器官"。

一行人抵达热那亚，迎来了短暂的安宁。亨特夫妇擅自决定与玛丽·雪莱一起住到一英里外的内格罗托别墅（Villa Negrotto）；拜伦和特蕾莎则留在阿尔巴洛（Albaro），与特蕾莎的家人同住在一座更大的别墅里。拜伦自己不去拜访亨特夫妇，而是让特蕾莎去看望玛丽，这是她每月必须完成的一项痛苦任务。没有了目标感，拜伦的生活变得无趣、微不足道。他过去常为金钱发愁，现在却十分富有，多亏了诗作的版税以及凭婚姻财产契约继承的安娜贝拉叔叔的部分遗产。他写信给金奈尔德，声称"我爱不义之财"，语气中少了曾经的讽刺。拜伦对他察觉到的欺诈行为感到愤怒，甚至与玛丽争吵，告诉她，虽然为了纪念她丈夫与他的友谊，他乐意资助她，却不想再见她。严厉的措辞可能表现了他对女性的厌恶，也可能仅仅说明他对生活失去了兴趣。他最亲密的朋友和女儿们要么不在人世，要么不在身边，似乎已经没有什么能激发他的热情。

特蕾莎尽己所能帮助玛丽，即使没有提供经济支持，也提供了精神支持，尽管接受帮助的人说"我对朋友的恩惠和友善并不反感……但一个不尊重我的人不能成为我的恩人"。事实上，除了特蕾莎和她的家人以外，被拜伦尊重的人很少。偶尔，英国公使希尔（Hill）等当地名流会邀请他共进晚餐，但他曾是伦敦——甚至拉韦纳——话题人物的那段时光，似乎已经成为模糊的记忆。他享受安宁的家庭生活，特蕾莎是他的伴侣、顾问、使者，哪里需要她，她就去哪里。1822年的冬天很难熬，让他回想起1816年可怕的夏天，强大的闪电似乎在讽刺乏味的日常。特蕾莎的朋友朱利安尼先生（Signor Guiliani）向她描述了佛罗伦萨嘉年华的盛大舞会：参加者打扮成古代帝王和女神的样子，用钻石和羽毛装点自己。特蕾莎惆怅地回信说："拜伦男爵已经断然放弃所有徒然的享乐。"拜伦和特蕾莎似乎只期待在孤独中相互依靠，慢慢步入经济稳定但精神平庸的中年。他可以写诗，她可以学英语，但似乎不可能再有火花。特蕾莎或许感觉，这样是最好的；至少，她可以说，拜伦就在身边，不再漫游。后来，情况变了。

拜伦本想完成从南美洲到伦敦的旅行，但由于缺乏活力和机会，计划被搁置了。然而，1823 年 4 月 5 日，与海军军官爱德华·布莱基尔（Edward Blaquière）和希腊政府官员安德烈亚斯·卢里奥蒂斯（Andreas Luriottis）的偶然会面令拜伦开始关注希腊的局势。前一年春天，在希腊人民反抗土耳其占领者的起义中，25000 名希腊人（当地居民总数的四分之一）在希俄斯岛（Chios）被屠杀，激起了广泛的愤怒和同情。1823 年 1 月，随着伦敦希腊委员会（London Greek Committee）成立，大部分辉格党同情者试图为他们的事业找一位高调的支持者。似乎没有什么人比拜伦更能代表自由，因此，他在缺席的情况下当选委员，被寄予了提供资金和道义支持的厚望。

拜伦的回应超出了委员会的预期。他写信给霍布豪斯，漫不经心地表示："我非常真诚地加入了他们，甚至提出，如果希腊临时政府认为我有任何用处的话，我会在七月前往黎凡特（Levant）。"虽然他并不想参加任何军事行动，但他相信自己可以为这场斗争作出贡献。他告诉希腊委员会干事约翰·宝宁爵士（Sir John Bowring），唯一的反对意见"来自家庭，我将努力争取，即便失败了，也必将在我所在之地竭尽所能，即便这将永远令我感到遗憾"。为了应对特蕾莎不可避免的反对，他请求皮耶里诺"一点一点地"将消息告诉他的妹妹。但拜伦很清楚，他打算做的事情无异于离开她。特蕾莎后来写道：

死刑似乎都没这么可怕……在最痛苦的时刻，我甚至对拜伦勋爵不公正起来……在一封信中诉苦，指责他为了名誉牺牲了一切，还说"我知道我们不会再见面了"。

两人在争论中针锋相对，偶尔带有黑色喜剧色彩。拜伦的朋友安妮·哈迪夫人（Lady Anne Hardy）开玩笑似的建议，解决问题，最简单的办法就是让特蕾莎穿上男装，假扮他的仆人："如果我是她，就会试试看自己是否能成为莱拉（Lara）的男仆。① 这难道不是把英雄主义发挥到极致，把大事化为小事吗？"无论安妮是否知道拜伦早年的生活，这都是一个恶作剧性质的建议。娇弱精致的特蕾莎与革命战争格格不入。她的情人也不适合上战场，只不过任何人都不曾明说。

特蕾莎的反对让拜伦感到沮丧，也让他的想法变得更坚定。他对金奈尔德抱怨道："我想尽一切办法脱身，但'这个荒谬的女人'制造了各种各样的障碍，她似乎决心不顾一切，牺牲自己……她也想去希腊！"考虑到当时的处境和以前的感情经历，拜伦说：

从来没有一个男人为女人放弃这么多，而我得到的只是无情的性格……如果我是为了另一个女人离开，她或许有理由抱怨。但当一个男人要做一件高尚的事，肩负起伟大责任的时候，"女性"的自私就太过分了。

拜伦在信中责备"这个荒谬的女人"，却特意称赞了皮耶里诺，说他是"一

①"莱拉的男仆"出自拜伦 1814 年的诗作《莱拉》（Lara）。——译者注

个精神饱满的年轻人"，他"非常希望和我一起去其中一个国家，至少他自己是要去的"。特蕾莎哥哥的支持不仅使她的反对变得微不足道，还使拜伦的意图看起来更高尚了。最终，拜伦跟特蕾莎作似的，宣布自己要参加远征，绝不让步。他像孩子要求大人作出承诺时一样，任性地告诉霍布豪斯："我要去，我要上岸。"

拜伦也想过，他的努力有可能是毫无意义的。他带着自嘲对布莱辛顿夫人说：

> 我已经上了这条船，退出是不可能了（至少不能光荣地退
> 出）……我的处境让我产生了十分可笑的想象和想法，以至于透
> 过激情的面纱来看，整件事情似乎很适合写进一部宏大的史诗，
> 而我这位英雄，此刻透过理性的镜片来看，或许只适合出演讽
> 刺剧。

特蕾莎后来说："他坚信自己不会从希腊回来。他明确地告诉我，不止一次梦见自己死在那里。"拜伦认为远征是一个机会，他不仅可以摆脱现状，还可以做出点什么。这就意味着，让特蕾莎独自伤心是必要的牺牲。

当时的环境有利于拜伦实施计划。甘巴伯爵的驱逐令被撤销，他可以回拉韦纳了，按规定他必须带特蕾莎一起回去。这是圭乔利的诡计，他认为一旦拜伦厌倦了特蕾莎，自己或许就可以跟前妻破镜重圆。不管怎样，特蕾莎需要那笔被教皇撤销的津贴，因此不得不勉强同意；另一个原因是拜伦与布莱辛顿夫人的关系。他对布莱辛顿夫人的好感激怒了特蕾莎。拜伦向安妮·哈迪抱怨："我被家务事所困，'我的小姐'，G 伯爵夫人出于意大利人的嫉妒发了火，可以想见她有多无理取闹和不通情理。"讽刺的是，拜伦与布莱辛顿夫人的大部分谈话都是在赞扬特蕾莎。布莱辛顿夫人后来

记述："他说他一直热烈地爱着她，而她为他牺牲了一切；她为他所做的一切都值得赞赏，他对她不仅有最强烈的依恋感，还有最高的敬意。"她提出了后来被感伤主义者反复说到的观点："我相信这是他最后的爱情。"

特蕾莎确实是拜伦最后的依恋对象。她给了拜伦安稳感和爱，拥有与他相配的学识。过去，拜伦在他的情人面前是一个彻头彻尾的势利小人，跟那些"普通"女人、女孩和男孩在一起，只是为了满足私欲，然后就将他们忘记。然而，即使拜伦起初是被特蕾莎的意大利贵族身份所吸引，事实也证明这种态度转变了，拜伦后来对她基本上是忠诚的，为她放弃了许多机会和喜好。可一想到要与她朝夕相处，甚至可能结婚，拜伦还是会感到沮丧和不满。他决定去希腊，并拒绝让特蕾莎同去，也是因为已经过够了这种生活。毕竟，他认为一段恋情的时限是三年，而他们交往的时间早已超过了这一期限。如果说拜伦全心全意地爱过谁，那么这个人就是特蕾莎；拒绝和她一起生活，则说明没有女人能在这一点上改变他。

拜伦临行前的最后几天很难熬。他想在遗嘱中加上供养特蕾莎的条款，但如特蕾莎所言，"这么做的前提是假定不幸发生，仅仅是这种想法就会让我痛哭出声，我请他作罢，他同意了"。特蕾莎对拜伦的依恋从来不是经济上的。意识到拜伦即将离开，已经把启程日期定在 7 月中旬时，她被痛苦吞没了。为了安抚她，拜伦承诺：如果在希腊一切顺利，会接她过去一起生活；如果任务失败了，就回到她身边，再也不离开。特蕾莎不得不接受拜伦的安慰，尽管她知道，这一次可能是永别。她的担忧还不止于此，因为拜伦面色苍白，病恹恹的，不再是初见时那个英俊、有活力的男人了。

拜伦最后从热那亚寄出的都是告别信。有位库尔曼先生（Monsieur Coulmann）是拜伦的崇拜者，拜伦在写给他的信中称赞父亲杰克"极和蔼可亲"，并热情地称奥古丝达为"地球上最像天使的人"；在附言中写了一些不吉利的话，说"如果我回得来"就在巴黎与库尔曼先生见面，"如果我回不去，就请在你的记忆最深处留一个地方给我"。出发日期被推迟了几天，给了特蕾莎一线希望——或许他会放弃这个计划。7 月 12 日，特蕾莎给玛丽·雪莱写信，说道："我刚听说他明天可能不会出发，要再等几天！从听到这个消息的那一刻起，我的呼吸都变得顺畅了。"恶劣天气虽延误了行程，但他还是于 7 月 15 日离开了热那亚。启程前不久，特蕾莎给她的爱人写了一封哀伤的短信："我答应了自己做不到的事情，你要我做的是我能力所不能及的……我觉得我快死了，拜伦，可怜我吧。"她乞求道，"拜伦，如果你还想见到活着的我，就来接我，或者让我逃走，去找你，不惜任何代价。"我们永远不能知道信中的情感是否会打动拜伦，因为它没有被送达。

也许拜伦出发前有过一场漫长的激动的告别，但如今没有任何记录可查。离别后，特蕾莎从皮耶里诺的一封信中第一次收到他的音讯。皮耶里诺提到她的爱人"忙得不可开交，但很愉快"；拜伦在这封长信的末尾匆匆写了几行字："最亲爱的特蕾莎，我只有一点时间写信，我们都很好，正在去黎凡特的路上。请相信，我永远爱你，千言万语所表达的也是这个意思。"百忙之中，他却在同一天写信给歌德（Goethe），且写得更详细，并称赞他是"欧洲文坛无可争议的王者"。此后，拜伦前往希腊，去做解放者，特蕾莎很少收到他的信，偶尔寄来的短信都写得很匆忙。

特蕾莎似乎失去了一切，无法坦然接受自己的处境。她的父亲在回拉韦纳的途中又被流放到费拉拉（Ferrara），她只得跟前文学导师、朋友保罗·科斯塔一起住在博洛尼亚。她焦急地等待情人的好消息，却只收到只言片语，聊以自慰；拜伦的信既无对她的关心，也没有描述自身的生活。他偶尔会在信中留下希望——"你要相信，与你重逢的那一刻，对我来说会像回忆中那些时刻一样快乐""要是……可以悄悄地回到意大利就好了"，但这些话都是空洞的，不代表任何意图。皮耶里诺不仅尽量详细叙述他们英勇冒险的经历，还不遗余力地展现旅伴的正面形象；他省去了一些细节，比如在萨摩斯岛（Samos）短暂停留期间，拜伦曾暴跳如雷。

特蕾莎写信给拜伦时，会尽量使用愉快的语气。她提到了自己在英语学习上的进步，还说她正在研究哲学。但是，她很少得到回应。在生命的最后九个月里，拜伦在皮耶里诺的几封长信中写过简短的附言，其中一次写道："关于希腊和希腊人，我几乎不能说什么，因为一切都还很不确定。"他劝她保持"平静，不要相信你可能听到的任何谣言"。他在另一封信的附言中批评特蕾莎不写作，但他风趣地说："我听说你变成道德哲学家了，在构思各种作品，为打发晚年时光做准备，这是非常明智的。"也许这些玩笑和遁词让人感觉不真诚，但也反映了拜伦对形势的不确定。

为了改善经济状况，特蕾莎请求新教皇利奥十二世（Pope Leo XII）恢复她的津贴，并指责圭乔利，"不清楚他具体用了什么手段，但毫无疑问使用了污蔑和阴谋"。作为一位开明的新教皇，利奥十二世开始调查特蕾莎的贫困情况，1824 年 1 月初，圭乔利被讯问为何剥夺妻子的生活资金。圭乔利伯爵继续寻求与特蕾莎重修旧好，理由是拜伦离开了，她缺少一个能使她的生活稳定下来的男人。离婚时悲惨的情形似乎已经从他的记忆中消失了。不过，特蕾莎 17 岁的弟弟希波利托闯进圭乔利宫，向他曾经的姐夫讨要属于他姐姐的津贴，唤醒了圭乔利的离婚记忆。他表示宁愿与特蕾莎再婚也不愿给她钱，对于这个回答，希波利托和他的家人都感到不满意。特蕾莎辩解，说她和拜伦仅仅是朋友，"一周见两到三次，参加一个小时的文学交流会，与其他与会者一样"。教廷批准从 4 月起恢复她的津贴。特蕾莎或许没有说实话，她的行为也违背了婚姻圣礼，但圭乔利也一样。愤世嫉俗的人可能会说他们是天生一对。

特蕾莎很少收到拜伦的消息，她后来告诉马姆斯伯里伯爵（Lord Malmesbury），感觉自己被遗忘了。皮耶里诺通过称赞拜伦的"僧侣式德行"来消除她的担忧，但拜伦本人作出了更具体的保证。他提议 1824 年春天在希腊相会，同时强调了自己的勤奋和努力，却没有提及自己即将前往希腊独立战争的主要战场——迈索隆吉翁（Missolonghi）。拜伦承认他应该让特蕾莎掌握他的动向，他写信给私人银行家查尔斯·巴里（Charles Barry）时说："一切都很平静……这或许不是全部的事实，但对一个习惯为兄弟等人担忧的人，我必须这么说。"

皮耶里诺的信也提供了相应的保证。他在 1 月寄出的信中称，"拜伦从未有过如此强健的身体"，尽管这个说法在次月被推翻；他承认由于"吃得很少，只吃浓奶酪和沙拉，饮酒量大"，拜伦"突发痉挛，动弹不得"。虽然皮耶里诺试图将这件事看成理智回归的预兆，称"好处是他完全改变了自己的生活方式……你知道，闲散对他来说是最可怕的一种愚蠢"。但抽搐症状标志着拜伦的身体越来越差。他告诉奥古丝达，这可能是一次癫痫发作，却没有对特蕾莎说出自己的担忧，仍旧只写一些无趣的短信，要么是为了让她安心，要么是为了让她心烦。拜伦更感兴趣的是与东希腊人（Eastern Greeks）军队领导者奥德修斯·安德里奇诺（Odysseus Andritzinos）会面。狡猾的奥德修斯人如其名，用起拜伦的钱来很随意。

然而，拜伦的冒险突然结束了。1824 年 4 月 9 日，他和皮耶里诺在迈索隆吉翁骑马，淋了一场雨，回去后全身疼痛、打颤。大家决定将他转移到附近的桑特岛（Zante），那里的医疗护理技术更先进，却被强风和巨浪阻挠。他无法进食与喝水，很快发起烧来，时而神志不清，时而清醒到令人害怕。他提到了自己的女儿，更令人惊讶的是，还说起了安娜贝拉，但不清楚是否提到了特蕾莎；他所说的"我在这世界留下了一些宝贵的东西"可能是指特蕾莎，也很可能是指他对希腊的贡献、他的女儿（们）以及他的作品。放血和落后的药物治疗完全不起作用，在提出一连串难以理解的要求和建议之后，拜伦于 1824 年 4 月 19 日凌晨在迈索隆吉翁病逝，就在阿莱格拉去世两年后。

拜伦死后，如何将死讯告知特蕾莎成了一个问题。皮耶里诺怀着悲痛和内疚，将消息告诉了自己的父亲；特蕾莎的老师保罗·科斯塔从安科纳（Ancona）领事那里得到消息后写信给圭乔利，说他担心"伯爵夫人在悲痛之下做出让所有亲人难过的事"。圭乔利拒绝享受亲口把情敌死亡的消息告诉前妻的无情快感，而是派他的儿子伊格纳齐奥去传达拜伦的死讯。她听到消息后几乎是沉默的，没有发出任何戏剧性的感叹。也许她已经从其他渠道得到了消息，也许她在所有担心应验后进入了一种迟钝的状态。当拜伦的朋友们就如何保存他的遗体、处理未偿清的借款以及未兑现的承诺等问题争吵时，特蕾莎面临的是悲惨的生活，作为他没有名分的遗孀。

继拜伦死亡之后，特蕾莎还将迎接更多不幸。皮耶里诺再也没有回意大利，他留在希腊，成了一名陆军上校，1827 年死于伤寒。她的父亲仍然在费拉拉过着流放生活，直到 1831 年才得到返乡许可，不久之后她的弟弟文森佐死于肺病。她有可能认为这些悲剧是对她的惩罚，因为她背弃婚姻誓言，并在与拜伦的关系上说了谎；这也许解释了她为何在 1826 年 7 月作出回到圭乔利身边的决定。

这位伯爵对前妻的纠缠已经持续了五年多，为了让她回到身边，时而哄骗，时而引诱。特蕾莎失去了金钱和社会地位，她决定接受和解，在日记中写道："我接受了他的保证，希望时间和经验能给他的性格带来一些改变，我去威尼斯和他一起生活，希望能有一个至少可以忍受的环境。"不过，特蕾莎提出了一个条件，坚持签署一份婚前协议，声明"如果复合无法令双方都满意"，他们可以再次分开，并且特蕾莎可保留此前的津贴。

不出所料，复合的结果并不好。圭乔利完全没有改变，公开与威尼斯妓女交往，特蕾莎在后来的一封信中说其行为性质"非常怪异和邪恶，只能向神父或律师坦白，不能公之于世"。如果圭乔利更放肆的行为是对特蕾莎的惩罚，那也是可以理解的，但他的做法恶劣到连他自己的儿子都厌恶。1826 年 10 月的教皇诏书不仅允许特蕾莎离开圭乔利，还将她的津贴增加到每月 150 斯库多。她跟上次一样不告而别，让圭乔利大发雷霆。伊格纳齐奥写信告诉她："你离开后的几个小时里，他气急败坏地去找警察、主教……他方寸大乱，不是因为你的离开，而是因为你的补贴。"当时圭乔利可能已经染上梅毒，所以才精神错乱地采取了更令人不齿的行动，例如以诽谤罪起诉特蕾莎，原因是特蕾莎说他"以最恶劣的、他所特有的不道德方式背叛了她"。

特蕾莎后来将圭乔利的所作所为归因于"无法改变的怪癖，而非不忠"。伊格纳齐奥持不同的观点，他写信告诉特蕾莎：

> 我父亲对我的态度已经突破一个极限，在那之后我变得刀枪
> 不入。现在我明白他为什么和他母亲吵架，为什么和他兄弟吵架，
> 为什么会毁了三任妻子……为什么没有朋友紧握他的手，为什么
> 政府与他作对，为什么每个人都恨他。

这位伯爵终于在 1840 年去世，他给所有认识他的人带来灾难，却因为那个时代最不寻常的三角恋成为名人。

至于他的前妻，经济自由后，她过着和她曾经想象的大不相同的生活。她到处旅行，在罗马过冬，与拜伦的年轻朋友亨利·福克斯（Henry Fox）有过一段短暂的恋情。亨利表示："在我认识的所有女性中，她的坦率和真诚是绝无仅有的。"特蕾莎作为最后一个与拜伦有紧密联系的人受到重视，她既为"她的诗人"感到骄傲又对他有些刻薄，说他"脾气阴晴不定，缺少他的诗歌中弥漫着的那种激情"。特蕾莎知道自己的角色是"拜伦最后的情妇"，她既不拒绝这个身份，也不夸大它，而是默默地做一个值得尊敬而

不是吹捧的人。1832年，她去了英国，见到了拜伦的老朋友们——皮戈特夫妇和曾经的校长德鲁利博士，并向心怀感激的约翰·默里保证他还会收到拜伦的手稿和书信。

最值得一提的是，她在伦敦见到了奥古丝达。特蕾莎曾被拜伦对他姐姐的爱所"激怒"，因此她自认为不太可能喜欢上这个至少是半个情敌的人。尽管如此，她们最终在圣詹姆斯宫相谈了三个小时，之后特蕾莎告诉布莱辛顿夫人（一个出人意料的、真诚的新朋友）："利夫人是世界上最有教养、最和气的人。拜伦勋爵非常喜欢她，在我看来她也是一个很有趣的人。"她们此后再也没有见过面，或许该说的话都说过了。

特蕾莎最终于1847年再婚，嫁给了富有的布瓦西侯爵（Marquis de Boissy），余生在巴黎过着奢华而平静的生活。对于那些以纪念拜伦为名问世的作品，如果存在恶意诽谤或者捏造事实等问题，她会毫无惧意地进行批判。利·亨特在1858年出版的虚构作品《拜伦勋爵及同时代诸君》，更是长期受到她的抨击。她写信给默里的儿子约翰，控诉道："没有什么语言足以表达我（对亨特）的厌恶感……这本书从头到尾充满了敌意、诽谤和谎言。"她关于拜伦的长篇日志《拜伦勋爵在意大利》（*Vie de Lord Byron en Italie*）直到20世纪才有一些节选付梓。在1873年去世之前，特蕾莎最后的愿望是看到她的论文和手稿被出版，正如她所说，为了让人们看到拜伦"善良的心"。

特蕾莎的用意不仅极具价值，也十分感人。然而，拜伦的女儿们以另一种方式，保卫了他的遗产。

第六部分

艾达和梅多拉

16

"对她这样的孩子来说，一个见不到面的人算什么呢?"

安娜贝拉，1824 年 5 月 18 日

艾达·洛夫莱斯本身就是一个大人物，同时她还是拜伦的女儿。作为一位数学家和计算机领域的先驱，她自然启发了对她的父亲知之甚少的几代人的灵感。艾达享有一项殊荣——一个以她的名字命名的非官方纪念日。① 而"拜伦日"是不存在的，这或许是件好事。然而，艾达的人生却与她不认识的那位父亲的人生遥相呼应。她也是一个集天才和丑闻于一身的人物，拥有危险的自由思想，思维敏捷的同时行骇人之事。她和拜伦一样在 36 岁去世，给那些与她交往过的人、她所爱的人和她所反对的人留下了不可磨灭的印象。

另一个方面的相同点是，这颗闪亮的明星也使她周围的人黯然失色。伊丽莎白·梅多拉·利不管是作为艾达同父异母的姐姐，还是作为她的表姐，都是一个次要人物。即使是最轻率的人，也不会主张伊丽莎白拥有艾达的任何一项才能。然而，因为她的生平遭到忽视，所以不公正的是，她动荡混乱的生活也很少被人提及。不管梅多拉是谁的女儿（现有证据越来越倾向于一个可能），这个自称为"罪恶之子"的女孩都代表着一个极具吸引力的研究课题：在维多利亚时代的英国，聪明却不得志的女性的生活情况。

1815 年 12 月 10 日（星期天），艾达不幸地来到这个世界，全名奥古丝达·艾达·拜伦。她的父亲一见到她就大喊："你是多好的折磨人的工具

---

① 在作者撰写本书期间，该纪念日期为 10 月 13 日。

271

啊!"在她出生的家庭中,父亲不仅在酒后对母亲施暴,还与他同父异母的姐姐奥古丝达相恋,被所有人唾弃。拜伦不仅如他曾经的情妇卡罗琳·兰姆所说,"疯狂、邪恶、危险",对他的妻子和女儿来说,他似乎是致命的。艾达不到一个月大的时候,她和安娜贝拉就被逐出家门,投奔了莱斯特郡的外祖父母,也因此得到了解脱。

拜伦后来再也没见过艾达。他对与女儿疏远这件事始终感到遗憾,而非不以为意。1815 年 12 月 11 日,奥古丝达·利写道:"拜伦气色很好,对他的女儿非常满意,尽管我相信他更希望有个儿子。"根据安娜贝拉曾经的家庭教师克莱蒙特夫人对霍布豪斯说的话,"她从来没有见过哪个男人像拜伦勋爵这样为自己的孩子感到骄傲和喜悦",而且安娜贝拉也说过,拜伦"比我更喜欢这个孩子""比起喜欢我,他更喜欢她"。拜伦最先关心的是女儿双脚的情况,担心她遗传了自己的畸形,为一切正常而感到欣慰。拜伦对女儿的喜爱持续了一生;后来在《恰尔德·哈洛尔德游记》第三章中对艾达说:"我多爱你,虽然你生于痛苦的时辰,又是在患难之中生长。"[1] 安娜贝拉担心拜伦会试图争取艾达的监护权,但他并没有这么做,尽管他余生都为失去父女名分而感到失落。在去欧洲大陆之前,他在写给安娜贝拉的信中附了他的一枚戒指,作为给艾达的礼物,它成了为数不多的父女关系的信物之一。作为回礼,他收到了约翰·默里寄出的艾达的微型肖像。拜伦见到画像后说,他的女儿看起来"比同龄人结实""很像她的母亲"。后来,得知艾达生病,[2] 拜伦感到非常不安,直到确信她已经康复才重新动笔写日记。阿莱格拉的死让他不能释怀。

艾达在柯克比马洛里生活,最初几年,她学习了如何在毫无秩序可言

---

[1] 杨熙龄译。——编者注
[2] 拜伦说他"得过一样的病,但不是在这么小的年纪",据此推断可能是猩红热。

的地方维持表面秩序。作为英国名声最差的男人的独生女，她成了话题人物。一次，她们在伊利岛（Ely）游玩，周围人关注的目光极具攻击性，安娜贝拉说她和女儿仿佛是他们眼里的"母狮子"。然而，她并不享受艾达的陪伴。安娜贝拉虽然擅于向世人展现慈母形象，但私下却怨恨女儿，用"它"来指代艾达，写信给她的母亲朱迪思说："我跟它说话，是为了让您满意，而不是为了我自己，如果能由您来照看它，我会非常高兴。"安娜贝拉在她写的一首诗中称自己是"不近人情的母亲"，冷漠、善于分析的她无法为女儿提供来自母亲的情感支持，但她给艾达灌输了求知欲，这产生了长远的影响。

安娜贝拉只是适度参与女儿的生活。保姆和家庭教师尽他们所能教导艾达，但很少有人能胜任这项工作，因为他们无法招架这个聪明的、不停发问的孩子。任何疑似对艾达产生感情的雇员都会被安娜贝拉毫不犹豫地解雇。她曾以"教孩子做伪君子"为由，将名叫格里姆斯（Grimes）的保姆开除。教一个 18 个月大的婴儿做伪君子，这可以说是一项壮举，但安娜贝拉是不会感到满意的。

有一位拉蒙特老师（Miss Lamont）在日记中详细记录了她照料艾达的经历，描述了艾达如何被安娜贝拉规定的复杂的奖惩制度约束。安娜贝拉对任何能激发艾达想象力的东西，都会加以控制。她向朋友特雷莎·维利尔斯解释："艾达的智力远超她的同龄孩子，她已经能接受一些别人对她的影响——到什么程度我不知道。"拉蒙特小姐疲于应付容易兴奋的艾达和她苛刻的母亲，最终于 1821 年辞职；她收到了一份夸张的推荐信和一个警告，被要求不对外谈论工作期间发生的事情。

对安娜贝拉来说，不让艾达受她父亲的影响是至关重要的，她将这一点做到了极致。柯克比马洛里的家中有一幅拜伦的画像，却被永久地用绿色帘布掩盖，奥古丝达难得来访之时，安娜贝拉从不让艾达单独跟她待在一起。然而，安娜贝拉也为自己与拜伦的关系感到自豪，这就意味着至少在公共场合，她对这位迷途诗人的态度是宽容的。因此，在成长的过程中，虽然艾达不知道她的父亲究竟有哪种影响力，但她一直知道他是个大人物。安娜贝拉虽然未取得任何文学成就，但她偶尔会尝试用诗——比如《致艾达》（*To Ada*）——说明自己对拜伦的态度是合理的：

> 你在微笑，你在绽放
> 当希望描绘出成熟的魅力，
> 我的记忆却满是忧伤——
> 你不在父亲的怀抱里！
>
> 我本可以是最爱你的人，
> 觉得你那么珍贵，
> 虽然我失去了世上所有，
> 心却离世界更近了！

她接着写到了"孤独母亲流血的胸脯"和"救世主的关照"。虽然安娜贝拉显然没有从她丈夫身上学到任何作诗技巧，但她懂得塑造自己的社会形象：一个必须勇敢地与过往的困难作斗争的受害者。在艾达的成长过程中，她的母亲被宿命感困扰，时而为命运的残酷捶胸顿足，时而又冷酷地干涉女儿的成长方式。很快，每次她的母亲一出现，艾达就会大哭起来。

尽管如此，安娜贝拉在给奥古丝达的一封信中总结说，她八岁的女儿本性开朗，"就智力而言，观察力最发达，准确表达想法的能力超过了同龄水平"。安娜贝拉很有先见之明地注意到，艾达的想象力"主要表现为与机械相关的创造力"，而且她的表情是"活的"。此后不到一年，拜伦在迈索隆吉翁病逝，安娜贝拉告诉特雷莎·维利尔斯，"艾达泪如泉涌，我想她是被我焦虑的样子吓到了，可能以为会失去我，而不是其他原因——对她这样的孩子来说，一个见不到面的人算什么呢？"她完全不能体会艾达的感受，相信自己的女儿不管被忽视还是被压抑，都会全心全意爱着她。如果艾达会让她的母亲感到温暖，比如在一封信中称她为"我最亲爱、最好的安娜贝拉"，那是因为除了堂兄乔治①之外，她没有别的倾诉对象。

艾达的成长过程虽然缺乏爱，但她的好奇心得到了充分的培养。她对外表有不同寻常的超前看法，告诉安娜贝拉：

> 我从来没有向您表达过我对虚荣的看法，我认为人类所有缺点和不幸都是它造成的，至少我能确定这是我的情况；它是嫉妒、虚伪、叛逆、轻浮、愤怒的原因，总之，几乎所有我能想到的缺点都由它而起。

她这样阐述自己的信条："我其实不在乎这个世界上发生的任何事，我真正关心的……只是活得够长，以便证明我有资格获得永生。"

1826年到1828年间，母女两人在荷兰、德国、法国、意大利和瑞士旅行，偶尔重走拜伦几年前的游历路线，勉强称得上一场"壮游"。没有记录表明艾达在旅途中遇到过她父亲的朋友或熟人，这个年轻女孩似乎也不可能接触到与拜伦有交集的那些思想自由、不拘泥于世俗规则的伙伴。

尽管如此，当艾达回到英国时，她的视野已经被拓宽了；她对飞行器产生了兴趣，连番写信给安娜贝拉，喋喋不休地讲述自己的痴迷，还自称"您的信鸽"。1829年，她生了一场重病，几乎瘫痪在床几个月，然而疾病

---

① 奥古丝达和乔治·利的儿子。

并不能阻止她追求知识，以及表达对现状的不满。为一封明显失言的信，她向安娜贝拉道歉："当我说我知道自己离幸福还很远很远的时候，请不要以为我在抱怨，我说这些，并没有对您不满的意思。"

艾达病后走路离不开拐杖，这种情况持续到1832年，因此她交到的同龄朋友很少；另一方面，她成了母亲的访客们好奇的对象。作为一个老成的年轻人，她给其中一些人留下了深刻的印象，包括她父亲的传记作者摩尔。在拜访了艾达和安娜贝拉之后，他写道：

> 很明显，拜伦的女儿继承了她父亲的许多特质，也继承了他的偏好……她断然拒绝亲吻任何人，除了她的母亲，而且那不是一个充满爱的吻……她不喜欢诗歌，但……有强大的数学头脑……我怀疑她是否诚实，因为她的虚荣心太强，但她的脾气很好，在某种程度上还很有同情心。

摩尔提到"特质"和"偏好"，暗示被压抑的艾达有特立独行的精神。或许在1833年年初，她将这种精神付诸实践了；她与自己的家庭教师，一个叫威廉·特纳（William Turner）的年轻人相恋，但这位教师在恋情有所进展之前就被解雇，艾达继续被困在家中。此事导致母女之间关系紧张，艾达在一封信中说："我认为，随着子女的成长，父母会逐渐失去要求其服从命令的权力……我认为是法律赋予你要求我服从的权力，你不能期望在我的童年结束后还能行使那样的自然权力。"

不久之后，艾达在宫中的首次亮相满足了公众的好奇心。1833年5月10日，17岁的艾达正式面见威廉四世国王（King William IV）和阿德莱德王后（Queen Adelaide）。在场的还有威灵顿公爵（她父亲在《唐璜》第九章中讽刺其为"杰出的刽子手"），以及卡罗琳·兰姆夫人的前夫墨尔本子爵；他们都不喜欢拜伦，但和其他人一样，都对他的女儿很感兴趣。安娜贝拉后来讲述，艾达表现得"相当好"，尽管"介绍仪式让她感到紧张，因为她此前听过一些说仪式十分辛苦和危险的胡话"，她还说"她将出席 17日的宫廷舞会。她一想到能听乐队演奏，见一些要人，就愉快地盼望着那天的到来"。

艾达在宫廷舞会的亮相并未取得很大成功，就像她母亲 1810 年首次登场时一样平淡。近日的疾病、女孩的羞怯，以及一种可想而知的不愿被他人观察的心情，使她感到安娜贝拉所谓的"上流社会集会"索然无味。大多数人认为艾达具有魅力，霍布豪斯是个例外，说她是"一个身材高大、皮肤粗糙的姑娘，但的确有我朋友的一些特征，尤其是嘴"。没人在舞会上追求艾达或向她求婚，或许她也因此松了一口气，结束后，她回了母亲家中——位于伊灵（Ealing）的福德胡克庄园（Fordhook）。然而，6 月 5 日，她参加了一场别样的聚会。她受到了住在多塞特街（Dorset Street）的工程师、数学家查尔斯·巴贝奇（Charles Babbage）的邀请，当天在场的还有各派哲学家、时尚界的女士先生们，以及那些喜欢参加聚会的人。许多人只是想见一见初登社交舞台的拜伦的女儿。

巴贝奇发明的新玩具让宾客们赞不绝口，那是一个银色的跳舞机器人，它的单脚尖旋转博得了阵阵掌声。然而，与他的另一项伟大发明相比，这个机器人仅仅是用来搞怪和逗乐的小玩意儿。巴贝奇告诉充满期待的客人们，要展示一些特别的东西。他们分成几个小组，被带领到一个房间里，那里被装饰得跟礼拜堂一样，非常安静。正是在这个无尘的环境中，巴贝奇向观众们介绍了他最伟大的发明，一台被称为差分机（Difference Engine）的"思考机器"。

多数参观者单纯被这台机器的重要用途和以黄铜、钢铁打造的华丽外观吸引。但对艾达来说，这是她的起床号。索菲亚·弗兰德（Sophia

Frend）也出席了当天的晚会，她写道：

> 其他参观者见到那台工作中的漂亮仪器时，我敢说，他们的表情跟野蛮人第一次看到镜子时一样。而那个女孩子，虽然年纪轻，但她理解仪器的运作原理，看到了这项发明的伟大。

自此，艾达的人生开启了下一篇章，远离了柯克比马洛里的压抑。

在 1833 年余下的大部分时间里，除了在短暂的国内旅行期间，安娜贝拉和艾达都待在伦敦。安娜贝拉带艾达参观了工厂和赛马场，这是为了展示辛勤工作的好处和赌博的罪恶。她对巴贝奇的发明不感兴趣，认为那是"一时的心血来潮"。虽然艾达已经成为有能力、有才智的女子，但安娜贝拉对她还有更高的要求。1834 年年初，她拟写了一份文件，详细说明了她对女儿的期望，并得到家庭医生威廉·金（William King）的认可。她在严肃声明中声称，除了"提高智力"的刺激之外，"所有形式的刺激都必须被排除在她的生活之外"，"她要集中精力研究数学，因为……她最大的缺点是不守秩序，而数学可以弥补这一点"。在艾达与威廉·特纳短暂相恋之后，安娜贝拉更加不遗余力地约束她。她坚持让艾达学习道德规范和数学准则，并为她找到了一位严格的老师。

苏格兰科学家、数学家玛丽·萨默维尔出现了。50 多岁的萨默维尔在传统的男性主导的领域已经取得成功，与同行们相比，她的表现有过之而无不及。她著有《天体运行机制》（*The Mechanism of The Heavens*），是对法国学者皮埃尔·西蒙·拉普拉斯（Pierre-Simon Laplace）的《天体力学》（*Traité de mécanique ce'leste*）的翻译和改编，1831 年由拜伦的出版商约翰·默里出版，将冗长的五卷作品改写得简单易读，同时还具有商业价值。没人比她更适合当艾达的老师。萨默维尔的丈夫威廉是切尔西（Chelsea）

皇家医院的住院医生，他们的家就在医院中，在那里，艾达开始对从蒸汽机到矿物质的各种课题都产生兴趣。萨默维尔是巴贝奇的朋友，因此艾达可以经常去拜访他，远离了上流社会女士们的窃窃私语，她终于能够认真研究差分机的工作原理。

巴贝奇是一位自由思想家，他支持神迹的存在，也为女性杂志的重要性辩护，对艾达产生了重要影响。安娜贝拉对巴贝奇并无好感，她认为差分机的运作属于某种超自然现象，对其背后的"神秘原理"感到担心。虽然安娜贝拉作为知识女性，短视容易遭到诟病，然而她的观点以及不理解在当时是十分普遍的。随着工业革命的发展，许多知识分子开始怀着恐惧看待机器完全代替人工的可能性。巴贝奇的反对者托马斯·卡莱尔（Thomas Carlyle）说："人的整个生命都被暴露和说明；人的灵魂、身体和所有物，没有哪一部分或哪片纤维没被刺探、解剖、提炼、脱水和科学分解。"

参与这场论战将成为艾达未来生活和工作的重心之一，但在1834年，她仍是一个津津有味的旁观者。当年年末，她在中部地区旅行，工厂里的新机器让她想起了巴贝奇所说的"所有机械中的精品"。12月15日，她和萨默维尔在巴贝奇家中做客，对艾达来说，这是十分重要的经历，她"首次领悟了在已知和未知之间架起一座桥梁的可能性"。安娜贝拉认为那是"不妥和矛盾的"，艾达却被深深吸引了。

不幸的是，第二年，周围人关于她用脑过度的担忧应验了。1835年，艾达在萨默维尔家中出现了类似精神崩溃的症状。她的老师说她"神情激动、烦躁不安"，并提醒安娜贝拉，艾达接受的刺激已经超出她的承受能力。萨默维尔还建议艾达回到柯克比马洛里休养。艾达委婉地表达了自己的恐惧。她答应会做一个"乖孩子"，但对重回刚刚摆脱的"令人绝望的紧张环境"感到害怕。最终达成的折衷方案是：艾达去布赖顿，在那里骑马，呼吸海边的空气（万能疗法）。她非常喜欢骑马，告诉萨默维尔："我尽情地跳跃……我向你保证，在运动的乐趣之中，没有什么能与感觉马在身下飞驰相比。这甚至比跳华尔兹还有趣。"艾达回到伦敦后，安娜贝拉决定用更长效的方法来解决女儿的好奇心和健康问题。她应该找个丈夫了。

最终被选定的追求者是第八世奥卡姆男爵（8th Baron of Ockham）——威廉·金①，他是萨默维尔的儿子沃伦佐·格雷格的朋友，也是哲学家约翰·洛克（John Locke）的后代。和拜伦一样，他也是剑桥三一学院的毕业生，几年前曾在希腊担任爱奥尼亚群岛（Ionian Isles）总督的秘书。1833年，他继承了父亲的爵位，此时28岁，正在寻觅一位良配。艾达逐渐长成一个美人，尽管健康状况以及性格方面的传闻是潜在的障碍，但拜伦女儿的身份显然很有吸引力。与此同时，安娜贝拉很高兴，一位有经济能力的绅士正在准备娶她那个让人头疼的女儿。5月底，格雷格在沃里克郡（Warwickshire）安排两人见面，他们志趣相投，威廉·金在几天后求婚。令格雷格惊讶的是，这个消息在1835年6月12日就被公开了。

威廉·金的才智与艾达是不相配的。他是个坚忍务实的人，而不是充满好奇心和想象力的人，相比巴贝奇的创新发明，他对谷物轮作等日常事务更感兴趣，这使他看起来不像洛克的后代。尽管如此，艾达不会错过从安娜贝拉身边逃离的机会。威廉·金最初写给艾达的信流露出的是责任感而非爱情——"我认为这种幸福太奢侈，只能在梦中享受，在现实中就显得过于美好和强大"——但至少两人是互惠互利的，尤其是艾达的嫁妆多达3万英镑（金决定，她每年将拥有约300英镑的收入）。即使安娜贝拉坚持将艾达早年与家庭教师的失检行为告知金，也没有影响到1835年7月8日在伦敦西区的福德胡克庄园举行的婚礼。此时特蕾莎·圭乔利正好第二次到英国访友，但没人邀请她参加这场与拜伦20年前匆匆成婚时的情形如

---

① 与前文出现的家庭医生威廉·金不是同一人。——编者注

出一辙的婚礼。

起初，艾达的婚姻拉近了她和母亲（她在信中称其为"亲爱的鸡妈妈"）的关系。安娜贝拉不再认为艾达轻率、有道德上的缺点，反而说她"被赋予了践行最好的、最符合基徒教教义的目标所需要的各种力量"。刚入住奥卡姆庄园（Ockham Park）时，艾达"最符合基督教教义的目标"很简单：做一个尽职的妻子，操持家务。她出色地履行了自己的婚姻义务。她告诉金："我不认为世上有任何一种快乐，能与完全信任他人相比。"她在 1835 年圣诞节前怀孕。安娜贝拉知道消息后告诉艾达怀孕是一个痛苦的过程，她还作出了一个决定：让艾达知道一直对她保密的一部分往事。艾达终于看到了最有名的一幅拜伦肖像。

虽然艾达以前见到过拙劣的复制品，但这是她第一次见到托马斯·菲利普斯（Thomas Phillips）笔下身穿阿尔巴尼亚服装的父亲。这幅肖像最初于 1814 年在皇家艺术院展出过，被安娜贝拉的家人买下之后就没再出现在公共场合。这幅肖像至今仍然是流浪者和冒险家拜伦的标志性形象，它帮助艾达更全面地了解了她的父亲，尤其是她终于知道了自己是从谁那里继承了过于突出的下巴。艾达对母亲表示了恰到好处的感谢。若是赞美过度，安娜贝拉可能会指责她把一个冷酷无情的人浪漫化了，如果毫无感激之情就显得冷漠。如果说这份礼物是安娜贝拉为了解艾达对拜伦的想法而设下的一个陷阱，那么她的设计是无可挑剔的。

尽管如此，在接下来的几个月里，艾达的父亲一直影响着她。1836 年5 月 16 日，艾达在伦敦圣詹姆斯广场生下一个男孩，取名为拜伦；这几乎是不可避免的。尽管他出生时遭遇"不吉利"的日食现象，但每个人都高兴地迎接他的到来。孩子很聪明，符合艾达"我想要一个有数学头脑的孩子"的愿望。几个月后，艾达在日记中写道："我认为小拜伦更容易被动作吸引。我觉得他有一种实验性个性。"不久之后艾达再次怀孕，尽管大家期望这次还是一个男孩，即"第二位金少爷"，但 1837 年 9 月 22 日出生的是女儿安娜贝拉。艾达怀头胎的时候一切顺利，第二次怀孕却让她病得很重，可能是霍乱，自此以后健康状况便大不如前。艾达并没有因为生病而产生怨恨，她写信告诉巴贝奇：

> 您无法想象我对自己这高深莫测的孩子有多着迷，以及我对她的一些想法。如果她能成为一位哲学家或数学家，而非一个傻里傻气、任人摆布的小姐，我会非常爱她的思想，不在乎她的身体是男性、女性还是中性。

尽管如此，直到 1838 年年初，艾达一直被"令人厌烦和痛苦的疾病"折磨着。在卧床不起的日子里，她唯一能做的是跟萨默维尔保持通信，谈论从数学到育儿的所有事情。当年 6 月 30 日，威廉·金被封为洛夫莱斯伯爵，艾达则成了伯爵夫人。虽然她的丈夫为他的头衔（包括在 1840 年成为萨里郡治安长官）和特权感到骄傲，但艾达对社交界不感兴趣。在 1838 年年底，根据家庭医生洛克的建议，她再次怀孕，这是一次错误的改善健康状况的尝试。尽管取名为拉尔夫的男孩在 1839 年 7 月 2 日顺利出生，艾达却沮丧地发现自己跟一台生育机器没有区别。正如她后来所说，"我不是天生或本来就喜欢小孩，虽然我希望有继承人，但我绝对不会想要孩子"。显然，艾达需要通过取得智力成果来实现自我价值，因此她打算继续学习数学。巴贝奇又一次帮助了她。

从 1839 年 11 月艾达写给巴贝奇的信中，可以看出她当时的自信与不自信。她说"我已经下定决心明年在伦敦学习"，认为"困难在于找对人。因为我的学习方法特别，我想能教好我的一定也是一个特别的人"。虽然没有直接请求巴贝奇做自己的导师，但她希望"您能让我不用去找其他合适的人"，并向他保证，她一定能达到走这条道路所要求的水平，"不要认为我自负，因为我是最不可能对我自己评价过高的人；我相信我有能力在这条道路上走得很远……无论如何，我必须满足这强烈的愿望"。巴贝奇当时的全部精力都放在了差分机或分析机研究的接班人身上，并因为身体抱恙而无能为力，尽管他承认"你对数学的爱如此坚定，不应受到限制"。最后，巴贝奇推荐了自己的朋友，逻辑学家奥古斯都·德·摩根，让艾达跟着他学习代数和三角学。

1840 年和 1841 年，巴贝奇和艾达继续保持通信，偶尔见面。艾达恭维巴贝奇道："我不敢自高自大，而是卑微地希望，我的脑力配得上为您效劳！"然而，艾达并不是一个被动的人；她在同一封信中要求"不要反驳我"，显露了她从父亲身上继承的对自身权威的信心。她说自己正在研究有限差分法〔牛顿在 1687 年的著作《自然哲学的数学原理》（*Principia Mathematica*）中首次介绍的数学方程〕，以此证明自己的智力水平，她希望每天都致力于对数学的追求。当巴贝奇在努力为他那台复杂的计算机器争取更广泛的公众认可（以及急需的资金）时，艾达觉得她作为好学生也可以兼任资助人的角色。她在写给索菲亚·弗兰德——通过与德·摩根结婚进入了联系紧密的知识界——的信中说："我想在死前点亮世界上某些黑暗领域。我也许做得到，也许做不到；但无论如何，专注于此对我自己和我的心灵是大有裨益的。"

然而，就在艾达的知识面不断拓宽的同时，她也觉察到一个黑暗的令人厌恶的秘密，并且无法逃避。它与她父亲犯下的罪行有关。

在 1841 年之前，艾达也许并不知道拜伦与奥古丝达之间有过乱伦关系。虽然她听说过父亲离开英国的原因与丑闻有关，但她一直不知道具体情况。她"向威廉提及我的怀疑，并为此感到羞愧"，因为她知道"这种想法是如此可怕、丑陋"。怀疑挥之不去，艾达不得不让母亲作出解释："这阵子我一直想了解，您怎会有这么可怕的想法……一定不只是因为姐弟之间天生的亲密和熟悉。"

艾达暗示，安娜贝拉的怀疑可能是"一个非常堕落和邪恶的人"才会有的幻想，安娜贝拉在回信中证实了拜伦和奥古丝达之间的恋情。安娜贝拉指出拜伦和奥古丝达之间的书信中有"一些可怕的、神秘的暗示"，她起初认为那只是"孩子气的喜欢"，后来当她偶然提到"仿佛我们是兄妹"时，拜伦变得"脸色苍白、非常愤怒"。她把婚姻破裂归咎于拜伦时常发作的愤怒，即使"他在这些情况下说的话更多的是事实而不是捏造"；她自责地说："我曾经生活在一个对邪恶的迹象一无所知的圈子里，我恨我自己——竟然相信发生在眼前的事情。""如果说我曾经有过发疯的危险，那就是在那个时期"，她为此责怪拜伦，以及艾达；她在话里藏了一柄利剑："你有权享受很早就出现的那种兴奋。"

剩下的问题是，奥古丝达的女儿梅多拉的父亲究竟是谁。安娜贝拉大胆地说了一句模棱两可的话，"他说过是他的，但是……你要知道，我可以对这样的表达作出另一种解释"，她说拜伦暗示过他与他姐姐育有一个孩子，"让我怀疑他想用毫无根据的事情折磨我"，就像他嘲讽她道"没有你，我们也一样开心"。但她没有提及卡罗琳·兰姆曾说梅多拉绝对是乱伦罪的产物。

安娜贝拉把拜伦和奥古丝达的婚外恋情告诉艾达，并议论梅多拉的出身。也许她想把对拜伦的怨恨发泄在与他相像的女儿身上，又或者她只是没有觉察到这会伤害艾达，并相信这么做是出于坦诚以及厘清事实的愿望。她的女儿已经看到了父亲的画像，现在不得不透过表象看到一幅丑恶面孔。安娜贝拉相信梅多拉就是前夫的孩子，正是基于该想法，她试图在艾达和梅多拉之间建立起一种联系，或许是为了从罪恶中解救些什么。

像大多数试图控制人类的计划一样，这个计划也进行得不顺利。

17

"你知道那是我的孩子吗?"

——拜伦，1815 年 3 月

如果伊丽莎白·梅多拉·利是一部恐怖的哥特式小说中的主角，那么她出生时很可能伴有闪电和其他不祥之兆，还有一个驼背的丑老太婆高喊："是活的!"幸运的是，现实偏离了耸人听闻的小说情节。她在 1814 年 4 月 15 日出生，一切都平淡无奇。她是奥古丝达的第四个孩子，和她的哥哥姐姐们一样，是个健康的孩子。拜伦在写给墨尔本夫人的一封信中说"她不是只猿猴"。拜伦和奥古丝达都知道，为了颜面，他们必须当这个女孩是利上校的孩子，尽管都相信"梅多拉"是他们的女儿。

拜伦很快就开始叫这个孩子"小多" (Do)，而其他人都叫她莉比 (Libby)。他和奥古丝达将推测她的家族遗传特征当作一种乐趣。她继承了母亲的黑头发，但她的圆下巴和下嘴唇像拜伦，比起她的"父亲"，梅多拉的长相更像拜伦。在她出生后的几个月里，拜伦经常去看她，但他跟安娜贝拉结婚后就不常去了。拜伦婚后再见到梅多拉，是在安娜贝拉到锡克斯迈尔巴顿拜访奥古丝达的时候。在拜伦的感情游戏中，这个孩子被当作了一颗棋子。安娜贝拉后来称拜伦曾问她："你知道那是我的孩子吗?"不管安娜贝拉的回忆是否准确，拜伦都对他与奥古丝达的关系感到骄傲。

梅多拉过着衣食无忧的生活，尽管利上校将大把的钱花在失败的赛马上，使妻子 800 英镑的年收入远不足以支撑舒适的生活。梅多拉的童年生活平平淡淡，直到 1824 年"舅舅"拜伦去世的消息被公布；他在梅多拉八岁生日后的第四天去世。在拜伦死后不久，奥古丝达为了保护他的名誉，支持霍布豪斯的观点，同意烧毁那部必然会引起轰动的《回忆录》，以便将他的风流往事永远隐藏。关于他们的关系，如今留存的少量信息主要是朋友们的证词，通常是用一些细节暗示他们违反伦常。如果他们还活着，拜伦可能会被视为罗切斯特伯爵的接班人——放荡的代名词。

随着年龄的增长，梅多拉意识到舅妈和母亲之间的关系已经紧张到互不往来的地步。她不知道的是，早在拜伦去世之前，安娜贝拉就在朋友特雷莎·维利尔斯的怂恿下，向奥古丝达言明："你的行为迫使我不得不限制与你通信。"奥古丝达气愤地回复：

> 我确信公众舆论已经转而攻击我的弟弟，以至于你的轻微冷淡都会对我造成严重伤害。因此，为了我的孩子们，我不得不接受你好心提出的"有限交往"，对一个你认为不再值得尊敬和喜爱的人，这就是你能给予的一切。

虽然奥古丝达继续与拜伦通信，并且他一度想让她（可能还有梅多拉）一起去欧洲其他国家，但他们没再见过面。

拜伦离世后，他留给奥古丝达的 2.5 万英镑遗产极大地改变了她的境况；他还在遗嘱中声明，由安娜贝拉继承的 6 万英镑的一部分，在她去世的情况下归利一家所有。这些资金足够将任何一个女孩培养成理想的结婚对象。梅多拉本可以嫁给一个贵族，至少能够确保她的孩子有合法的身份。不幸的是，利的债务使这大笔遗产在几年内就被耗光了，而安娜贝拉并没有生病的迹象。这样一来，梅多拉似乎不太可能受益于拜伦的遗产。

唯一从大笔遗赠中受益的人是梅多拉的姐姐乔治亚娜，她嫁给了康沃尔郡的远亲亨利·特里瓦尼恩。然而，特里瓦尼恩家同样债台高筑，这意味着想要靠一笔遗产脱困的希望很快就破灭了。乔治亚娜的家人都视特里瓦尼恩为无用的挥霍者,只有奥古丝达袒护他(据传特里瓦尼恩曾短暂地做过她的情郎)。梅多拉偶尔去拜访她的姐姐,多数时候是在锡克斯迈尔巴顿附近的住所,但对特里瓦尼恩的厌恶使她不太情愿上门。因此,她难以接受在 14 岁时被打发到坎特伯雷附近阴森的、名为比弗朗斯(Bifrons)的乡间住宅,与姐姐和姐夫长期住在一起。这处房产的租用者原是安娜贝拉,一直处于闲置状态,这时被她让给了乔治亚娜和特里瓦尼恩。由于乔治亚娜是两个幼子的母亲,而且身体不好,所有人都觉得应该有一个更健康的人做她的帮手。这项重任落到了梅多拉肩上。

梅多拉到了比弗朗斯之后,特里瓦尼恩很快就强行与她发生了性关系。在乔治亚娜卧床期间,梅多拉成了特里瓦尼恩的性侵对象,并在不久后怀孕。她后来在自传中写道:"我被毁了,很可能会为我从不喜欢的人生下孩子,成为一个母亲。"那时梅多拉还不到 16 岁。特里瓦尼恩发现她怀孕后的反应非常虚伪;他要求梅多拉"对乔治亚娜说出实情,我们一起乞求她的宽恕"。忏悔引发了一出包含哭泣和指责的闹剧。乔治亚娜认为是她制造了让特里瓦尼恩不免想跟梅多拉上床的局面。她原谅了妹妹和丈夫,三个人继续生活在一起。

他们知道,多一个私生子只会进一步败坏他们的名声,于是决定暂时离开英国。出人意料的是,帮助他们顺利离开的人是安娜贝拉。拜伦的堂弟乔治听特里瓦尼恩的邻居威廉·伊登(William Eden)说了梅多拉怀孕的事情,再将此事告诉安娜贝拉,后者认为她有责任帮忙把孩子送出英国。奥古丝达完全不知道两个女儿的处境,安娜贝拉这么做可能是对她的报复,也可能是出于对梅多拉的怜爱;她曾在日记中写道:"我看见她时总是觉得亲切。"不管怎样,安娜贝拉确保了他们能够在 1830 年 1 月渡过英吉利海峡,前往加来。年轻女孩梅多拉、体弱的乔治亚娜、两个孩子和他们无耻的父亲组成了一个反常的家庭。

梅多拉的预产期在 4 月，但舟车劳顿导致她在 2 月 19 日早产，生下了一个男孩。在没有医疗护理条件的情况下，这个孩子不太可能存活，但令人惊讶的是，他展现了"活下去的希望"。对梅多拉来说，带孩子回英国是难以想象的，所以虽然她内心极不情愿，但男孩还是被送走了。7 月，梅多拉得知儿子在两个月大时死于痉挛症。梅多拉在身体恢复后，于 5 月 2 日返回英国，准备与对她的遭遇仍然一无所知的奥古丝达团聚。

梅多拉回到伦敦后，本希望能在宫廷中露面，从而进入受人尊敬的上流社会。然而，奥古丝达此时不再是宫廷女侍臣，只能寄望于老朋友，比如沉迷酒色的胖国王乔治四世。她自己也没有走出悲剧人生；她 19 岁的女儿奥古丝达于当年 3 月早逝，年纪更小的乔治、弗雷德里克和埃米莉则承受着父亲失职和母亲贫穷的双重影响。

奥古丝达没有注意到梅多拉曾被特里瓦尼恩侵犯并怀孕，考虑到她当时的处境，她在应该被指责的同时，至少在一定程度上也可以被谅解。梅多拉的生活依旧没有着落，也没有兴趣或乐趣。在当时，没有财产且已失贞的女子，只会遇到最绝望、最贫穷的追求者。作为拜伦的"另一个女儿"，梅多拉没有值得被艳羡的优势，更何况在伦敦唯一关注她的男性是狡猾的特里瓦尼恩。她写道："他来得非常频繁，几乎每天都来找我，而母亲从未试过阻拦他。"

在乔治亚娜的默许下，梅多拉继续被迫做姐夫的姘妇。关于特里瓦尼恩是否知道梅多拉的痛苦，结论是存在争议的。他对鸦片酊上瘾，受其影响时常轻率从事，比如给奥古丝达写"放肆的短笺"，并暗示梅多拉"昨天勉强得到我的同意，要披露令我痛苦的致命原因"，尽管他坚持说"现在而且永远，那都应该是个秘密"。意料之中的是，由于他每天的拜访，1831 年1 月，梅多拉再次意识到自己"有可能成为一位母亲"。隐瞒奥古丝达一次虽然困难，但并非不可能，再次隐瞒则是难以想象的。

通知奥古丝达的人是特里瓦尼恩，她的反应导致了家庭内部的严重分裂。她对特里瓦尼恩说"你知道我一直爱你，把你当作自己的孩子，而且永远不会变"，把接连发生的不幸归咎于两个人：她自己和梅多拉。她向茫然的特里瓦尼恩寻求安慰和支持，却写信斥责女儿"犯了两宗致命罪行"，造成"可怕后果"，说："我从未体会过这种悲伤……我想过死神可能把你从我身边带走，却对如今这样的不幸毫无准备。"奥古丝达认为梅多拉自食其果，特里瓦尼恩则是无辜的，陷入了少女的骗局。母亲的偏见对梅多拉来说是深深的伤害，她写道："对我，她变得非常残忍，对亨利却更加和善了。"

1831 年 3 月，梅多拉再次和特里瓦尼恩一家一起，秘密到外地待产。这次他们选的地点在巴斯附近。可能没人告诉梅多拉，半个世纪前，她的外祖父杰克·拜伦曾用舞姿和甜言蜜语向凯瑟琳·戈登求爱。时隔多年，巴斯失去了一些人气，却没失去给人们带来痛苦的潜力；对特里瓦尼恩、乔治亚娜和梅多拉来说尤其如此。三人都将自身困境归咎于他人。尽管如此，他们却都不甘示弱。特里瓦尼恩向两姐妹透露了他与奥古丝达的婚外情，乔治亚娜则报复性地说梅多拉是"通奸和乱伦的产物"。梅多拉得知丑闻后既震惊又感到兴奋，对利上校则是同情多过憎恨。她似乎并不感到羞耻，而是有了实质性的成长。

随着关系的恶化，乔治亚娜对虚假的婚姻不再抱有幻想，决定离开特里瓦尼恩。听说了她的决定，奥古丝达才惊慌失措地把整件事向丈夫和盘托出。利立刻动身前往巴斯，他打算把梅多拉带回伦敦。乔治亚娜和梅多拉在见到他们的父亲之前慌忙进行了一次面谈。梅多拉后来写道："她乞求我的原谅，并恳求我不要抛弃亨利。她向我保证，会设法尽快离婚，如果我愿意的话，甚至可以嫁给亨利。"当梅多拉还在思考她姐姐的提议时，利上校把她带回了伦敦，粗暴地安置在摄政公园（Regent's Park）附近由一位波伦夫人（Mrs Pollen）管理的寄宿所里，该机构专门接收未婚孕妇。1831 年 7 月，梅多拉生下死产女婴，之后她的父亲似乎没有要把她接走的打算。

"时势造英雄"，特里瓦尼恩决定解救梅多拉；他打算与梅多拉而不是乔治亚娜共度未来。在贿赂了好摆布的波伦夫人之后，他们一起逃到了诺曼底（Normandy）。奥古丝达对此毫不知情。她后来告诉安娜贝拉："从 1831 年 7 月到 1833 年 6 月，我始终不知道伊丽莎白的去向，甚至不知道她是不是还活着。"两年里，梅多拉过得并不轻松。不可避免的贫穷让特里瓦尼恩心怀怨恨，梅多拉想通过皈依天主教进入修道院，从而摆脱困境。然而，又一次怀孕使她不可能进入修会。唯一值得庆幸的是，在天主教信仰成为梅多拉的生活中心之后，她终于找到了跟特里瓦尼恩断绝关系的理由。正如她后来所说，"他和我不住在同一屋檐下，从我成为修女的那天起，我就只是他的妹妹"。1834 年 5 月 19 日，梅多拉生了一个女孩，取名为玛丽。在出生证明上，特里瓦尼恩是"代表缺席的父亲"的人。

梅多拉和特里瓦尼恩住在布列塔尼莫尔莱镇（Morlaix）的一座破旧庄园里，过着贫穷、拮据的生活，她说"当时亨利把自己奉献给宗教和狩猎；我把一切奉献给孩子"。梅多拉每年向奥古丝达支取 60 英镑，但考虑到狩猎的花销绝不低，这些钱并不足以维持两人的生活。与此同时，被梅多拉拒绝的特里瓦尼恩找了一个情妇，并强迫梅多拉成为他的同谋。她后来写道："我过了三年痛苦生活，但我愿意把受苦的每一个细节都说出来，尽管我认为没有必要这样做。"没有尊严的生活令人无法忍受，但梅多拉没有其他选择，因为带着女儿回英国是不可能的。恶劣的居住环境和悲惨经历使梅多拉在 1838 年染上重病。照看她的卡雷尔医生（Monsieur Carrel）很快作出了评估，将她的病情告诉了奥古丝达；他还建议奥古丝达给她女儿提供一笔金额更大的固定补贴，好让她获得更多生活自主权。

尽管奥古丝达和梅多拉都没有独立收入，但拜伦的6万英镑遗产的一部分将在安娜贝拉去世后由她们继承。因此，奥古丝达拟了一份契约，保证梅多拉能从这笔遗产中得到3000英镑，这个善意的举动却会造成严重的后果。不管怎样，这笔钱仍然是一个抽象概念。梅多拉在1838年和1839年一直缠绵病榻，根据照顾她的卡雷尔留下的记录，在1838年8月到1839年9月之间，她收到的补贴不足90英镑。这笔钱少得可怜，她似乎要一辈子赤贫如洗。到1840年，25岁的梅多拉已饱尝超乎大多数人想象的悲哀和潦倒滋味。她需要一个支持者、一个朋友，不仅能理解她的处境，还能提供一些实际的援助。

　　安娜贝拉像仙女教母一样走进了梅多拉的生活。1840年5月，梅多拉绝望地写信给她，尝试凭母亲的契约借到一些钱。安娜贝拉对梅多拉的窘境感到震惊，回信提议夏天在法国见面，商讨对策；她们都认为应当瞒着特里瓦尼恩行事。最终，两人于1840年8月21日在图尔重逢。安娜贝拉说梅多拉"变得让我认不出来了，处于一种混乱和恍惚的状态中，有时会突然兴奋起来"。梅多拉的身体很差，患有阑尾炎，极度消瘦。安娜贝拉认为她面临死亡的威胁，她的女儿可能会失去母亲。她对梅多拉的感情十分复杂。1820年，安娜贝拉写道她对梅多拉产生了"最温柔的爱"，并且一直同情她。然而，她也相信，梅多拉是拜伦和奥古丝达所犯罪行的产物，因此注定过上罪恶的生活。她开始照顾这个不幸之人。如果她能比奥古丝达更像一个母亲，从而间接报复情敌，那就更好了。

　　安娜贝拉心中有了一个计划。梅多拉将化名为"奥宾夫人"（Madame Aubin），并且能讲出一个与身份相符的故事；她将扮演名门孀妇、拜伦夫人的旅伴。梅多拉的生活几乎立刻发生了翻天覆地的变化。在忍受了多年的贫穷和轻视之后，她如今在巴黎享乐，身着华服，夜眠豪府。她和安娜贝拉的关系很快就变得像母女一般，应这位恩人的要求，梅多拉叫她"皮普"。上一个这么称呼安娜贝拉的人是拜伦。

安娜贝拉也不用为如何告知梅多拉她的身世而苦恼，因为她已经从乔治亚娜那里听说了。安娜贝拉写道："不幸的是，在联系上我之前，她就知晓了这件事。她一再给出暗示，我感到很为难，最后决定承认那是事实。"梅多拉后来写道：

> 她用各种方式争取和获取我的爱，几乎要我付出无限的信任。我愿意并急于用任何可行的办法证明我的感激之情，并且真诚地希望用我的爱和忠诚，来抵赎我的出生和拜伦男爵的离弃带给她的所有痛苦。

安娜贝拉有了两个女儿，亲生的、聪明的艾达，悲伤的、可怜的梅多拉；前者需要被约束和控制，后者只希望摆脱困境。梅多拉在谈到安娜贝拉时说："她很关心我的健康、是否过得舒适，对我遭遇的一切表示愤慨，说我让她感到安慰，以及我必然成为她忠诚的孩子。"

梅多拉和安娜贝拉在巴黎市中心的里沃利街 24 号（24 Rue de Rivoli）租房住下，在这座城市带来的娱乐和刺激中，梅多拉开始恢复健康。安娜贝拉送她礼物和零花钱，并承诺在她身体好转以后给她更多生活津贴。虽然梅多拉的自由完全取决于安娜贝拉的安排，但也比跟特里瓦尼恩纠缠不清好得多。她和女儿似乎不可能按照自己的意愿生活，但在她存世的所有信件中，没有任何不满的迹象。

1841 年 1 月，时隔十年，安娜贝拉意外地收到了奥古丝达的来信。卡雷尔医生已经告诉奥古丝达，安娜贝拉如今是她女儿事实上的监护人。奥古丝达强调，她对安娜贝拉有"不可动摇的信任"，但仍想知道究竟发生了什么事情。她害怕"有些人……把我当傻瓜……我的确经常受到残忍的欺骗，因而无法对此类怀疑作出令人满意的回应"。此时安娜贝拉有同情和残酷这两种选择，她选了后者。她经过深思熟虑，冷酷地对奥古丝达进行了抨击，她知道怎样击垮对方；不由分说的口吻也表明，她不希望从前的情敌再给她写信：

> 如果我相信你对她有母亲的感情，你就不必像现在这样来打听她的消息……你这么长时间以来对她不闻不问，让她只能在堕落和挨饿之间二选一，在知道这些的人看来，你写的那些深情的信无疑是残酷的嘲弄。她身体和精神上的疾病，只有得到极细心的照料并避免一切痛苦的刺激才能缓解……别去打扰她！

虽然安娜贝拉强调她的"建议""并非出于敌意"，但声称她的愿望是"尽我最大的能力保护她"已足以击溃奥古丝达。不知所措的奥古丝达试图向旧友特雷莎·维利尔斯寻求支持。不过，安娜贝拉为了防止奥古丝达破坏她的计划，已经有所准备，包括将梅多拉"生父"的身份告诉了威廉·金和艾达。艾达并没有感到惊讶，她冷静地回复："您只不过是证实了我多年来几乎已经确信的事情，但我原本认为……向您暗示我有任何怀疑都是不妥当的。"她对这件事作出了自己的判断，在谈到奥古丝达时表示："恐怕她生来就比他更邪恶。"

　　安娜贝拉认为，艾达攻击奥古丝达比攻击她死去的父亲更好，于是出人意料地和她统一了战线。她承认："最近发现了奥古丝达对她的孩子做的事，这让我谅解了他的部分罪行，因为一个像她这样放任自己的女儿毁灭的人，一定也能用同样的方式伤害她的兄弟。"奥古丝达仅仅因为专注于自身而没能看清女儿们的复杂生活，就被描绘成了破坏家庭的恶妇：她的私欲导致高尚的弟弟走向堕落。虽然这是对奥古丝达的品格以及事实的歪曲，但安娜贝拉达到了让艾达和梅多拉嫌恶奥古丝达的目的。通过孤立梅多拉的母亲、艾达的姑妈，她终于将结婚后不曾拥有过的主导权握在了手中。

随后产生的一个结果是，艾达和她的丈夫决定见一见梅多拉。他们于1841 年 4 月抵达巴黎，拜伦的婚生女儿第一次见到了他的"私生女"。初次相见是愉快的。她们不仅彼此相像，而且梅多拉对洛夫莱斯夫妇很热情。她曾写道："两人都对我很友善，仿佛我一直都是艾达的姐姐，事实的确如此。"艾达和梅多拉的处境、出身和财富存在巨大差距，主要原因在于艾达是拜伦的合法女儿。尽管如此，两人之间很快就萌生了真正的友谊。她们在巴黎的街道上和公园里漫步，没过多久，梅多拉就给艾达、威廉和安娜贝拉都起了昵称。艾达是"飞鸟"或"鸟儿"，威廉被称为"乌鸦"，安娜贝拉则被贴切地叫作"鸡妈妈"。

虽然洛夫莱斯夫妇才待两周，但他们的来访对梅多拉来说是巨大的鼓舞。艾达是她交到的第一个年龄相仿的朋友，她希望在英国继续与这个新朋友来往。安娜贝拉也有同样的想法，况且有消息称特里瓦尼恩已经来到巴黎，可能会制造麻烦，所以在 5 月底梅多拉随他们一起回了英国。他们在艾达和威廉位于圣詹姆斯广场 10 号的住所落脚，这是十年来梅多拉第一次回国。

英国的变化很大。铁路已经进入人们的日常生活，原本要花上几天时间的旅程缩短到只需几个小时。铁路不仅使英国成了四通八达的国家，因为乘火车的费用较低，个人出行也更加自由了。三等车厢的票价固定在每英里一便士，意味着只要你不是最穷的人，就可以周游全国。最后，英国的新君主是维多利亚女王；许多女性都希望，安妮女王以后第一位女性统治者的出现，能够让社会变得更宽容。

到了夏天，安娜贝拉和梅多拉住进了位于萨里郡伊舍（Esher）的一座庄园大屋。虽然这座住宅附近的娱乐活动并不多,但它离艾达的奥卡姆庄园很近,方便姐妹俩自由来往。就在这段时间里,梅多拉第一次见到了巴贝奇,她的优雅自信以及对安娜贝拉的敬重给后者留下了深刻印象。艾达和梅多拉的不同之处显而易见——梅多拉没有艾达的求知欲,艾达则对孩子们不太关注,与梅多拉对玛丽的喜爱恰恰相反——但两人也有相似之处,尤其是她们都遗传了拜伦家族体弱多病的基因。

梅多拉终于在新家庭中感受到安宁与幸福,这似乎是她应得的。尽管如此,她与安娜贝拉的关系出现了问题。安娜贝拉在拯救梅多拉时,以及斥责奥古丝达的疏忽和失德时,仁慈的利他主义精神让她感到喜悦,但这种精神没有持续发挥作用。相反,她开始怨恨梅多拉不知感恩。梅多拉慢慢从险恶的病情中恢复后,尽一切可能向安娜贝拉表达感激之情,但都无济于事。安娜贝拉在 1842 年 6 月留下了一份题为《论 E 其人》的手稿,其中指出"当她想伤害反对她的人时,她会伤到自己,但这不是因为鲁莽,而是由于误判","她以为用欺凌的手段可以让别人更好地为她服务"。

虽然梅多拉因为过往境遇变得神经脆弱,在任何预示她可能被冷落或伤害的迹象出现时,都会迅速穿上防御的铠甲,但她已经适应了后来舒适又和睦的生活。她的家庭生活模式自然别于传统;开支上,她完全依靠安娜贝拉,偶尔会缺钱。每年她和玛丽可领取 60 英镑,用于置办和清洗衣物。如果她们生活在法国,远离社交圈,这些钱是绰绰有余的,但在逐渐让她如鱼得水的英国上流社会,60 英镑反映了安娜贝拉的疏忽或有意的冷落。

不管梅多拉是否觉得受到了轻视,她都开始意识到,以安娜贝拉"第二个女儿"的身份继续生活不是长久之计。当她对安娜贝拉突然发作的怒气感到绝望时——她写道:"拜伦夫人的脾气让我非常痛苦。"——她认为应该遵从医生的建议,去一个温暖的国度生活。安娜贝拉并没有让梅多拉自己做决定，而是直接安排她移居到法国南部的耶尔镇（Hyères），那里以吸引英国侨民的温暖气候闻名。此外，她认为梅多拉需要一个监护人，不顾被监护人的意愿，雇了名叫娜塔莉·博勒佩尔的法国女仆。娜塔莉与梅多拉水火不容；前者占据道德高地，告诉梅多拉希望自己受雇于"一位行为无懈可击的女士"，梅多拉则认为她应该"利用这个机会离开我，因为我的生活和过去的经历都不像她希望的那样"。

　　启程前，梅多拉为了钱的事情跟安娜贝拉争吵起来。不仅因为安娜贝拉只答应每年提供150英镑的补贴，供她、娜塔莉和玛丽生活，更因为这些钱由娜塔莉支配。安娜贝拉在次月写的一封信中解释，她做这个决定时考虑的不只是简单的经济问题，而是更复杂的因素。她还在信中写道："亲爱的伊丽莎白，你还记得吗？我们刚认识的时候，我要求你不要对我太亲近。我让自己相信，你已经克服了早期形成的对我的负面印象，并且能够爱我了。"艾达不情愿地成了一个中间人。她试图让她的母亲相信梅多拉心怀感激，只是暂定的补贴的确不能满足其生活所需，但她的劝说没有成功。安娜贝拉自认为已经很慷慨，况且，不管她如何将梅多拉视如己出，她们始终不是真正的母女。

　　最终，在安娜贝拉的安排下，梅多拉将于7月22日出发。离开之前，她意外地见到了奥古丝达。尽管奥古丝达没有看到她，她仍向安娜贝拉描述了这件事如何"令我气愤、让我痛苦"，感叹道："我曾深深地、天真地爱着她！真希望她当初扼杀了她的罪恶带来的我的存在……噢，她看起来多么可恶、多么邪恶、多像一条鬣狗，而我竟然可以那么爱她！"梅多拉为了安慰安娜贝拉，或许有些夸大其词，但她对奥古丝达的轻蔑态度显而易见，并且受到了所处环境的影响。安娜贝拉像个宽宏大量的赢家，她回复道："读到你遇见她的情形，我感到非常痛苦，但我认为你能看清事实是最好的。"

1842 年 7 月 21 日，艾达和梅多拉最后一次见面，这是一个容易动感情的时刻。艾达知道，对安娜贝拉提供的帮助，梅多拉的态度可以被解读为不知好歹，但艾达仍然像朋友和知己那样对待她。她忍受了梅多拉对安娜贝拉的指责，后来她写道："我在那里的最后半个小时……不得不听她诉说依赖他人生活的苦涩，声称一旦看上了一个男人就会马上要求和他结婚。"尽管如此，艾达对梅多拉表现出了深切的同情，梅多拉则将细心保管的遗产继承契据托付给她，请她将其同威廉的其他重要文件一起存放在奥卡姆。

安娜贝拉和艾达怀着不知将分别多久的遗憾和难过，希望梅多拉再次到法国之后，能过上更幸福、更有收获的生活。她们还有一种不祥的预感，她会和她的父亲一样，疯狂、邪恶、危险。

未来发生的事情将充分证明她们的担忧是合理的。

18

"我相信没有谁能和拜伦家的人一样行事。"

艾达，1844 年 10 月

当航船带着梅多拉驶向未知的新生活时，艾达似乎在各方面都与她形成了对比。她看似有美满的婚姻，处于受人尊敬的顶层社交圈，在这种情况下，她对学术的兴趣以及与巴贝奇的密切联系似乎只是有趣的怪癖。但这是对她的复杂、难满足的性格的误解。和她父亲一样，艾达也充满对变革的渴望，同时也无法摆脱社会桎梏。这常常表现为情绪的爆发，艾达告诉沃伦佐·格雷格"我是个该死的怪物"，突然宣称有一个魔鬼或天使在守护着她，但她不确定她受哪一个控制，"对我来说，我不在乎是哪一个"。对于有"科学的新娘"之称的艾达来说，传统只不过是一副枷锁。

艾达和梅多拉的主要区别在于，梅多拉的观点和行为大体上是保守的，而艾达从各方面来看都是一个革新者。即便如此，格雷格还是劝告艾达谨慎从事，用他的话说"忙而不乱"，还有更大的奖励在等候她，只要她懂得克制。正如他所说："眼下你觉得前景并不诱人，需要很大程度上的克己以及巨大的牺牲——但结局是光荣的，不朽的名望则是对你的褒奖。"

艾达"不朽的名望"部分归功于科学探索。1843 年年初，她毫不畏惧地将自己的意图公之于众；她翻译了意大利工程师路易吉·梅纳布雷亚（Luigi Menabrea）研究巴贝奇分析机的一篇论文，并将译稿发表在《科学回忆录》（*Scientific Memoirs*）期刊上。当艾达将此事告诉巴贝奇时，巴贝奇惊讶于她没有采取进一步行动，问她："为什么不就你如此熟悉的课题写一篇原创论文？"当艾达称自己无法胜任时，巴贝奇说她不应止于做梅纳布雷亚的论文译者，而应提出自己的想法和见解。这是一句简单的评语，但它的含义是惊人的。当时还没有女性涉足过科学写作，这是个由男性主导的排外的领域。如果说有人能打破陈规，标新立异，那么这个人就是艾达。

在艾达确立了自由思想者和革新者的身份之后，巴贝奇对她的期许在她心中仍然是最重要的。艾达说她解的复杂代数方程像"精灵和仙女"一样抽象，但她可以对他们的研究进行严谨的检验。她告诉巴贝奇："科学之网已经撒在我身上，不管是精灵还是什么，都已经被困在里面。"在维多利亚时代，精灵是人们钟爱的形象，她们出现在透纳〔《麦布女王的山洞》（*Queen Mab's Cave*）〕和米莱斯〔根据《暴风雨》（*Tempest*）的情节创作的《爱丽儿诱惑斐迪南》（*Ferdinand Lured By Ariel*）〕的画作中，出现在格林和汉斯·克里斯汀·安徒生的故事中，因此艾达的话忠实地反映了当时的文化。另一种含义是，她取得的成就将比仙境生物更真实、更长久。

艾达和巴贝奇就"分析机"开展的研究远远超出了工程学界曾经的想象。然而，艾达并不想被成功者的傲慢所束缚。她在梅纳布雷亚的论文课本中添加了一条注释：

> 我们希望，将分析机的力量夸大的想法不会出现。在研究任何新课题时，往往都有一种倾向：首先，高估有趣或不平凡的发现；接着，当我们发现自己的观点的确超越了已被接受的观点时，又会自然而然地低估真实情况。

艾达不必如此谦虚。她和巴贝奇是公认的计算机领域的先驱，从那时起，他们一直激励着后世的创新者和发明家。①

然而，就在她取得最大胜利的那一刻，她和巴贝奇之间的一场冲突给成就蒙上了一层阴影。巴贝奇希望在论文中添加一份声明，批判政府不重视其研究，不对这篇声明署名。艾达用姓名首字母"A. A. L"来标示她贡献的内容，因此希望巴贝奇在他的声明上签字，以明确分工。出版《科学回忆录》的英国科学促进会（British Association）就如何处理此事召开了会议，最终决定要求巴贝奇为声明署名，不然就撤销声明。作为反击，巴贝奇要求艾达撤回她为论文写的前言，并坚持拒绝署名。

这件事听起来似乎微不足道，但不要忘了，在 1843 年，巴贝奇是享有盛誉的辩论家。所以，尽管他很乐意在私下与艾达——以及她著名的父亲——建立联系，但他不愿在发表这类论文时跟她平分秋色，试图行使他的"贵族特权"。但巴贝奇要失望了。艾达给他写了一封长信，一面称赞"他的天资令我崇拜，不仅如此，我还希望其他人也和我一样"，一面抨击他的"两面派行为"。她重申了自己的诉求，希望在他们的合作中被视为平等的伙伴，尤其是当她独立解决研究碰到的实际问题，制订商业计划，并从潜在投资者那里拿到资助时。当她说"我对创造者的信任和期望，一年更胜一年"时，这里的"创造者"可能是上帝、巴贝奇以及她自己。

这封信里的大胆和放肆是在受伤的感情、鸦片酊和酒精的共同作用下产生的；后两样东西是好心的医生为她的神经性发作开的药。艾达勉强取得胜利；巴贝奇撤回声明，另匿名发表在《哲学杂志》（*Philosophical Magazine*）上，让艾达得到了翻译和介绍研究成果的荣誉。两人的关系并没有破裂，但师徒之间原本的平衡被打破了。自此，艾达不再是任何人的

---

① 关于巴贝奇和艾达的合作，更多细节参见多萝西·斯坦（Dorothy Stein）的《艾达的生平与她的遗产》（*Ada：A Life and a Legacy*，1980）。

附庸，不管对方是老师、丈夫还是母亲。她将只是她自己。

在给巴贝奇写信时，艾达一度为自己的坏情绪道歉，解释道："但愿您知道我有怎样悲伤和沉重的经历。"艾达提到梅多拉，后者已经在法国南部开始新生活。在旅途中，已经有一位法国军官向她求婚。大家都希望，梅多拉能够在耶尔——主要人口由临时游客、老年人和病弱者构成的度假胜地——过上安宁的生活。当安娜贝拉说"去体验新生活"的时候，她所预料的耶尔的社交生活不像伦敦和巴黎那样丰富。

耶尔环境优美，但租金高昂。到 1842 年 11 月，梅多拉和娜塔莉已经搬到环境更差的港口城市土伦（Toulon）附近。即便如此，安娜贝拉仍然认为梅多拉的生活开支很不合理，写信批评她"用让她感到恼火的方式花钱"，并毫不掩饰地问她是否能将每年的开销控制在约定好的 150 英镑以内。事实上，梅多拉的生活费完全由娜塔莉和她的丈夫维克多安排。安娜贝拉用斤斤计较的方式施展她的权威。当梅多拉无法提供花销明细时，安娜贝拉就拒绝提供承诺给玛丽上学用的 20 英镑。

到 1843 年年初，梅多拉已再次陷入了旧日的困境。娜塔莉和维克多利用中间人的身份，挑拨她和安娜贝拉的关系，她绝望地妥协了，最终决定再次前往巴黎，在那里她可能会幸福一些。她告诉安娜贝拉，她去巴黎"是出于诺埃尔·拜伦夫人心知肚明的原因"。尽管安娜贝拉写了多封表达关切的信，询问她为何很少写信——"近来我病得很重，却还要时时为你担心"——梅多拉还是去了法国首都。当安娜贝拉发现受她监护的人违背了她的意愿时，她的反应简单而冷漠。她告诉朋友赛莉娜·多伊尔（Selina Doyle）："至于我的钱，它们只会源源不断地被卷进那个家族的漩涡。"梅多拉将被剥夺继承权。

赛莉娜和她的妹妹阿德莱德（Adelaide）刚到巴黎时，本来很喜欢梅多拉，也爱参加她办的聚会，安娜贝拉已经批准了她们的拜访。得知真相后，这对姐妹的意见发生了分歧。赛莉娜认为梅多拉鲁莽、忘恩负义，阿德莱德则表示了同情。尽管如此，梅多拉的财务状况非常不稳定，更别说她的社会地位了。当安娜贝拉发现梅多拉赊账入住一家旅馆时，她不仅写信给那儿的老板说自己不会资助梅多拉，还说"在我过去的生活中，她只会做一些对我不利、令我痛苦的事"。阿德莱德付清了梅多拉住店的钱，但勉强糊口的生活没有任何希望可言。她又一次不得不独自流浪。

梅多拉没能得到艾达的帮助。在安娜贝拉的影响下，艾达于3月下旬写信给梅多拉，说她翻脸无情，唯一的希望在于做一个值得尊敬的人。字里行间的傲慢刺痛了梅多拉；前一年，艾达在伦敦和乡下与她亲密相处，把她当作久别重逢的姐姐，但此时已经收回了这份友情。艾达的信伤害了梅多拉的感情，安娜贝拉的下一步行动则将她逼到了绝境。她写信告诉娜塔莉，她和维克多无需再照顾梅多拉和玛丽，可以回家了。

如果娜塔莉执行了安娜贝拉的命令，梅多拉将遭受灭顶之灾，好在她和她的丈夫反而想借机提高自身收入及影响力。他们告诉孤立无援的梅多拉，他们是她真正的朋友，鼓励她采取法律手段，获取具有法律约束力的长期生活补贴。法国著名律师安托万·贝里耶（Antoine Berryer）给安娜贝拉发出了一封律师函。函件表明，梅多拉应当得到更多生活费、自主权和选择居住地的权利，而不是低三下四地乞求施舍。

不幸的是，安娜贝拉认定梅多拉的任性和叛逆是由精神疾病造成的，这也可能是她成为母亲的原因，于是派威廉·金医生去巴黎诊断她的病情。金在布赖顿附近经营一家精神病院，安娜贝拉想的是，如果他得出梅多拉会伤害她自己和他人的结论，就可以将她秘密监禁起来，不让她再惹麻烦。梅多拉不幸的女儿不会得到任何照顾；也许安娜贝拉只是希望孩子能回到特里瓦尼恩身边，不再给她的家庭增加负担。

金抵达巴黎后，给了梅多拉最后一次机会。如果她同意回英国，并在安娜贝拉的保护下生活，或许可以继续领取补贴。梅多拉不堪忍受安娜贝拉的手段和掌控欲，拒绝了金的提议，随后发生了一场激烈的争吵。对于这次会面的结果，梅多拉后来是这么描述的，她"忍受了他乐意说出的一切恶言恶语"，而当"他说'签字，签字，你这个大傻瓜'的时候，我变得更加抗拒了"。金回了英国，没有将梅多拉带回去。让安娜贝拉十分失望的是，金告诉她，她曾经的养女毫不领情、顽固不化，但神志完全正常。

梅多拉仍然囊空如洗，她唯一的一线希望是奥古丝达给她的遗产契据。但契据不在她身边，并且安娜贝拉的律师拒绝将其邮寄给她，而是要求她或她的代理人回英国去取。回国对于疲惫不堪的梅多拉来说就像不可能完成的任务。这时候，娜塔莉主动提出回英国小此差事，并声称得到了贝里耶律师的大力支持。这是一个谎言，在梅多拉看来，娜塔莉是另一个犹大，绝非朋友或者能帮上忙的伙伴。要是娜塔莉拿到了契据，没有人能保证她的行为会正大光明，或许她会直接用契据去借钱。

严峻的形势使梅多拉必须回英国。她在朋友约瑟夫·巴拉利尔上尉的帮助下凑了一些钱，总算能出发去找安娜贝拉算总账了。似乎只有直面这个折磨她的女人，命运的难题才能得到解决。当阿德莱德询问梅多拉，没有收入该怎么办的时候，她直截了当地回答："我会采取行动，而拜伦夫人将对我的一切行为负责。"

当梅多拉前往伦敦时，艾达开始为自己日益恶化的健康状况感到不安。为了缓解疲劳，她习惯将干红葡萄酒和鸦片酊混合起来饮用，因此时而感到放松，时而过度兴奋。1844年，她写信给她的母亲，抱怨道："然而，最轻微的脑力活动远比酒和兴奋剂更能让我的大脑趋于狂热……到了晚上，我经常好几个小时都难以入睡，感到疲惫和饥饿……禁不住为我见不到这么多想见的人而哭泣。"由于丈夫无法理解她的情绪起伏，她的婚姻受到了负面影响；她的孩子们被交给一个接一个的家庭教师照管，以此减轻她作为母亲的负担。

从当代人的视角看，与巴贝奇的合作很明显使艾达承受了巨大的精神压力，但在 19 世纪中叶，人们还没有这样的认知。为了帮她走出困境，方法之一是尝试给她放血，该疗法得到了安娜贝拉的同意，却没有起到任何作用。同时，艾达已对鸦片上瘾，她在日记中写道："它对我的眼睛有显著效果，似乎能解放它们，使它们睁大，感到清爽。"艾达坦率地承认因身体跟不上思维，她感到愤懑，她在写给安娜贝拉的信中说："稍微动一下精神或身体，如今都会对我产生以前从没有过的影响。"具有讽刺意味的是，在耶尔或巴黎暂住或许对艾达的身体大有裨益，但安娜贝拉似乎把去法国旅行当成了一种惩罚，并没有提出这样的建议。

艾达对学术的兴趣并没有到此为止。她与电学实验的先驱安德鲁·克罗斯（Andrew Crosse）取得了联系，十分直率地写信给他："你知道，我相信没有谁能和拜伦家的人一样行事。这也许就是我们家族容易出天才的根本原因。我们可以把全部生命和生活都投入到想做的事情中去。"她引用了"相信拜伦"这一家训，并自豪地说："我真心诚意要做我想做的事。"难怪艾达自称是"科学的新娘"，这个称号既表现了钦佩，同时又有轻蔑的意味。

艾达的生活还有另一面——与她和巴贝奇及克罗斯一起沉迷于科学研究的生活相去甚远。小时候，当安娜贝拉带她去看赌马大会，向她展示其罪恶性时，她十分厌恶这项活动。然而，她缺钱时偶然发现了巴贝奇的一本书，《对概率博弈相关问题的考察》（*An Examination of some Questions connected with Games of Chance*），她相信自己可以在仔细思考之后下注赌马，以比过去更实际、更有价值的方式运用自己的智力优势。她选择忽略巴贝奇的警告——"如果想避免无休止的重复，就必须时常反向理解盈利、获胜、收益等词语的含义"。

艾达与包括克罗斯的儿子约翰在内的一群男性友人组成了一个私人联合会，并于1844年开启赌博事业。很快她就蒙受了巨大损失，并竭力向丈夫隐瞒。然而，她既缺少掩盖事实的技能，也没有足够的财源弥补缺口。不久之后，艾达被许多债主勒索，这些人知道他们没有法律追索权，认为追回损失最切实的方法，就是揭露一个事实，即这位社会名人——拜伦男爵的女儿！——只不过是一个寻常赌徒。

艾达把实情告诉了丈夫，尽管两人的书信已经散佚，但威廉展现了可敬的同情心，自愿与勒索者见面，表示如果有必要的话会起诉他们。安娜贝拉当时病情危急，并不知道女儿曾参与赌博，否则真相带来的巨大痛苦可能会加速她的死亡。威廉答应付清艾达的欠款，条件是她必须放弃赌博，以洛夫莱斯夫人该用的方式妥当处理财务问题。让她满足于每年300英镑的收入似乎是异想天开。安娜贝拉还活着的时候，艾达在经济上同时受到母亲和丈夫的约束。为了过她渴望的独立生活，运用聪明才智轻松获取一大笔钱似乎是她的唯一出路。因此，虽然她公开否认参与过赌博，但心中仍在盘算是否有可能大赚一笔。当威廉为了取悦艾达，建议她参加1850年在唐卡斯特（Doncaster）举行的赛马会，顺便看看朋友的马战况如何时，她决定弥补之前犯下的错误。像大多数赌徒一样，她相信可以一举改变命运。

在1843年，梅多拉回到伦敦时也陷入了相似困境，她和艾达的主要区别在于，她拼命想拿到钱不是为了享受更好的生活，而是为了生存。她从一开始就面临各种困难，尤其还要应付娜塔莉和维克多层出不穷的谎言。这对夫妇拜访了安娜贝拉，不仅声称梅多拉愉快地说出了她亲生父亲的身份，还抱怨他们的声誉因为与梅多拉来往受损严重，已无法找到体面的工作了。他们不怀好意地暗示，梅多拉正准备以揭露自己的身世之谜作为要挟，敲诈安娜贝拉。这桩丑闻必将掀起轩然大波。

这种漫不经心的欺骗是值得小说家去塑造的，但对梅多拉来说，却是严重的诬蔑。她曾经的支持者乔治·史蒂芬（George Stephen）站到了安娜贝拉的阵营，不仅如此，她与巴拉利尔上尉的交往（无论多么纯洁）也受到非议，被说成又一段不得体的爱情。事实上，在巴拉利尔把她介绍给律师托马斯·史密斯（Thomas Smith）之后，她对史密斯产生了更多依恋之情，而史密斯是拜伦在希腊时认识的人。梅多拉给史密斯留下的印象是"非常活泼、亲切"，他认为文字能够使她的思路更清晰，于是建议她写一本自传。这么做有助于梅多拉说清自己的故事，但同时也对安娜贝拉形成了更具体的威胁。如果她将自传公之于众，后果将是灾难性的。

不幸的是，安娜贝拉态度坚决，拒绝与梅多拉继续进行任何沟通。与此同时，她的仆人制造了更多问题：娜塔莉企图将契据占为己有，在梅多拉使出强制手段后才归还；娜塔莉和她的丈夫试图以诈骗罪控告安娜贝拉，理由是她没有把梅多拉不光彩的身世告诉他们。这对夫妇声称，与一个邪恶的女人往来，无可挽回地败坏了他们的名誉。安娜贝拉考虑过反诉他们中伤和诽谤，但为了避免公开诉讼，最终达成庭外和解，这令她十分懊恼。

梅多拉身无分文，已到山穷水尽的地步，只能给拜伦的亲戚朋友写信，乞求"援助和保护"。其中一个收信人就是霍布豪斯，他在给另一个人的信中写道："伊丽莎白·梅多拉·利自称是拜伦勋爵的孩子，正在忍饥挨饿——我希望是其他人在假冒她。"绝望的梅多拉在 8 月 12 日去拜访她的母亲。奥古丝达的仆人无礼地回答："利太太不在家。"经历了这番羞辱之后，梅多拉愤怒地写信给奥古丝达，指责道："这下我明白了，你从不曾爱过我，我是你的罪恶之子，只是满足你野心的一种手段，是献给你惧怕之人的牺牲品，利用完之后就把我扔在这世上，一无所有、无家可归、无依无靠。"不管奥古丝达收到这封信的时候是感到悔恨还是愤怒，安娜贝拉制造的隔阂始终存在。直到奥古丝达于 1851 年 10 月 12 日去世，母女仍未和解。

1843 年一天天过去，梅多拉靠四处寻求经济援助勉强维持生计。她新聘请的律师约翰·休斯爵士（Sir John Hughes）指出，特里瓦尼恩逃避了作为父亲的职责，还不必承担后果。就算他不管梅多拉的死活，也应该为女儿的健康负起责任。特里瓦尼恩于次年 1 月回信："非常抱歉，我现在完全无法为您信中提到的那个小女孩的教育问题出力……如今我连养活自己都很困难。"特里瓦尼恩知道玛丽不是他的婚生女儿，这使他更容易逃避法律的束缚，况且他一直住在法国布列塔尼，英国法律对他鞭长莫及。

认识到这一点之后，休斯提出了一个解决方案：如果梅多拉去法国，并承诺不回国，就能凭遗产契据借到钱。梅多拉身边的人认为，这是给她的故事画上句号的唯一方法。人的尊严或单纯的愧疚让他们无法眼看着梅多拉沦为妓女或身无分文地被送去济贫院，于是送走她就成了一个更可取的办法。梅多拉凭契据向银行家休·科斯萨特·贝克（Hugh Cossart Baker）借了 500 英镑，带着玛丽去了巴黎郊外的一个小镇——圣日耳曼昂莱（St Germain-en-Laye）。她把女儿安置在当地的修道院中，在她曾经住过的一家旅馆里当起了佣人。此时的梅多拉已经 30 岁了，身边的人都希望她能默默无闻地度过余生，在孤独中隐姓埋名。

然而，她毕竟是拜伦家的人，傲慢和不屈的精神不是轻易就能丢弃的。她在旅馆工作期间，遇到了年轻士兵让-路易斯·泰尔弗，在他一段时间的追求之后开始与他交往，并在 1846 年 5 月有了身孕。11 月下旬，在泰尔弗的鼓动下，她带着玛丽离开了她工作的旅馆，到法国南部的圣阿夫里克镇（St Affrique）待产。与她之前几次怀孕不同，这次十分顺利。1847 年 1 月 27 日，梅多拉生下了一个男孩，不久后这家人就搬到了阿韦隆（Aveyron）的拉佩尔村（Laepeyre）。男孩随父亲，取名为让-路易斯·伊利，大家都叫他伊利。

虽然梅多拉对她的新生活感到很满意，但生活仍然是艰难的，尤其是在泰尔弗有任务在身，每次一离家就是几个月的情况下。梅多拉还是未婚的身份，当她在泰尔弗所能提供的经济支持下，尽可能投入到农村生活中去时，仍旧是人们好奇的对象。生活还远谈不上舒适，一个相当重要的原因是她的爱人长期不在身边。1847 年一整年，泰尔弗几乎完全没有跟她待在一起，直到 1848 年 7 月才回到家中，并履行承诺，于 1848 年 8 月 23 日与她成婚，举办了世俗婚礼。梅多拉成了泰尔弗夫人，这是她一系列复杂身份中最新的一个。

梅多拉开始呈现一个法国乡村女性的态度和气质，尽管她不是一个地道的农民。她在邻居之中很受欢迎，还买了一台钢琴，以表明自己的与众不同，因为这里没有人见过或演奏过钢琴。人们纷纷说梅多拉与英国的某位神秘贵族有关系，她自己从未就此作过详细解释。法国人对贵族的态度依然十分矛盾，但他们评价梅多拉时，看的是她这个人，而不是她来自哪里。

不幸的是，安宁的生活才刚开始，她的生命却来到了尽头。1849 年 8 月，梅多拉染上了天花。活下来，或者说在不毁容的情况下活下来的可能性是极低的。面对死亡，梅多拉展现了直面混乱一生的勇气。1849 年 8 月 23 日，在结婚一周年纪念日，她写了一份遗嘱，将一切遗产包括那张可恶的契据都留给她的丈夫和孩子们。她不曾忘记自己遭受的不公，但写道："我原谅我的母亲和所有残忍地伤害过我的人，因为我希望自己能被宽恕。"她于 8 月 29 日逝世，被葬在当地的教堂墓地。全村人都参加了简单的葬礼。主持葬礼的神父后来提到她时说："虔诚、仁慈的英国女士，我没有荣幸认识她，但所有人向我说起她的时候都不吝赞美之词。"

艾达肯定得知了梅多拉的死讯，因为安娜贝拉和奥古丝达都在 1849 年 9 月收到了消息，但没有文字记录她当时的感受。艾达的心里可能装着其他事情，尤其是她自己的病情和她父亲的遗产，后者在她生命的最后几年占据了首要位置。

1850年年中，她和威廉在游历英国北部时参观了纽斯特德庄园。这是她第一次看到她父亲最爱的家，虽然新主人托马斯·怀尔德曼（Thomas Wildman）进行了翻修，但它大体上保留了原貌。艾达的不健谈令怀尔德曼感到失望，大部分时间里她只是怀着敬畏四处游走。结束了一开始不动声色的参观之后，她开始询问怀尔德曼他曾经与拜伦见面时的情形，表明这趟返乡对她意义重大。艾达第一次充分感受到她是她父亲的女儿。她说这种感觉无异于一次"复活"，并表示："我爱这个古老的地方，以及所有邪恶的祖先。"

不出所料，艾达说的话冒犯了安娜贝拉，她说："如果人们对你父亲普遍抱有的神话般的想法让你得到了满足，别忘了，亲爱的艾达，那也是多亏了我的行为……我是他最好的朋友，不管在感情上还是事实上。"艾达如果有意反驳，或许能拆穿安娜贝拉的谎言。然而，对家族历史的发现给了她重新挑战赌马的勇气，她此时更想弥补之前的损失，成为独立女性，同时资助巴贝奇完成分析机研究。

艾达要求威廉写信允许她从事赌博，说她已经发现了一种在数学上万无一失的方法，能够确保胜利。在她承诺为自身行为负责的前提下，威廉同意了。然而，她所谓的万全之策是不存在的。在一连串骇人的下注失误之后，她组建的联合会最终输掉了3200英镑，这意味着她必须向威廉借钱还赌债。威廉对此感到震惊，尤其是在她已经有过一次灾难性的赌博尝试的情况下，但除了偿还艾达的债务，他别无选择；除非将她冒险赌博的行为公之于众，引发重大丑闻。很快，艾达得到了一个令她的财务困境显得无足轻重的消息：她患了子宫癌，过去那些所谓的"专家"进行的愚昧的放血治疗只是加重了她的病情。

尽管艾达一生体弱多病，但在 19 世纪 40 年代的多数时间里，她似乎处于比较健康的状态，这或许得益于与巴贝奇合作时迸发的活力。从 1848 年起，晕厥和抽搐时常发作，她还要承受痛苦的经期大出血。被诊断患有癌症时，她决定听天由命，对她的朋友、化学家亨利·本斯·琼斯（Henry Bence Jones）说："我宁愿过 10 年或者 5 年真正的生活，也不要像我经常看到的那些人一样，没有精神地消磨 20 年乃至 30 年。"

她接受了一系列庸医常用的治疗，包括利明顿温泉（Lemington Spa）"休息疗法"、服用大剂量鸦片酊甚至大麻，但药物唯一的作用是在缓解痛感的同时麻痹她的理智。当威廉将艾达患病和欠债的事告诉安娜贝拉时，她没有表现出一丝同情，反而说这般境地是其恶习和任性的直接后果。安娜贝拉深受著名福音传教士弗雷德里克·罗伯逊（Frederick Robertson）的影响，在她看来，如果艾达以前听从她的教诲，此时就已经得到救赎。像她的父亲一样，艾达也排斥母亲的谎言和伪善。她病得很重，但 1851 年一整年，她还能保持心智健全，不仅尝试着教导已经投身海军的儿子，甚至还继续与巴贝奇保持通信。

到 1852 年年初，已经对鸦片酊成瘾的艾达被迫接受安娜贝拉回到她的生活中。与此同时，威廉发现艾达在赌博联合会前合伙人约翰·克罗斯的操控下，作出了种种不利的决定，包括为了区区 800 英镑就典当了珍贵的珠宝。重操赌博旧业的克罗斯作出的假设是，与艾达的债务情况被公开相比，他自身被曝光的风险不值一提。同时，艾达和克罗斯的亲密关系似乎包含爱情；尽管没有确凿的证据能够证明这一点。威廉要求艾达不再与克罗斯来往，这也许是他对可能存在的背叛的体面回应。①

---

① 1852 年 8 月 30 日，威廉与艾达进行了一次秘密谈话，其后威廉怀着愤怒和悲伤离开了她的病床，这次谈话的内容可能是她明确承认了与克罗斯（或许还有其他人）的婚外恋情。

清醒的时间里，艾达已经为生命的终结做好了准备。威廉在日记中写道：

> 她畅言未来，谈到未来的情况对这个世界来说多么必要，现在的一切多么不完整……她认为在造物主看来，所有生命都有用途和使命——当它们被完成时，生命就迎来终结——以及在当下的困境中，她的用途和使命是否已完成。

艾达甚至选好了她的安息地，她想沉睡在她父亲旁边，在诺丁汉郡哈克诺尔教堂的家族墓室中，从而与这个她从未见过的男人保持亲密。她还明确指出她的碑文要引用《雅各书》第五章第六节的内容："你们定了义人的罪，把他杀害，他也不抵挡你们。"无论这是否是艾达对安娜贝拉的最后一次反击，无疑都暗示了她强烈认同拜伦是一位"义人"。

最终，在经历了反复的癫痫发作和精神失常之后，她在安娜贝拉的逼迫下接受了某种形式的心理折磨，被迫承认被指控的罪行，满足她母亲的所有要求，大部分都与粉碎她的意志有关，神志不清之际，她在供认罪孽以及她对母亲缺乏感激的文件上签了字。最后，艾达于 1852 年 11 月 27 日离世，临终时安娜贝拉仍在对她发号施令，要她以前所未有的顺从态度把自己交给上帝。

艾达的葬礼于 12 月 4 日在诺丁汉举行。出席仪式的人很多，送葬者包括威廉、格雷格和怀尔德曼等，但巴贝奇和安娜贝拉都没有到场。在场的很多人是拜伦迷，想借此机会见证埋葬拜伦的墓室被再度开启。艾达被葬在她父亲旁边，随着墓室再一次封闭，"拜伦王朝"的另一个时代落下帷幕。

倘若艾达知道她死后会作为计算机领域的先驱、女性科学家先锋，受后世敬仰，她应该会含笑九泉，为击败自己的母亲感到高兴。艾达的创新精神、激情和活力不输给她的父亲，却没有他阴晴不定的脾气。安娜贝拉则代表了自认为是天才的平庸之人的麻木和嫉妒：如果她是萨列里的话，她的女儿就是莫扎特。后人自有办法纠正某些谎言。在安娜贝拉因乳腺癌病逝于 1860 年 5 月 16 日之前，她讲述了拜伦一连串的罪行，以及她在拒绝这些行为时扮演的高尚角色。她说了太多次这样的故事，这让她看起来像一个怀恨、守旧、专横的女人，与她的女儿完全不一样。

格雷格在无意中预告了艾达毕生的贡献，同时也是对她一生以及结局恰如其分的概括。他写道："眼下你觉得前景并不诱人，需要很大程度上的克己以及巨大的牺牲——但结局是光荣的，而不朽的名望则是对你的褒奖。"这段话与《写于佛罗伦萨至比萨途中》的最后一行遥相呼应，"光荣的结局"被赋予了挽歌般的特质；这行诗似乎对父女二人来说都是贴切的墓志铭：

我就知道那是爱，我感到那才是光荣。

后　记

1838 年 4 月 6 日，维多利亚女王接见墨尔本勋爵①

"你认识拜伦勋爵吗，墨尔本勋爵？"

"是的，女王陛下。"

"他是个什么样的人？"

"他笑容可掬，但诡计多端。"

"我听说他将男性同伴引入歧途。"

"在很多情况下还有女性。"

"那真是遗憾。"

"我虽羞于启齿，但其中还包括我的亡妻卡罗琳。她用'疯狂、邪恶、危险'来形容他，我对这一描述的准确性表示认可。"

"我明白了。他……相貌不凡？"

"是的，非常英俊。他有一头黑发，脚跛得很厉害。"

"那他的表情是否讨人喜欢？"

"不，他满脸讽刺和嘲笑。您甚至可以称之为一种蔑视。"

"所以你不认为他讨人喜欢？"

"啊，他确实很讨人喜欢。要说的话，有时可能过于讨人喜欢了。但我相信他擅长背叛。"

"对女人？"

---

① 这是一段掺杂了想象的对话。墨尔本时年 58 岁，而维多利亚女王刚刚加冕，年仅 18 岁。

"对所有。他先后扮成一个诗人、一个贵族、一个情人，然后是士兵。他伤透人心，败坏别人的名声。最伟大的人也会为他的咒语着魔，因为他让所有人着迷，并欺骗他们，他能将他的故事讲得很动听。"

"我懂了。"

"是吗，女王陛下？恐怕众人都视他为浪漫人物，对他的罪行视而不见。"

"因为他是个伟大的罪人。"

"他无疑是。"

"墨尔本，我想我需要进一步钻研他的诗歌，以判断其罪恶程度。你可以安排吗？"

年　表

1756 年 2 月 7 日	杰克·拜伦出生于诺丁汉郡。
1764 年 4 月	凯瑟琳·戈登出生于盖特城堡。
1783 年 1 月 26 日	杰克与第一任妻子阿米莉娅·奥斯本的女儿奥古丝达出生。她是他们的孩子中唯一存活下来的。
1785 年 5 月 13 日	杰克·拜伦和凯瑟琳在巴斯结婚。
1785 年 11 月 13 日	卡罗琳·庞森比出生于北安普敦郡。
1788 年 1 月 22 日	乔治·戈登·拜伦出生于伦敦的霍尔斯街。
1788 年 1 月 29 日	拜伦在圣马里波恩教堂受洗。
1790 年 9 月	杰克·拜伦抛下居于阿伯丁的妻儿,前往法国。
1791 年 8 月 2 日	杰克·拜伦因肺结核病逝于瓦朗谢讷,享年 35 岁。
1792 年 5 月 17 日	安妮·"安娜贝拉"·米尔班克出生在达勒姆附近的埃莱莫尔庄园。
1794 年 7 月	拜伦的堂哥在卡尔维战死,拜伦成了家族遗产的唯一继承人。
1797 年 8 月 30 日	玛丽·雪莱出生。
1798 年 4 月 27 日前后	克莱尔·克莱蒙特出生。
1798 年 5 月 19 日	乔治在祖父去世后成为第六代拜伦男爵。
1798 年 8 月	拜伦首次参观纽斯特德。
1799 或 1800 年	特蕾莎·甘巴出生于拉韦纳。
1801 年	卡罗琳·庞森比和威廉·兰姆在布罗克特庄园初次见面。

1801 年 4 月	拜伦就读于哈罗公学。
1801 年 10 月	凯瑟琳与继女奥古丝达取得联系，但没有见面。
1805 年 6 月 3 日	卡罗琳·庞森比和威廉·兰姆结婚，成为卡罗琳·兰姆夫人。
1805 年 7 月	拜伦离开哈罗公学。
1805 年 10 月 24 日	拜伦就读于剑桥大学三一学院。
1806 年 11 月	拜伦的第一部诗集《即兴诗》出版，但因内容太不光彩，几乎立刻被召回。
1807 年	奥古丝达嫁给乔治·利上校。
1807 年 6 月	拜伦的第二部诗集《闲暇的时光》出版。
1807 年 8 月 28 日	卡罗琳的第一个孩子，乔治·奥古斯都·弗雷德里克出生。
1807 年 12 月	拜伦离开剑桥，负债累累。
1809 年春	拜伦的第三部诗集《英格兰诗人和苏格兰评论家》问世。该作驳斥了批评过《闲暇的时光》的《爱丁堡评论》。
1809 年 1 月 22 日	拜伦在伦敦庆祝自己成年。
1809 年 1 月 29 日	卡罗琳流产。
1809 年 3 月 13 日	拜伦进入上议院。
1809 年 7 月 2 日	拜伦开启壮游之旅，临行前立了一份遗嘱，如果他去世，将留给凯瑟琳每年 500 英镑的收入。
1810 年年初	卡罗琳开始了与戈弗雷·韦伯斯特的婚外恋情。
1810 年 2 月	安娜贝拉来到伦敦，首次参加社交季活动。
1810 年 5 月 3 日	拜伦"效仿勒安得耳"，游过赫勒斯湾。
1811 年 7 月 14 日	拜伦回到英国。
1811 年 8 月 1 日	久病未愈的凯瑟琳在拜伦回到纽斯特德之前去世。
1811 年 8 月 9 日	凯瑟琳被葬在诺丁汉郡的哈克诺尔教堂。拜伦未参加葬礼。
1812 年 3 月	安娜贝拉和卡罗琳初次见面。
1812 年 3 月 10 日	拜伦自传体畅销书《恰尔德·哈洛尔德游记》的第一章由约翰·默里出版，首印 500 本在三天内售罄。

1812 年 3 月 24 日	卡罗琳和拜伦经霍兰夫人的介绍首次正式见面。
1812 年 4 月初	拜伦与卡罗琳的恋情开始。
1812 年 4 月 13 日	拜伦与安娜贝拉在一次宴会上相遇。
1812 年 7 月 29 日	拜伦试图中断恋情但未成功,卡罗琳提议私奔。
1812 年 10 月	克莱尔第一次见到雪莱。
1812 年 10 月 8 日	拜伦向安娜贝拉求婚,被拒绝。
1813 年 6 月	拜伦的东方叙事诗《异教徒》出版。
1813 年 7 月 5 日	拜伦和卡罗琳在舞会上偶遇,有人说卡罗琳企图自杀。
1813 年 8 月	拜伦与奥古丝达的恋情开始。
1814 年 1 月	奥古丝达与拜伦到纽斯特德过春天。
1814 年 3 月	雪莱第一次见到玛丽·戈德温。
1814 年 4 月 15 日	奥古丝达的女儿伊丽莎白·梅多拉·利出生。
1814 年 7 月 29 日	玛丽和雪莱私奔。
1814 年 9 月	拜伦再次向安娜贝拉求婚,在纽斯特德与奥古丝达共度时光之际得知求婚被接受。
1815 年 1 月 2 日	拜伦与安娜贝拉结婚。
1815 年 2 月 22 日	玛丽和雪莱的孩子出生,不久后夭折。
1815 年 3 月	拜伦带安娜贝拉去锡克斯迈尔巴顿拜访奥古丝达,引发致命后果。
1815 年 7 月 28 日	纽斯特德在拍卖会上以 9.5 万几尼的价格售出。
1815 年 12 月 10 日	拜伦和安娜贝拉的女儿奥古丝达·艾达出生。
1816 年 1 月 6 日	拜伦要求安娜贝拉离开。
1816 年 1 月 26 日	玛丽和雪莱的儿子威廉出生。
1816 年 3 月	克莱尔和拜伦初次见面。
1816 年 3 月 17 日	拜伦和安娜贝拉正式分居,财务上的所有约定都有利于安娜贝拉。
1816 年 4 月 14 日	拜伦和奥古丝达最后一次见面。

1816 年 4 月 25 日	拜伦离开英国前往欧洲大陆，从此再未回国。
1816 年 5 月	拜伦与雪莱及玛丽初次见面。
1816 年 5 月 9 日	卡罗琳发表小说《格伦纳冯》，影射了她与拜伦的关系。
1816 年 6 月	拜伦创作《黑暗》。
1816 年 6 月 16 日	拜伦、雪莱和玛丽发起写鬼故事的挑战，最终催生出《弗兰肯斯坦》。
1816 年 10 月	玛丽和克莱尔共同的继姐范妮·伊姆利因过量服用鸦片酊身亡。
1816 年 11 月	雪莱的妻子哈丽特被发现溺水身亡。
1816 年 12 月 30 日	雪莱与玛丽结婚。
1817 年 1 月 12 日	克莱尔和拜伦的女儿阿莱格拉出生。
1817 至 1818 年	拜伦创作并发表《贝珀》。
1818 年	初版《弗兰肯斯坦》问世。
1818 年 1 月 20 日	特蕾莎和亚历山德罗·圭乔利伯爵订婚。
1818 年 5 月	拜伦把阿莱格拉从克莱尔身边带走，跟他一起住在意大利。
1819 年 3 月	拜伦和特蕾莎在威尼斯正式见面。
1819 年 6 月	特蕾莎病重。
1819 年 6 月 7 日	玛丽和雪莱的儿子威廉去世。
1819 年 7 月 15 日	《唐璜》前两章出版。
1820 年 7 月 12 日	特蕾莎被批准与圭乔利离婚。
1821 年 3 月 1 日	拜伦将阿莱格拉送入圣乔瓦尼·巴蒂斯塔修道院。
1822 年 4 月 19 日	阿莱格拉因"卡他性痉挛发作"在修道院中死亡。
1822 年 7 月 8 日	雪莱在船难中丧生。
1823 年 7 月 15 日	拜伦离开意大利前往希腊，打算参加希腊独立战争。
1824 年 4 月 19 日	拜伦在迈索隆吉翁因热病逝世。
1826 至 1828 年	艾达和安娜贝拉游历欧洲。

1826 年	玛丽的小说《最后一个人》出版，拜伦是故事中的雷蒙德勋爵的原型。
1826 年 7 月	特蕾莎和圭乔利复婚。
1826 年 10 月	特蕾莎和圭乔利再度离婚。
1828 年 1 月 26 日	卡罗琳因水肿病逝。
1830 年 2 月 19 日	梅多拉早产，生下一个男孩，婴儿不久后死亡。孩子的父亲是她的姐夫亨利·特里瓦尼恩。
1831 年	修订版《弗兰肯斯坦》问世。
1831 年 7 月	梅多拉生下死产女婴。
1833 年 5 月 10 日	艾达入宫面见王室。
1833 年 6 月 5 日	艾达与查尔斯·巴贝奇初次见面。
1834 年 5 月 19 日	梅多拉生下女儿玛丽。
1835 年 7 月 8 日	艾达嫁给第八代奥卡姆男爵威廉·金。
1834 年 7 月 16 日	墨尔本子爵出任首相。
1836 年 5 月 16 日	艾达的儿子拜伦出生。
1837 年 9 月 22 日	艾达的女儿安娜贝拉出生。
1838 年 6 月 30 日	威廉·金被封为洛夫莱斯伯爵，艾达成为伯爵夫人。
1839 年 7 月 2 日	艾达的二儿子拉尔夫出生。
1840 年	圭乔利去世。
1840 年 8 月 21 日	安娜贝拉和梅多拉在图尔初次见面。
1841 年 4 月	艾达和梅多拉在巴黎初次见面。
1843 年	艾达翻译意大利工程师路易吉·梅纳布雷亚研究巴贝奇及其分析机的一篇论文，并为其作序。
1847 年	特蕾莎嫁给博伊西侯爵。
1847 年 1 月 27 日	梅多拉生下一个男孩，取名让-路易斯·伊利。
1848 年 8 月 23 日	梅多拉与伊利的父亲让-路易斯·泰尔弗在法国结婚。
1849 年 8 月 29 日	梅多拉因患天花死亡。

1851 年 2 月 1 日	玛丽·雪莱去世，死因疑似脑瘤。
1851 年 10 月 12 日	奥古丝达去世。
1852 年 11 月 27 日	艾达因子宫癌去世。
1860 年 5 月 16 日	安娜贝拉因乳腺癌去世。
1873 年	特蕾莎去世。
1879 年 3 月 19 日	克莱尔·克莱蒙特去世。

参考书目

综合

Bone, Drummond (ed.), *Cambridge Companion to Byron* (Cambridge, 2004)

Byron, *Letters and Journals*, ed. Leslie Marchand, 10 vols (John Murray, 1973 – 1980)

Byron: Complete Poetical Works, ed. Frederick Page (Oxford, 1980)

Clinton, George, *Memoirs of the Life and Writings of Lord Byron* (James Robins & Co, 1827)

Eisler, Benita, *Byron: Child of Passion, Fool of Fame* (Hamish Hamilton, 1999)

Franklin, Caroline, *Byron: A Literary Life* (Macmillan, 2000)

Franklin, Caroline, *Byron's Heroines* (Clarendon Press, 1992)

Harvey, A. D. , 'Prosecutions for Sodomy in England at the Beginning of the Nineteenth Century', *The Historical Journal*, 21: 4 (1978), 939 – 948

Hobhouse, John Cam, *Hobhouse's Diary*, ed Peter Cochran (https://petercochran. wordpress. com/hobhouses-diary/, 2009)

Langley Moore, Doris, *The Late Lord Byron* (John Murray, 1961)

MacCarthy, Fiona, *Byron: Life and Legend* (John Murray, 2002)

Marchand, Leslie, *Byron: A Biography* (John Murray, 1957)

Maurois, André, *Byron*, trans. Hamish Miles (Constable, 1984)

Mayne, Ethel Colburn, *Byron* (Methuen, 1924)

Medwin, Michael, *Conversations of Lord Byron* (Henry Colburn, 1824)

Moore, Thomas, *The Life and Letters of Lord Byron* (Leavitt & Allen, 1858)

Nicholson, Andrew (ed.), *The Letters of John Murray to Lord Byron* (Liverpool University Press, 2007)

O'Brien, Edna, *Byron In Love* (Weidenfeld & Nicolson, 2009)

Parker, Derek, *Byron and his World* (Thames and Hudson, 1968)

Quennell, Peter, *Byron: the Years of Fame* (Collins, 1935)

Strickland, Margot, *The Byron Women* (Peter Owen, 1974)

凯瑟琳·戈登

Boyes, Megan, *My Amiable Mamma* (J. M. Tatler, 1991)

Gordon, Pryse, *Personal Memoirs* (Colburn and Bentley, 1830)

Prothero, R. E., 'The Childhood and School Days of Byron', *The Nineteenth Century*, 43 (1898), 61 - 81

Walpole, Horace, *The Castle Of Otranto*, ed. W. S. Lewis (Oxford, 2008)

Lady Caroline Lamb

Bishop, Morchard (ed.), *Recollections of the Table-Talk of Samuel Rogers*, (University of Kansas Press, 1953)

Blyth, Henry, *Caro, the Fatal Passion* (Hart Davis, 1972)

Cecil, David, *Melbourne: A Biography* (Constable, 1954)

Douglass, Paul, *Lady Caroline Lamb* (Palgrave, 2004)

Hary-O: The Letters of Lady Harriet Cavendish 1796 - 1809, ed. Sir George Leveson-Gower and Iris Palmer (John Murray, 1940)

Jenkins, Elizabeth, *Lady Caroline Lamb* (Victor Gollancz, 1932)

Lady Morgan's Memoirs: Autobiography, Diaries and Correspondence, 2 vols (W. H. Allen, 1862)

Lamb, Caroline, *Glenarvon* (Henry Colburn, 1816)

Leslie, Doris, *This For Caroline* (Heinemann, 1964)

Normington, Susan, *Lady Caroline Lamb: This Infernal Woman* (House of Stratus, 2001)

Ponsonby, Sir John, *The Ponsonby Family* (Medici Society, 1929)

Villiers, Marjorie, *The Grand Whiggery* (John Murray, 1939)

The Whole Disgraceful Truth: Selected Letters of Lady Caroline Lamb, ed. Paul Douglass (Palgrave, 2006)

安娜贝拉·米尔班克

Beecher Stowe, Harriet, *Lady Byron Vindicated* (Fields, Osgood & Co., 1870)

Crane, David, *The Kindness of Sisters* (HarperCollins, 2002)

Elwin, Malcolm, *Lord Byron's Wife* (Macdonald, 1962)

Hay, Ashley, *The Secret: The Strange Marriage of Annabella Milbanke and Lord Byron* (Aurum, 2001)

The Lovelace Papers, 29, folio 86, Bodleian Library archive, Oxford

Mayne, Ethel Colburn, *The Life and Letters of Anne Isabella, Lady Noel Byron* (Constable, 1929)

Thorne, R. (ed.), *The History of Parliament: the House of Commons 1790 - 1820*

(Boydell and Brewer, 1986)

奥古丝达·利

Bakewell, Michael, *Augusta Leigh: Byron's Half Sister* (Chatto &. Windus, 2000)

Gunn, Peter, *My Dearest Augusta* (Bodley Head, 1968)

克莱尔·克莱蒙特

The Clairmont Correspondence, ed. Marion Kingston Stocking (Johns Hopkins University Press, 1995)

Gittings, Robert, and Manton, Jo, *Claire Clairmont and the Shelleys* (Oxford, 1992)

The Journals of Claire Clairmont, ed. Marion Kingston Stocking (Harvard University Press, 1968)

Kegan Paul, C., *William Godwin, His Friends and Correspondence* (Henry S. King &. Co., 1876)

Marshall, Peter H., *William Godwin* (Yale University Press, 1984)

玛丽·雪莱

Bieri, James, *Percy Bysshe Shelley: A Biography* (University of Delaware Press, 2005)

Dunn, Jane, *Moon in Eclipse: A Life of Mary Shelley* (Weidenfeld &. Nicolson, 1978)

Ellis, David, *Byron In Geneva: That Summer of 1816* (Liverpool University Press, 2011)

'Gallery Of Literary Characters, no LIII, William Godwin Esq', *Fraser's Magazine*, 10 (1834)

Gilmour, Ian, *The Making Of The Poets* (Chatto and Windus, 2002)

Hay, Daisy, *Young Romantics* (Bloomsbury, 2010)

Holmes, Richard, *Shelley: The Pursuit* (Weidenfeld &. Nicolson, 1974)

Hoobler, Thomas, and Hoobler, Dorothy, *The Monsters* (Back Bay, 2006)

Lewalski, Barbara, *The Life of John Milton* (Wiley-Blackwell, 2000)

Mary Shelley's Journal, ed. Frederick L. Jones (University of Oklahoma Press, 1947)

Shelley, Mary, *Frankenstein* (Penguin Classics, 2003)

Stott, Andrew McConnell, *The Vampyre Family* (Canongate, 2013)

特蕾莎·圭乔利

Byron, 'Ravenna Journal', ed. Peter Cochran（https://petercochran.files.wordpress.com/2009/03/ravenna_journal.pdf）

Fox, Henry Edward Fox, *The Journal*, ed. Earl of Ilchester（Thornton Butterworth, 1923）

Giuccioli, Teresa, *Byron's Life In Italy*, ed. Peter Cochran（University of Delaware Press, 2005）

Origo, Iris, *The Last Attachment*（Jonathan Cap. & John Murray, 1949）

Quennell, Peter, *Byron in Italy*（Collins, 1941）

艾达·洛夫莱斯

Babbage, Charles, *Passages From The Life Of A Philosopher*（Longman, 1864）

Carlyle, Thomas, *Sartor Resartus*（ed. Peter Sabor and Kerry McCarthy, Oxford University Press, 2008）

Langley Moore, Doris, *Ada, Countess of Lovelace*（John Murray, 1977）

Menabrea, L. F., *Sketch Of The Analytical Engine Invented by Charles Babbage*, translated and with an introductory note by Ada Lovelace（ed. Richard Taylor, London 1843）

Stein, Dorothy, *Ada: A Life and a Legacy*（MIT Press, 1985）

Toole, Betty A.（ed.）, *Ada, the Enchantress of Numbers*（Strawberry Press, 1998）

Woolley, Benjamin, *The Bride Of Science*（Macmillan, 1999）

梅多拉·利

Leigh, Medora, *History and Autobiography*, ed. Charles Mackay（New York, 1870）

Turney, Catherine, *Byron's Daughter*（Peter Davies, 1972）

后记

Creston, Dormer, *The Youthful Queen Victoria*（Macmillan, 1952）

St Aubyn, Giles, *Queen Victoria*（Sinclair-Stevenson, 1991）

致　谢

　　书写一个人的人生是一项艰巨的任务，而要公正地将十个人的人生娓娓道来，这简直是赫拉克勒斯的磨难。为完成这本书，我走遍了欧洲，去过罗马的济慈-雪莱纪念馆、哈罗学院、剑桥大学三一学院，遍访大英图书馆、博德利图书馆以及伦敦图书馆，还在约翰·默里档案馆、英国国家肖像馆、海因茨档案馆留下了我的足迹。此外，还有许多其他机构，无论大小，都对我的研究给予了大力支持。尤其是苏塞克斯大学，本书的大部分内容是在那里写成的。非常感谢成书过程中帮助过我的所有人。

　　在我们的第三次合作中，理查德·米尔班克展现了编辑应有的坚韧和乐观，以及敏锐的判断力，并且一直与出版商"宙斯之首"保持着良好的合作关系。我还要感谢安东尼·切瑟姆和乔治娜·贝特曼。与切瑟姆的讨论使我搭出了本书的框架并确定了写作方法，而贝特曼为研究提供的切实帮助亦极具价值。凯瑟琳·汉利将她敏锐的目光和历史学家特有的细致都运用到了对本书的编辑上，使其成为一部令我自豪的作品，我希望它公正地诠释了主题。

　　这本书也是对我出色的经纪人乔治娜·卡佩尔的致敬，从我们在一次午餐中初次谈起开始，到呈现出如此漂亮的成品，她对这个项目的热情始终如一。我也要多谢她的同事雷切尔·康威，她在我的职业生涯中始终是一个和善友好的得力帮手。此外，我要感谢以下直接或间接对本书给出建议、批评和见解的人：马克·阿瑟顿、凯瑟琳·布雷、尼克·迪尔、詹姆士·道格拉斯、保罗·道格拉斯（与前者无亲属关系）、克拉拉·德拉蒙德、已故丽莎·贾丁、琼斯一家，包括丹、埃姆斯和奈杰尔，伊恩·克尔利、本杰明·马可维兹、西蒙·伦肖、汤姆·斯托帕德爵士、托比·怀特以及约瑟夫·威尔金斯。当然，还有与我共事时间最长的文学同僚索菲·格雷戈里，她又一次以拜伦式的天赋突破自我，作出了无价的贡献，许多早已融入了我们的对话之中，长达十多年甚至更久。多年来，我的岳父威尔和岳母希拉·阿尔索普一直关爱着我，为我提供宝贵见解，对此我一直以来都心存感激。另外，我要对祖父母芭芭拉、雷蒙德·斯蒂芬森和特蕾丝·拉曼表示感谢，出于对他们的尊重，我尽量少用粗话，尽管没有少写令人震惊的场面。

不过，我必须要把本书献给我自己的女孩们——我的妻子南希和我的女儿罗丝·伊夫林·鲍伊。我非常希望后者在求知和创新方面能够与杰出的同名（中间名）人物以及本书的主角们比肩。对她的母亲，我无需抱有这样的期望，她已经证明了她在所有我能想到的方面都是最优秀的。我怀揣着自豪、感激和幸福，将这本书献给她们，她们是我心中最适合阅读这类作品的受众。

亚历山大·拉曼，苏塞克斯，2016 年 5 月